倫理學

林　火　旺　著

國 立 臺 灣 大 學 哲 學 系 教 授

五南圖書出版公司　印行

再版序

　　專業哲學的教科書能夠再版，在國外一點也不奇怪，以我在美國求學期間的經驗，基礎哲學課程如哲學概論、倫理學等，幾乎是每一個大學生的共同必修課，所以教科書的需求量很大，因此每一種教科書都有好幾種常用的版本，而每一個版本再版的次數至少也超過三次。但是在我們這個不太重視哲學和思考的地方，不但很少人知道哲學是何物，更遑論哲學和幸福人生關聯及重要性，所以本書能夠再版，對我個人也算是一種鼓勵。

　　我常以為，目前台灣諸多失序的現象，追根究底都是哲學的問題，因為不論在社會、經濟或政治領域中所呈現的亂象，癥結就在價值觀出了差錯。雖然我們已經活在一個自由的政治體制之中，但是人民對於自由社會應該具有什麼樣的道德規範、應該擁有什麼樣的價值判斷，普遍缺乏深刻的體認。舉例來說，「多元社會應該容忍不同的意見」這句話沒有人會反對，但是在實際生活中我們看到的卻是獨斷、排他、自以為是，只要有人意見和自己不同，通常不是認定對方腦筋有問題，不然就是「不愛台灣」。

　　「不愛台灣」是一種道德譴責，所以是一個價值判斷，而意見不同則是一個事實判斷，這兩種不同性質的判斷，在我們的社會中卻輕易就可以等同。具有基本邏輯訓練的人，應該比較不會犯這樣的錯誤，受過哲學訓練的人也比較能夠體會，沒有任何一個人的主張是絕對無誤的，所以蘇格拉底說：「我惟一知道的事情是：我是無知的」。讀過哲學的人，應該比較懂得謙虛，知道每一個人的思考都可能存在盲點，所以隨時願意接受他人更具有說服力的論證，因為哲學就是以「理」服人。自由而不講理的社會，人會變得個個張牙舞爪；自由而講理的社會，才會真正容忍不同、尊重差異。我們的社會真得需要多一點哲學氣息。

教學、研究加上實踐理想所投入的社會關懷，使我抽不出很多時間重新修改這本書，因此再版只能在糾正錯別字上下工夫，即使連這部分，都還做得不夠盡善盡美。所以歡迎所有比我更仔細的讀者，能不吝指正錯誤。再次感謝五南的協助和支持，如果還有機會重寫，我應該會做得更好。

林火旺　民國九十三年元月二十日

國立臺灣大學哲學系

序

　　這本書是根據我在空中大學出版的《倫理學》（民國八十六年）改寫而成，主要的章節並沒有做太大的更動，但是其中的內文幾乎全部都經過仔細的增刪。五南圖書出版公司給我一年多的時間撰寫這本書，但是我還是在拖拖拉拉之中完成。由於國內並沒有很多倫理學教科書，我在寫作的時候，實在很想將重要的倫理學主張全部納入，但是由於時間不容許，只好割捨許多覺得應該放進去的材料，希望還有再一次出版的機會，我一定會讓它的內容更為充實。

　　在這一年當中，我參與了第二屆民選臺北市長的輔選工作，由於長期鑽研倫理學和政治哲學，我對現實政治有頗多不滿，對我而言，這是一次理論的試驗。其實哲學可以很「入世」的，只是一般人不知道哲學家在做些什麼。在很多公共場所，讀哲學的人，總會引起許多的好奇。「哲學是什麼？」「讀哲學有什麼用？」類似這樣的問題，已經被問了不知道多少遍。在一般人的刻板形象中，讀哲學的都是「怪人」，但是他們不知道我們在探討的東西，其實和每一個人生存的「深層」問題息息相關。事實上大多數人的生存方式是「活一天算一天」，讀哲學的人只是不願意這樣「自然地活下去」，而要問：「為什麼要這樣活？」「這樣活有什麼意義？」而已。

　　我當然知道由於我們整個社會的發展是經濟導向的，所謂「熱門」學科無非是「錢途」看好的代稱，所以對於哲學這種「無關緊要」的課題，多半只是好奇，很少人真正願意花費心思去了解。一個從英國拿到學位的同仁告訴我，他在英國攻讀博士學位的時候，當人家問他讀的是什麼科系時，「哲學」這個答案會令詢問者肅然起敬，哲學家在歐洲是受到尊敬的。在我們的社會，如果你告訴人家你讀哲學，通常也會引起異樣的眼

光，不過這是一種質疑、好奇，甚至是鄙視的眼光。也許一個社會人文品味的高低，可以決定在這個社會一般人給予哲學的評價。

　　倫理學是哲學學門中最關心「人間煙火」的一門學問，事實上我們當前社會的許多問題，追本溯源，都是倫理問題。倫理學是從哲學的角度研究道德，我們是用「講理」的方式，而不是「說教」的方法探討一般的道德問題。社會道德淪喪、倫常隳壞，主要就是道德被教條化，道德和一般人的生命幸福、存在價值和尊嚴，完全失去關聯，道德成為要求別人、欺騙自己的工具。我們期待社會大眾有一天能夠體會到：沒有哲學，道德只是口號；沒有哲學，生命只是活著。

　　為了選舉，我放棄全家一起出國進修一年的機會，在這一年當中，內人張錦華在美國加州大學洛杉磯分校擔任訪問學者，帶著兩名還在小學就讀的子女，知徹和行徹，而我隻身在臺，不時得兩地奔波。所以這本書的寫作，有很多時候都是在訪美期間，帶著手提電腦，在加大和南加大的圖書館、手邊資料欠缺的情況中，零零星星地完成。

　　我要感謝我的太太和子女，他們犧牲很多全家團聚的時間，放棄多次一起旅遊的機會，耐心等待我的作品誕生。我也要感謝五南圖書出版公司不但給我出書的機會，而且還得忍受我的延誤交稿。對於所有給我鼓勵和支持的人，我將以對社會付出更多的關懷和愛作為回報。

林火旺　民國八十八年八月二十一日

國立臺灣大學哲學系

目　次

第 *1* 篇

倫理學是什麼？

　　倫理道德問題和我們的日常生活密切相關，儘管一般人常常將它當成迂腐的教條，認為談論倫理道德是傳統、保守的象徵，但是幾乎每一個人在生活中都無法避免某些倫理道德的論述。事實上人們不論思考「在公車上要不要讓座？」或「昨天晚上的電影好不好看？」之類的小問題，以及「什麼樣的生活方式比較幸福？」或「生命的意義是什麼？」等大問題，都會涉及到一些倫理道德的觀點。舉個例子來說：今天早上你的運氣不錯，一上了公車就找到一個座位，但是下一站就上來一位大腹便便的婦人，她就站在離你不遠的地方，這時候你的心裡開始「天人交戰」，到底要不要讓位給她？由於公車上人多，司機又像冒失鬼一樣，車子開得莽莽撞撞，那位婦人在人群中顛來倒去，似乎頗不舒適，加上身體沈重、行動不便，顯得有些狼狽，看來令人不忍，實在應該有人讓位給她。「可惡！為什麼在她前面坐著的那個高中生，居然閉起眼睛睡覺，他一定是故意這樣。」你心裡正如此咒罵著，可是自己卻也有點捨不得讓位，因為這時候離你下車還有十幾站，而且昨天晚上沒有睡好覺，實在是很想閉目養神休息一下，免得待會兒上惱人的微積分課無法專心。也許你會想：日常生活中的道德規則並不是永遠都要遵守，在特殊情境下常常允許例外，我們不是有時候也可以欺騙？有時候為了自衛不是也可以殺人嗎？如果昨天打球跌斷了腳，現在當然可以不用讓座，所以也許你認為「昨天晚上沒睡好覺」可以是不讓座的一個理由，但是這個理由和婦人的處境相比，似乎又不夠充分。

　　在上述的思考中，你面臨一個衝突的選擇：一方面覺得那位孕婦的處境值得你讓位，一方面又不想在精神不佳的狀況下，在顛簸的公車上站上半個鐘頭。站在利己的（self-interested）角度，你似乎不必讓位；但是站在道德的觀點，你似乎有較充分的理由讓位。到底你應該採取哪一個行為？其實不論你多麼自私自利，在日常生活中也會面臨道德的壓力，例如那名假裝睡覺的高中生，如果不是已經感受到道德壓力，他可以理直氣壯坐在那裡，不必以睡覺掩飾心中的不安。

　　當道德的要求和利己的考慮衝突時，是不是道德要求永遠優先？如果

答案是否定的，什麼時候我們可以不顧道德的要求，只考慮自己的利益？如果答案是肯定的，我們遵守道德的理由又是什麼？如果大家都只考慮自己的利益，不顧倫理道德的要求，結果會是如何？在你決定到底要不要讓位的時候，這些問題雖然不是立即浮現在你的腦海中，但是你對這些問題的深入理解，可以提供你採取行動時更充足、堅定的理由。而這些問題都是倫理學所關心的問題。

　　此外，日常生活中人們會有得意、後悔、尊敬、羞恥的情感，譬如以後悔為例，為什麼你會感到後悔？一定是由於你的行為產生一些你認為「值得」後悔的事，什麼樣的事情值得你後悔？考試得第一名？一部公車從你家門前經過？今天的天空萬里無雲？這些都不會令你產生後悔的情感，因為這些事件的發生，並沒有使你錯失一些有價值或想要追求的東西。但是因為睡覺睡過頭錯過一部難得的好電影；酒後駕車不小心撞到一位老太婆；昨天剛買的一家公司股票，今天該公司就宣布倒閉，這些都會讓你後悔，因為在這些事件中，你都失去許多你想要的東西，也就是說，這些失去的東西你認為它們有價值。

　　我們每一個人都在經營人生，不論有意識或沒意識，我們都在選擇或追求一些我們認為有價值的事物或生活方式，因此我們每一個人都有一套粗淺的「人生哲學」。事實上人類生活中，任何有意識的行動或多或少都會涉及到一些價值判斷的問題，也許一般人不一定有完整的價值體系或全面的哲學主張，可是沒有人能夠不依賴某一些粗淺的價值觀點而生活。因此廣義的說，不論我們有沒有意識到，其實每一個人在生活中都會涉及一些哲學問題，儘管個人意識到或碰觸到的哲學程度深淺不一，但是如果將這些問題深入的分析和探討，最後所涉及的都是深刻的哲學問題。「我們應該過什麼樣的生活？」這個問題是希臘哲學家蘇格拉底（Socrates）最關心的問題，也是倫理學的核心問題，雖然大多數人不會嚴格、有系統、認真的面對和思考這個問題，但是有哪一個人在他一生當中，這個問題從來沒有一刻在他腦海中偶然飄過？

　　不幸的是，這個關係到每一個人幸福人生的倫理問題，卻受到嚴重的

誤解和漠視，因此絕大多數人對於倫理道德價值幾乎沒有反省能力，日常生活中最流行的價值觀無非是「爭名逐利」，對人類的存在意義缺乏深刻的體認。事實上許多敏銳的觀察者已經注意到，在當前的社會中，當代科技成長伴隨而生的是價值感的失落，所以科技帶來的美好生活和幸福只是一個幻象，由於道德倫理的敗壞，人們不再重視家庭、宗教等具有價值的制度，人類的精神生活因此而變得貧乏枯竭，人的創造力和生命力也相應地減弱或惡化，而這也是現代人不快樂的主因。

　　由於近兩個世紀以來，許多科技領域快速發展的結果，使人們享受到前所未有的舒適和便捷，也強化人們的實用主義價值觀：重科技而輕人文，將道德和價值問題擱置一邊，因此高等教育場所淪為高級職業訓練所，只重視專業知識和技術的傳授，至於「要使受教者成為什麼樣的人？」這樣的問題，大多數人都漠不關心。所以那些受到高度訓練的專家，變成只會製造優良產品的技術人員，他們不只不關心社群和世界等重大問題，甚至不會也不知道如何關心這些問題。因為他們只被訓練成為社會這個大機器運轉所需要的品質優良的螺絲釘，至於自己在社會中的定位、價值和意義，完全沒有能力思考和體會。所以在許多次宗教詐騙的事件中，我們看到很多受過高等教育的所謂「知識份子」，他們所表現的無知和迷信，也和村夫民婦一般，因為「什麼樣的生活是值得過的？」這樣的問題，在他們的受教過程中不曾碰觸過，而且在現實主義盛行的現代社會中，他們沒有機會也不覺得有需要深思這樣的問題。許多學者指出，當代文明在傳遞科技知識給年輕人方面是成功的，但是卻不能傳嬗這一個文明之道德、文化和歷史遺產。所以有學者指出，當代最急迫的問題是：人類道德感以及面對責任時所應有的尊重，已經逐漸消失，成功和貪婪是當代社會最重要的兩大信條，這種爭名逐利的結果不但使人性受到貶抑，而且人們也因此忽略掉人之所以為人，是由於人具有評估行為和目標的道德能力。

　　因此雖然技術發明可以使我們免於勞役之苦，並為人類的文明發展開發更多新的可能，但是它也會產生非人性化的效果，事實上透過科學發

明，人類所製造的核子武器可以全面摧毀地球而有餘，所以如果我們欠缺
自制力、缺乏對人類整體的關懷、不能為永恆的價值獻身，科技的發展反
而是危險的。

　　總而言之，當代社會的隱憂是：道德動力似乎隨著科技文明、經濟發
展的成長而遞減，人們普遍將物質的需求和利益優先於倫理道德問題，專
業化、社會分工的結果，也使人們的生活越趨支離，缺乏對人生整體幸福
的考量和反省力。在這樣一個人們越來越疏離的社會，倫理道德對人生幸
福的重要性，實在值得加以重視和強調。

第一章

導　　論

第一節　道德和道德哲學的意義

一、倫理學的意義

　　倫理學（ethics）又稱道德哲學（moral philosophy），是以哲學方法研究道德的一門學問，所以是哲學的一支，因此要了解倫理學的意義，必須先對哲學的研究方法作一個簡略的說明。

　　我們每一個人一生下來就活在一個社會文化之中，不可避免地會受到該文化的濡染和教化，我們日常的思想和信念主要是這個背景文化內化的結果，所以一般人的思考和判斷往往無法跳出文化的框架，尤其是倫理道德問題，背景文化的價值體系更是根深柢固地決定個人的道德判斷。因此對於日常生活中所遭遇的道德問題，一般人都會依據其背景文化所提供的方式處理，或者依循該文化中一般人在面臨類似問題時的解決方法，至於這個背景文化所表達的道德規則或價值觀是否合理，則往往不會加以質疑。事實上某一個特殊背景文化的價值體系，常常會引導我們對事情的特定看法，而無法接受不同於此文化的想法或價值觀，就像在粉紅色背景要分出一個紅色事物的界限，顯然是比較難，但是如果是白色的背景就比較容易，所以背景會影響我們對事物的認知是無庸置疑的。

　　一位倫理學老師在上課之前先放映「蘇格拉底之死」的影片，這部影片先以記者訪問重要歷史人物，同時拍攝蘇格拉底在死刑執行前和其朋友的哲學討論，在哲學理論的配合之下，這個影片讓所有觀賞的學生覺得一個人的生命可以多麼令人鼓舞，學生在蘇格拉底的生命中看到人類的理想和熱情。每次放這影片時，尤其學生在分享足夠的哲學背景之下，都會「看到」這位老師所希望他們看到的東西。但是有一次這位老師在獄中放映這部影片，所得到的反應卻是和在校學生不同，犯人認為影片中那個「最關心保護自己」的人才是正確的，有些甚至瞧不起蘇格拉底，他們認

為蘇格拉底是「木頭人」。*1*

　　由於背景會影響前景（the background shapes the foreground），為了真正認清問題的真實樣貌，哲學研究對於背景預設不斷地批判、評估和反省。希臘哲學家蘇格拉底（Socrates）曾說：「沒有經過檢討的生命是不值得活的。」哲學的思考模式就是透過人類的理性能力，追根究柢地尋找問題的根本解答，包括個人所生長的社會文化的整體內涵是否合理，都是哲學家批判和反省的對象。因此哲學家在處理道德問題時，不只是跟隨習俗或傳統的道德標準，也不是完全依據一般人的主張或看法，而是透過理性和批判，為其道德處境尋找一個合理的解答。

　　為了更清楚哲學的思考方式，我們舉一個例子來說明：

　　有一天我帶著兒子和女兒去便利商店買東西，出了店門口我數了一下店員找我的錢，我告訴兒子和女兒說：「等我一下，我進去還錢。」這個舉動顯然需要解釋，我兒子立刻問我說：「爸爸，你為什麼要還他錢？」我回答他說：「店員多找了我錢。」假設我兒子對道德規範一無所知，他一定會問：「難道你不喜歡多一點錢嗎？他既然不知道多找你錢，你為什麼要拿去還他？」我只好答復他說：「我當然喜歡錢多一點，但是我還是應該還他錢。」這樣的回答顯示我的行為背後存在一個衝突，也就是：我想要多一點錢，卻不得不將多找的錢歸還。

　　假設我兒子繼續問：「如果你喜歡多一點錢，為什麼還要把錢送還人家？」他是在問為什麼我不依照自己的「喜好」行事，為了滿足他的問題，我必須提升一步抽象的層次，說明指引我的行動的背景規則，我回答他說：「做人應該要誠實，雖然我希望得到多一點錢，但是不能用不誠實的方法獲得金錢。」所以是「誠實」這個道德規則要求我做違反我的喜好的行為。

　　這個解釋對於就讀小學二年級的兒子，已經可以滿足了，但是對正值青春期充滿叛逆的女兒似乎不甚滿意，她接著問：「為什麼你為了誠實，而放棄你想要的金錢？如果不誠實能讓你得到你喜歡的東西，為什麼一定要誠實？」她的問題顯然是對「誠實」這個道德規則提出挑戰。這時候如

果我要讓她了解「誠實」是有意義的，則需要將背景規則提升到更抽象的層次，才可以解釋和證成（justify）「誠實」這個道德規則。事實上我女兒的問題是對一般人習以為常的道德規則的合理性提出質疑，由於任何一個既存的社會都有一些道德規則，作為人與人相對待的規範標準，因此要回答上述的質疑，只在自己社會的其他規定上找答案顯然是不足的，我不能回答我女兒說：「社會上其他人都認為我應該這麼做」；也不能說：「因為誠實是一項美德」。「其他人都認為應該這麼做」不代表這樣做就具有合理性，在中國古代幾乎所有人都認為女子不應該拋頭露面；「誠實是一項美德」的回答根本就是循環論證，因為我女兒可以進一步質疑：「為什麼誠實是美德？」因此為自己所屬社會的道德規則的基礎提出合理的解釋，必須抽離自己的社會背景，提出這些規則應被採用的更一般性的（general）理由。

我的論證大致如下：基於人的一些自然本性，人們必須和其他人分工合作，才能過較好的生活，而人們要能真正的分工合作，必須彼此互相信任，否則一旦互信不存在，彼此爾詐我虞，合作的基礎就會喪失，因此「誠實」是人類社會合作互信所必須的。如果我們在誠實有利的時候才誠實、不誠實有利的時候就不誠實，這樣一來，「誠實」這個實踐（practice）沒有辦法成為通則，這會侵蝕社會誠信的基礎。因此我們每一個人都應該養成誠實的習性（disposition），社會才可能良好的運轉。

從上面的討論可見為了要回答一個簡單具體的問題，我們必須不斷地抽象到背景概念，以證成該行為，在一般的情況中，「我們應該誠實」這樣的道德原則通常具有普遍的說服力，大部分人在這時候都會不再質疑，但是並不表示這些一般人接受的共同規則不具有被質疑的可能。一個人在何時停止問「為什麼？」也會因其背景而不同，具有哲學思考習慣的人，對訴諸共同原則的解答仍然不會覺得滿意，而會繼續問為什麼要接受這樣的原則，要回答這樣的問題必須探討證成這些原則的背景脈絡，這會涉及這些規則所植基的理論架構，會觸及該文化或傳統的信仰和價值體系，而一個文化或社會背後的這些深層信仰，是提供該社會特殊生活方式的意義

的來源。

　　因此哲學的思考方式，可以從具體的事例，深入探究其抽象的理論假設，以這樣的方法研究道德問題，就是倫理學。換句話說，倫理學就是將哲學的批判、分析的研究方法應用到倫理道德領域，探討我們日常生活中一般習而不察的道德判斷和道德規則，甚至對道德規則背後的假設提出質疑，譬如：亂倫為什麼是錯誤的（wrong）行為？遵守諾言為何是我們的義務（obligation）？幫助別人為什麼是道德上正當或對的（right）行為？我們應該（ought to）如何過活？美好的（good）生活如何構成？哪些行為是我們應該做的？為什麼要有道德？等，舉凡生活中所有的道德問題，都是倫理學所要探討的對象，倫理學研究的目的是要針對這些問題進行理性的分析和探討，試圖有系統地了解道德觀念，並對一般生活中的道德原則，尋找一個合理性的基礎。

二、道德和其他規範性主題的比較

　　在西方的倫理學研究中，有些哲學家將「倫理」（ethics）和「道德」（morality）加以區分，但是最普遍的用法是將這兩個詞視為同義詞。「ethics」一詞源於希臘文的 ethos，意思是「品格」（character），而「moral」則出自拉丁文的 moralis，意思是習俗（custom）或禮儀（manners），所以「倫理」似乎比較適合於個人的品格，而「道德」則似乎是指向人與人之間的關係。但是也有學者認為「道德」是描述行為選擇的對錯，而「倫理」則較為複雜：有時候指的就是「道德」；有時候它不只涉及行為對錯這個面向，而且是提供生活所有面向的指引，也就是說「倫理」包含「道德」，其範圍比道德廣泛；有時候它的意思就是「道德的理論研究」。*2*本書對這兩個語詞的使用，採取較普遍的作法，即將它們當成同義詞。

　　倫理學所關心的主題，主要並不是有關事實（fact）的問題，而是屬於價值（value）或價值判斷。在哲學體系中，有兩個領域是從事價值或價值判斷（value judgment）的研究，一個是倫理學，另一個是美學（aes-

thetics），前者研究道德，而後者研究藝術，兩者都是涉及價值問題。價值涉及到行為實踐的規範和要求，而事實則不具有規範意義。「美國的國父是華盛頓」、「臺北市在民國五十七年改制為院轄市」、「高雄是臺灣第一大港」、「地球是太陽星系的九大行星之一」……這些都是有關事實的判斷，雖然「地球上並沒有恐龍存在過」、「臺北市人口在民國八十八年是一百萬」是兩個錯誤的判斷，但是它們仍然是有關事實的論斷。因此不論對於事實正確或錯誤的描述，都是屬於事實判斷（factual judgment），事實判斷的主要目的是提供消息，並沒有對行為實踐作任何的要求。而道德判斷（moral judgment）的主要目的則是透過對行為的評價，企圖對人類的行為構成一定的要求或限制，「張三沒有說實話」是一個事實判斷，它是描述張三口中所說的和他心裡所認知的不一樣，「張三不應該說謊」或「張三說謊是錯的」則是道德判斷，它是對張三不說實話這樣的行為作一個負面評價，藉以限制、禁止或譴責這類行為的實踐。所以道德判斷並不只是對實際發生行為的一個事實描述，而是對行為的實踐構成一種規定和要求，藉以鼓勵某些行為或禁止某些行為。

　　但是除了道德之外，宗教、法律和社交禮儀，也都具有指引和規範行為的特點，然而道德和這些主題雖然相關，但並不相同。[3]

　　社交禮儀規定哪些行為是合乎禮節，哪些是不禮貌的行為，但是這些規定純粹是基於社會習慣，並未觸及社會存在的核心本質，譬如：美國人表現熱烈歡迎的方式是擁抱，而中國人則是握手；美國人對自己的父母直呼其名，而對中國人而言這樣做則是很不尊敬的行為。這些差異都是基於社會的習俗，只有「妥當」與否的問題，而無關道德的本質。又如：在主人動筷子之前就先用餐、參加重大的集會穿著涼鞋與會、未敲門就進入別人的房間，這些都是不妥當或不禮貌的行為，但是卻不是不道德。儘管社交禮儀和道德一樣，對個人的行為也具有規範作用，然而社交禮儀的種種規定，目的是為了使社會的運作順暢，它所在乎的是行為的形式而不關心行為的本質，所以社交禮儀不是道德。

　　道德和宗教的關係非常密切，因為任何宗教的實踐，都是以一些道德

要求作為核心，許多人在日常生活中的道德思考和判斷，也都是基於某一種宗教的教義和規定，譬如在中國傳統的民間社會中，常用「善有善報，惡有惡報」的說法勸人為善去惡，民間的宗教信仰常常是中國人舉止動靜的指導原則。西方社會的道德要求和宗教的關係更為密切，十誡中的規定幾乎是西方社會日常生活的行為準則。儘管如此，道德和宗教仍然不同，道德實踐和規範可以不必來自宗教的啟示和義理，換句話說，道德原則和規定不必基於神或天，事實上倫理學之所以稱為道德哲學，最重要的特點就是要為日常生活中的道德規定和要求，根據人類的生活經驗，建立一個理性的基礎。

此外，基於宗教信仰所恪守的道德規定，對於不具有相同宗教信仰的人缺乏說服力，因此在一個宗教多元的社會中，以神或上帝所揭示的義理作為道德實踐的依據，很難成為社會共同接受的行為指導。當然這並不意味著宗教所界定的行為對錯缺乏理性基礎，因為透過理性和人類經驗所肯定之道德原則和行為標準，有些可能和宗教上的要求一致，然而由於有些可能不一致，所以宗教和道德並不相同。

一般人最感興趣的是道德和法律的關係，有些人認為道德就是法律，但是事實上並非如此，雖然法律對行為規範的目的和功能和道德一樣，都是為了改善人類的生活情境、解決利益的衝突、導引人際合作、促進社會和諧，但是這兩者間仍有許多不同，我們至少可以從以下幾點加以區別。

1.合法不一定合乎道德

有些有效的法律可能被認為是不道德，譬如：在未修訂以前，我國民法親屬篇規定子女的撫養權歸父親所有，妻的財產所有權屬於夫，這些規定雖然是經過合法的程序制訂，但是以現在對男女平權的理解，這些法律顯然在道德上不具正當性，因為一個男人和其妻子離婚之後，可以合法地將其妻名下的財產據為己有，但是在道德的考量下，這是不道德的行為。此外，一名辯護律師明知其當事人有罪，但是他以合法的程序為其脫罪，這樣的做法是否合乎道德，則會令人質疑。如果一位立法委員基於職權，

事先知道某些民生法案的修正時間和內容，藉此決定私人的事業投資策略和方向，這些完全是合法的行為，但是並不一定合乎道德。

2. 法律無法涵蓋某些道德面向

譬如說謊是不道德的，但是大部分的說謊並不會受到法律的制裁，爾詐我虞的商場策略法律不加以約束、約會遲到以塞車為藉口和法律毫無關係、丈夫瞞著妻子在外面吃花酒也不受法律管轄。此外，看到老太婆跌倒卻置之不理、小孩掉到水溝裡視若無睹、遇見路人被搶不但沒有見義勇為而且駐足圍觀，這些都是不道德的行為，但是並不會受到法律的限制，只會遭受道德的譴責。事實上，一個吝嗇、卑鄙、自私的小人，即使拔一毛而利天下也不願意去做，但他卻可以完全不受到任何法律的制裁。

3. 法律所禁止的行為不一定是不道德

譬如我們的交通法規規定車子要走右線，如果開左線就是違規行駛，要受到法律的懲罰，但是車子開右邊或左邊只是維護社會秩序的方便措施，這類的行為本身無關道德，所以車子開左邊在我們社會要受罰，在英國和日本則完全合法。又如和兩個女人結婚，是我們的法律所不允許，但是在許多回教國家卻不然，至於這樣的行為是否合乎道德則有爭議。

4. 違反法律和道德的制裁者和制裁方式不同

政府是執行法律的單位，違法者要受到政府公權力有形的制裁；而道德則訴諸於個人良心，違反道德不會受到公權力的制裁，而是受到社會大眾輿論無形的譴責。

從以上的分析，我們可以得到的結論是：法律雖然對行為具有規範作用，但是法律仍然不能取代道德，法律最多只是將一些嚴重的道德缺失訂為條文，藉以強制社會成員不得違反，法律並不能將所有不道德的行為都加以制裁，因此法律和道德並不相同。

三、道德判斷和非道德判斷的區別

前面曾經提到道德判斷不同於非道德判斷，但是嚴格地說，要分別道德判斷和非道德判斷並不是一件很容易的事，儘管我們一般知道「張三不應該說謊」是道德判斷，「張三沒有說實話」不是道德判斷，然而要對道德和非道德判斷作明確的區分，卻不容易有令人滿意的結果。以下提出四種區分道德判斷和非道德判斷的主張：*4*

第一種主張認為，道德判斷是一種包含價值語詞的判斷，非道德判斷則不具有任何價值語詞。譬如：「墮胎是錯的」、「鄰居應該互相照顧」、「虐待兒童是邪惡的行為」，這些都是道德判斷；而「我家的電話是黑色的」、「臺北是在桃園的北邊」、「虐待兒童是無趣的」，則是非道德判斷，因為前一類的判斷具有「錯的」、「應該」、「邪惡的」等價值語詞，而後一類的判斷則無。

但是這個主張有其困難，譬如：「這是一部好車」、「小偷作案時應該帶手套」、「昨天晚上的表演相當精彩，可是燈光設備實在很壞」，在這三個例子中，每一個判斷都具有價值語詞，但是它們都不是道德判斷，因此一個句子中是否擁有價值語詞，並不能作為區別道德和非道德判斷的標準。

第二種主張認為，對某些道德議題，如：墮胎、安樂死、公民權利、性行為、公平、遵守諾言等所作的陳述或表達，就是道德判斷。但是事實上對於這些道德議題所作的陳述，並不完全是道德判斷，譬如：「墮胎在某些地方是合法的」、「在越富裕的社會自殺率反而越高」、「有些人會主動提出安樂死的要求」，這些陳述雖然涉及道德議題，但是並不是道德判斷，因此以句子討論的主題區分道德和非道德判斷也不成立。

第三種主張認為，道德判斷因社會而異，不同的社會有不同的風俗習慣，某些被某個社會認為最重要的風俗習慣，就成為這個社會的法律，次重要者則成為道德，而最不重要的就稱之為禮儀。所以如果一個句子要表

達某個社會的道德判斷，必須滿足兩個條件：1.它是該社會的一個道德風俗；而且2.它包含一個價值語詞。這個主張包含第一個主張的特點，即指出道德判斷具有「對」、「錯」等價值語詞；也包含第二個主張的特色，即強調道德判斷是有關某些特定的主張，而允許不同社會認定不同的道德主題，並依問題的重要性區分法律、道德和禮儀。

但是這樣的主張仍然不夠周全，譬如：「殺人永遠是錯的」、「虐待兒童是邪惡的行為」之類的判斷反而不是道德判斷，因為它們不是次重要而是非常重要的問題，依據這個主張，這類判斷應該是屬於法律的範疇。另一方面，有些道德判斷在這樣的定義下也變成非道德判斷，例如張三在巨浪濤天的海邊，看到一個釣客被大浪沖走，張三告訴自己：「我應該冒生命危險去救這個人」，這樣的判斷根據第三種主張，則是非道德判斷，因為它並不涉及風俗習慣，事實上不可能有一個社會的風俗習慣會要求人犧牲生命救人。但是我們一般不認為張三所作的判斷不是道德判斷，我們會認為張三對道德的自我要求，高出社會一般的標準，是一個道德上值得稱讚的人，所以儘管他的判斷不是社會的風俗習慣，但仍然是一個道德判斷，因此以社會重要性的程度分辨道德判斷也不成功。

第四種主張則認為，道德判斷是沒有條件的命令，譬如：「你應該遵守諾言」、「你不應該說謊」、「亂倫是錯的」、「人應該互相幫助」，這些判斷都沒有附帶任何條件，對人的行為構成命令和規定，所以是道德判斷。而「如果你要偷竊，你應該帶手套」、「如果你要當律師，你應該準備參加國家考試」，這些判斷雖然都有道德語詞「應該」，但是由於它們都是條件句，所以不是道德判斷。然而這種分辨方式也站不住腳，因為「如果你答應人家，則應該遵守諾言」的判斷，雖然是一個條件句，卻仍然是一個道德判斷。

綜上所述，我們似乎無法找到一個令人滿意的標準，藉以區分道德和非道德判斷，似乎只能憑直覺斷定，而事實上我們也是依據直覺評估上述主張。換句話說，在倫理學領域中，我們並不是能夠完全避免使用道德直覺，但是只要將直覺的使用限制在一定的範圍，利用直覺作判斷並不是一

個嚴重的缺點。

第二節　倫理學的類別和道德評價的範圍

一、倫理學的分類

倫理學的研究一般區分為兩類，即規範倫理學（normative ethics）和後設倫理學（metaethics），此外還有所謂描述性道德學（descriptive morals），但是描述性道德學和我們所要探討的主題雖然相關，但是它不屬於哲學研究的層次，因為它是研究不同社會的道德主張和實踐，從而發現有關人類行為、態度的重要事實，這是屬於人類學家、社會學家或社會史研究者的研究課題，它所處理的問題是：某一個社會或文化實際上在實行何種道德規範或具有何種道德實踐？這類的探討傾向於對道德實踐的事實描述，和哲學研究的方向不同，所以不在倫理學所要討論的問題之列，但是其研究成果中有些涉及人性論的問題，可能對道德問題的澄清有所助益，因此並不是和倫理學完全不相關。

規範倫理學是對道德觀念和道德判斷進行系統性的了解，並對道德原則的合理性加以探討。在日常生活中我們每天都會遇到道德的要求和規定，譬如：「答應人家的諾言應該要遵守」、「任意傷害無辜是錯誤的行為」、「做人應該要誠實」、「公車上看到老弱婦孺應該讓座」等。對這些規定的認知，一般人都是來自於父母的教誨或師長的告誡，但是通常這些道德規範的教化工作，都是以訓令或教條的方式進行，換句話說，父母或師長所教導給我們的道德原則，並沒有體系性的闡述，所以我們很少對這些箴言式的道德要求，能全面性的掌握，因此當面臨道德衝突或道德兩難的處境時，對自己該如何行動，往往缺乏適當的指引。規範倫理學的目的就是要對日常生活中的道德箴言，進行哲學式的研究，一方面探討這些箴言的合理性基礎，一方面則歸納出一個或一些更基本的原則，藉以作為道

德判斷的依據。也就是說，規範倫理學的目的主要是要建構有關行為規範的基本原則，以作為我們日常生活中面臨道德問題時的行為指導。

　　根據法蘭克納（William K. Frankena）的分析，規範性判斷可以分為兩類：5

1.道德判斷

　　它又包括道德義務的判斷和道德價值的判斷，前者涉及一個行為的對或錯、應該或不應該，如：「偷竊是錯誤的行為」、「我們應該遵守諾言」；後者則是有關於人、動機、企圖、品格之判斷，如：「孫中山先生是一個好人」、「孔子是一個聖人」、「自私不是一個高貴的動機」、「仁慈是一個德行」、「希特勒的人格是邪惡的」。對於有關道德義務的判斷，常用的道德語詞是「對」、「錯」、「應該」、「不應該」、「義務」或「責任」；而有關道德價值的判斷，常用的道德語詞則是「好」、「壞」、「有德的」（virtuous）或「邪惡的」（vicious）。這兩種判斷並不相同，當我們在描述一個道德行為時，只能用道德義務的語詞「對」或「錯」等，一般人常說：「這是一個好行為」，嚴格地說，這是一種誤用，如果此處之「行為」是指外顯的表現，應該說成「這是一個對的或正當的行為」，因為道德價值或善惡、好壞的判斷則不是形容行為，而是描述行為者在實踐該行為時所具有的動機，或者評估該行為所造成的結果。一個道德上對的或正當的行為，可能是出之於惡的動機，譬如為了名利而救人；而一個道德上錯誤的行為，行為者的起心動念則可能是良善的，譬如存著助人之心，有時卻反而害了別人。

2.非道德價值的判斷

　　這類判斷是針對事務狀態（states of affairs）的評價，譬如：「張三開的那部車是一部好車」、「快樂本身就是善的」、「民主政治是最佳的政府形式」等。這類判斷雖然和道德價值不同，但是有些規範倫理學的理論卻建立在這類判斷的基礎之上。

在規範倫理學的領域中，最主要的是有關道德義務和道德價值的判斷，尤其是道德義務的判斷更是倫理學理論的核心。關於道德判斷的規範倫理學理論主要的可以分為三類：(1)目的論（teleological theory）；(2)義務論（deontological theory）；(3)德行倫理學（virtue ethics）。這三種理論是構成本書介紹規範倫理學的內容，在此僅作簡略的定義：目的論主張一個行為的對錯，完全決定在該行為所實現的目的或結果。義務論則認為評估行為的對錯，不是完全由行為所造成的結果決定，而是由行為本身所具有的特點決定。至於德行倫理學則認為目的論和義務論評估行為的方向都是不正確的，因為它們都是孤立地探討行為的對錯，而事實上最重要的問題不是「我應該做什麼」，而是「我應該要成為什麼樣的人」，基於我要成就的人格，必須培養相對應的氣質傾向，由此自然會表現在行為之中。有關這些問題的優劣和爭議，後面將有更詳細的討論。在目的論方面，本書分別探討倫理利己主義（ethical egoism）和效益主義（utilitarianism）兩大主張，而義務論方面則介紹康德（Immanuel Kant）和洛斯（William David Ross）的倫理學說。

　　至於後設倫理學和規範倫理學的關係，就像是文法和語言的關係一樣，文法是研究語言的意義和結構，當我們說：「天上飄著微雨」，我們是使用語言描述大自然的一個景象，可是當我們說：「『天上飄著微雨』是用來描寫大自然的景象」時，我們並不是在談論自然界實際發生的景象。如果以前面所舉的例子來說明，也許可以更清楚後設倫理學和規範倫理學的關係，前面我們提到歸還店員多找的錢的例子，「做人應該誠實」這個道德規則就是規範倫理學的內容之一，這個規則對我的行為產生指導和規範作用，使我必須放棄自己的喜好，誠實地將多找的錢歸還。而當我女兒對「誠實」這個規則的合理性提出質疑時，我答復她所作的推論就是屬於後設倫理學的範疇。所以規範倫理學的理論是研究人類行為應有的道德限制，可以作為我們實際生活中行為的指引，但是後設倫理學研究的目的，則不是為了指引我們的日常行為，而是以倫理判斷和原則本身作為研究的對象。簡而言之，規範倫理學所重視的問題是：什麼東西具有價值？

什麼樣的行為是對的？我們的義務是什麼？而後設倫理學則是關心價值和行為對錯的本質，它要問的問題是：什麼是價值？什麼是道德義務？

後設倫理學是二十世紀初才發展出來，它深受分析哲學（analytic philosophy）的影響，後設倫理學者認為，以往倫理學理論之所以莫衷一是，主要的原因在於倫理學者對於倫理學語言的使用不夠明確，而倫理學理論之間的差異，常常是由於使用的語詞具有不同的意涵所導致，因此為了要使倫理學的討論更為精確，後設倫理學者認為有必要先對倫理學所使用的語言，如：「對」、「善」、「應該」、「義務」等，加以分析和定義。但是對於這些倫理語詞的意義，後設倫理學者也有不同的看法，有關這方面的討論，本書將介紹穆爾（G. E. Moore）的非自然主義（nonnatural-ism）、情緒論（emotivism）和規約論（prescriptivism）。

此外，道德實踐是否因社會而異？即「道德是相對還是具有客觀性？」道德判斷是否可以得到證成（justification）？即「道德判斷是否能被證明具有合理性的基礎？」以及「如何可以證成一個道德判斷？」「道德的本質是什麼？」這些也都是後設倫理學關心的話題，也是本書後設倫理學部分的主題。

二、道德評價的範圍

倫理學最關心的當然是如何建立行為的規範原則，所以對行為的評價是首要之務，但是根據當代倫理學者波宜曼（Louis P. Pojman）的分析，倫理學除了評價行為之外，也對結果、人格和動機作評估，對這四類事物所使用的評價性語詞也不同。6 對於行為的評價性語詞是：「對的」、「錯的」、「義務的」（obligatory）、「可選擇的」（optional）；對結果的評價性語詞是：「好的」、「壞的」、「無關好壞的」（indifferent）；對人格的評價性語詞是：「有品德的」（virtuous）、「邪惡的」（vicious）、「中性的」（neutral）；對動機的評價性語詞是：「善意」、「惡意」、「中性的」。

在倫理學中我們可以將行為分為四類，第一類是對的或正當的行為，

也就是道德上要求個人去實踐的行為，這類行為是個人的義務或責任，「說實話」通常被認為是我們的義務，所以是一個對的行為；第二類行為是錯的行為，也就是個人有責任或義務不去實踐的行為，道德上不允許個人去從事這類行為，「說謊」在正常情況下就是一個不被允許的錯誤行為；第三類行為是無關對錯的行為，也就是個人既無責任或義務去從事，也無責任或義務不去從事的行為，即從事這類行為並不受道德規定的禁止，換句話說這類行為是道德上可做、可不做的行為，譬如：「決定是否要選修輔系」、「大學畢業以後是否出國深造」，都是無關對錯的行為；第四類行為是超義務的（supererogatory）行為，這類行為是指超出個人義務所要求的行為，也就是說，這類行為並不是個人的責任或義務，但是從事這類行為遠超過道德的要求，一般所謂聖賢行徑就是屬於這類行為。在道德上我們雖然有義務要幫助他人，但是道德並不會要求我們變賣家產去救助窮人，如果一個人傾其所有投入慈善事業，這就是超義務的行為。第三類和第四類行為是個人具有選擇性的（optional）的行為，因為這些不是道德要求，個人可以選擇做或不做。

通常一個行為所產生的結果，攸關這個行為的道德正當性，譬如：如果張三是一個誠實的商人，遭人綁架，歹徒將他藏在山區的工寮，正在進行對其家人的勒贖，張三趁著歹徒一時的疏失而逃脫，綁匪發現後四處追查。如果你是一位登山者，發現張三躲在一個山洞裡，當你問明情況之後，你打算下山求援，而在你下山途中正好碰到歹徒，歹徒描述張三的容貌，問你有沒有看到這個人，這時候你應不應該說謊？在正常的情形下，「不應該說謊」是我們的道德義務，但是在這種狀況中，很少人會認為我們應該說實話，這時候決定該不該說謊的因素，就是對行為結果的評估，我們知道在這種情況下，不說實話的結果比說實話為佳，因此不說實話才是我們的義務。

又譬如一個垂死而無力動彈的病人，目前只靠呼吸器維持生命，由於臨終前的痛苦使他無法忍受，因此他要求醫生將他的呼吸器拔掉，使他早點結束無望的折磨，醫生是否應該答應他的要求？「拔掉呼吸器」只是一

個輕而易舉的行動，但是醫生面對這樣的要求，內心卻會產生痛苦的掙扎，醫生所苦惱的不是如何拔掉呼吸器，而是拔掉呼吸器以後的結果。因此結果好壞的評估，常常是決定一個行為是否應該去從事的重要依據。

至於評估一個人的人格，則是以慷慨、慈善、謙虛等德行，或吝嗇、殘暴等惡行加以描述。特別值得注意的是有關動機的評價詞，如果一個人從事一個行為時的動機是要盡其應盡的義務或責任，也就是說，他想要從事該行為，只因為那是他應該做的行為，則我們稱其行為的動機是出於善意。譬如，張三在海水浴場發現一個小孩溺水，由於張三的游泳技術很好，他很快就將這名小孩救起。張三這個救人的行為當然是一個正當的或對的行為，也就是說，在這個情境中，由於張三救人並不會涉及太大的危險，所以救人是張三應盡的義務。但是張三救人的動機是不是基於善意？如果張三救這個小孩的動機是：這是他應該做的行為，則張三的動機是善的；如果張三是因為想要得到小孩父母的一筆賞金，或者知道這個小孩的父母是達官顯要，將來對自己會有所幫助，基於這樣的動機救人，張三的行為雖然是道德上正當的行為，然而其動機卻不是基於善意。

因此從以上的討論，我們可以將倫理學中評價性的語詞主要分為兩大類，一類是「對」、「錯」，另一類是「好」或「善」、「壞」或「惡」。前一組評估的對象是「行為」，而後一組則評估「結果」、「人格」和「動機」。因此一個對的行為可能是基於惡的動機，而一個錯的行為則可能出於善意，一般所謂的「善行」並不是一個精確的說法，它可能指的是道德上對的行為，然而由於對的行為不一定基於善意；也可能指的是基於善意的正當行為，但是這樣的用法顯然涉及兩個不同範圍的評價：行為和動機，然而我們通常很難從一個人的道德行為中，真正知道其動機是否良善，因此規範倫理學理論中較少涉及動機的評價，所以長久以來重要的倫理學理論，不論目的論或義務論，所探討的話題都是以評估行為對錯的標準為其對象。事實上有關行為評估的道德理論幾乎主導了整個西方倫理學的發展，直到最近十多年來，強調德行、人格、動機的德行倫理學才受到較多倫理學者的關注。

第三節　倫理學的價值

　　為什麼要研究道德哲學？對道德問題進行哲學式的探討有什麼好處？研究倫理學是否會使人活得好一點？是否能夠透過倫理學的研究找到一個真的道德理論？對於這些問題，答案是見仁見智，有人認為成為道德人和研究道德哲學有關，有人則認為一個人是否有道德無關乎倫理學知識的多寡，但是事實上採取中間立場可能較為正確。因為儘管知道倫理學理論的人不一定會成為一個道德人，但是一個人如果缺乏道德思辨和分析能力，即使想要從事道德的行為，也常會因為判斷錯誤而事與願違。

　　通常我們的道德並不完整，我們相信某些行為是道德上正當或對的，某些則是錯的，但是我們在判斷對錯時，所採用的原則常常出現不一致。譬如民主社會選舉中所進行的買票行為，有人將之合理化為「走路工」，有人會認為候選人這樣做不應該，但是卻不認為自己不應該收受賄款。當我們在批評執政黨提名的人選都具有「黑金」背景的時候，我們卻忘了是我們投票選擇了「黑金」。「民主社會是一個多元價值的社會，意見不同要互相寬容」，這是我們每一個人都能朗朗上口的一句話，可是在我們社會中卻常常因為政治主張不同，不但不能互相容忍，而且彼此充滿敵意和仇恨。又譬如一個殺人犯以死刑定讞，一般人會認為其罪有應得，但是如果這名死刑犯是自己的親人，則會對他為何殺人設身處地，甚至認為情有可原。此外，我們的社會現在普遍認為男女是平等的，男女之間不應該在職務、能力、所得和社會地位上有所差異，尤其女性在爭取男女平權的過程中，極力抨擊傳統「男主外、女主內」或「女人柔弱、男人剛強」等觀念的錯誤，但是在實際生活中，有些女性並沒有真正言行一致，如果有很重的行李要提，許多女人會認為這個工作理所當然是男人的事；此外在許多社交場合，不少女性期待男人要尊重「女士優先」的原則。如果透過倫理學的思辨，將會發現這些判斷之中，常常是基於不一致的原則。

　　事實上我們日常生活中對道德行為所作的判斷，常常是基於一些父母

或社會相襲成俗的道德教誨，譬如：「不應該說謊」、「應該遵守諾言」、「亂倫是錯的」等，但是對這些道德教誨之間有何關聯，以及這些道德判斷的理由何在，則缺乏進一步的思考，所以道德教化往往只停留在教條式灌輸的層次，無法真正內化成整體性的道德信念。譬如：大家都接受「亂倫是錯的」，但是亂倫為什麼是道德上不允許的行為？有人可能認為亂倫之所以被禁止，是基於優生學的角度，因為亂倫容易產生畸型兒，但是這樣的理由並不是構成亂倫之所以在道德上不正當的原因，否則採取避孕的亂倫行為就應該被允許，然而我們一般的道德直覺是，即使避孕的亂倫仍然是錯的。有人可能認為亂倫的不正當性，可以從社會功能正常運作的角度加以解釋，因為亂倫所產生的不健全下一代會阻礙社會的正常運作，如果採取不生育的方式，則會使社會的人口銳減，將會使人類社會無法持續存在。但是這樣的理由也是似是而非，因為只要真正從事亂倫的人口有限，他們不從事下一代的繁衍，並不會影響人類社會的代代相傳。

基於以上的考慮，道德哲學的價值至少可以有以下幾點：[7]

1. 研究道德哲學可以使我們知道某些道德原則和其他原則不能同時成立，這樣或許可以使我們釐清自己的道德主張，而免於自相矛盾。

2. 經由對道德哲學的研究，或許我們可以發現自己的實際的道德原則是什麼。通常我們在判斷行為的對錯之前，很少思考一個對的行為之所以為對的原因和理由。而透過各種倫理學者對這類問題的探討，我們可以認清自己的道德觀是接近傳統道德理論中哪一種特殊的派別，也可以因此知道這類主張之優點和不足之處。

3. 了解道德觀念的複雜性，可以使我們對日常生活中一般的道德主張作批判性的理解，並有能力對各種流行的道德觀進行優劣的評估。

4. 對於道德本質的探討，可以使我們更了解為何任何社會都需要道德，以及道德原則的理性基礎，因此研究倫理學可以使學習者將來在從事道德教化時，不會只是說教而會說理。此外，國人如果普遍對倫理學有所涉獵，道德教育將不再淪為只是教條式的灌輸，遵守道德的訓示也比較不會流於口號。

註 釋

1. 這段情節是一位倫理學者的親身經驗，參見 David Cooper, *Value Pluralism and Ethical Choice* (New York: St. Martins Press, 1993), pp.1-2.

2. 此一說法參見 Howard J. Curzer, *Ethical Theory and Moral Problems* (Belmont, California: Wadsworth Publishing Company, 1999), p.6.

3. 這一部分的討論主要參考 Louis P. Pojman, *Ethics: Discovering Right and Wrong* (Belmont, California: Wadsworth Publishing Company, 1995), pp.3-11.

4. 這四種有關道德判斷和非道德判斷的區分，係依據 Fred Feldman, *Introductory Ethics* (Englewood Cliffs, New Jersey: Prentice-Hall, 1978) 第一章的討論。

5. 參見 William K. Frankena, *Ethics* (Englewood Cliffs, N. J.: Prentice-Hall: Inc.), 1963, pp.8-10.

6. 參見 Pojman, 1995, pp.9-12.

7. 前三個觀點主要參考 Feldman, 1978, pp.13-15.

第二章

價 值 論
(*axiology*)

幾乎我們每一個人每天都在從事價值判斷，「他昨晚的心情不錯」、「今天的天氣真好」、「臺北市的住家環境實在很糟糕」、「昨天晚上沒有睡好覺」、「日月潭的風景真美」、「那位女士居然在公共場所穿那麼短的裙子，真是傷風敗俗」、「興建核四會禍及下代子孫」、「臺灣正面臨社會轉型期，不但貧富差距加大，而且社會失序、倫理敗壞、文化失衡」等，從生活的瑣事，到對整體社會生活前景的評估，都是價值判斷。我們是依據什麼樣的標準從事論斷？從什麼尺度衡量臺北市的住家環境？以什麼角度認定臺灣現在的社會是文化失衡、倫理敗壞？我們的價值觀常自然地依據傳統和習慣而不自知，當代社會變遷快速，許多價值觀引起相當大的爭議，譬如：「男主內、女主外」有什麼不對？該不該容忍同性戀的行為？婚前性行為是不道德的嗎？「笑貧不笑娼」的價值觀有什麼問題？也有些價值觀被當代多數人認為理所當然，譬如：讀法律比讀哲學的人有出息、錢賺得越多的人越有成就。到底有沒有一個客觀的價值標準，能作為日常生活從事價值判斷的依據？

有相當多的人認為，根本不存在一個客觀的價值標準，價值是主觀的，所以價值上的爭論在日常生活中時常發生，譬如：臺灣到底該不該興建第四座核能發電廠？這個問題在近些年來一直是社會抗爭的焦點，擁核者認為為了經濟持續發展，興建核四是必要的；而反核者則認為核電廠的安全堪慮、核廢料污染更會禍延子孫。但是基本上這個問題的爭議，就是因為價值問題不像簡單的科學問題一樣，可以立即拿出具體的證據證明對方是錯的，由於不同立場者擁有不同的價值觀念，有些人較重視安全，有些人較重視經濟成長，因此這類的爭執很難得到圓滿的解決。事實上對於促進人生幸福的各種價值，舉凡：安全、環保、效率、便利等，每一個人可能會有不同於他人的特殊偏好，譬如，到高雄出差，有人認為安全比較重要，因此寧願坐火車，有人比較在乎效率，所以選擇搭飛機，至於哪一種選擇比較正當？似乎沒有一個標準答案，而且也不必有標準答案。因此價值衝突的解決，不但必須對所涉及之價值進行整體評估，而且有時候某些價值的認定是基於個人偏好，譬如：巧克力蛋糕好吃還是西瓜好吃？熱

門音樂好還是古典音樂好？棒球比賽好看還是籃球比賽精彩？這些問題見仁見智，可能不會產生明確的結論。

有些實證性學科為了要符合科學、客觀的標準，所以自稱採取價值中立的研究方法，姑且不論我們能否做到真正的價值中立，選擇價值中立本身似乎已經在從事一種價值選擇，因此無論如何，價值判斷是不可逃避的。

價值理論是哲學的一支，主要就是研究價值的本質，以及什麼東西具有價值等問題，廣義來說，價值理論可以包括道德價值和非道德價值，譬如：美的事物是有價值的，但是它不屬於道德的領域，所以倫理學是價值理論的一部分。前一章中我們將價值判斷分為道德價值和非道德價值兩類，而事實上這兩類判斷有其關聯性，所以在探討有關道德判斷的理論之前，我們有必要對價值的一般理論作一介紹。本章所要探討的問題主要有四個：①價值有哪些種類？②哪些事物是有價值的東西？③價值是客觀還是主觀的？④價值和道德行為的正當與否有何關係？ *1*

第一節　價值的類別

在柏拉圖（Plato）的對話錄《理想國》（*The Republic*）中，柏拉圖將有價值的東西分為三類，*2* 第一類是本身是好的（good in itself），如：單純的快樂就是屬於這一類；第二類是本身是好的而且其所造成的結果也是好的，有些東西我們認為它們本身就值得追求，如：知識、健康，這些東西不但本身就是值得追求的東西，而且它們會帶來好的結果；第三類是本身是不好的或無所謂好壞，它們之所以有價值是因為其結果是好的，如：藥、金錢，沒有人喜歡打針吃藥，但是我們都認為生病的人應該吃藥或打針，因為打針吃藥雖然是不好的，可是由於其結果是善的，所以我們認為它們是有價值之物。至於金錢本身雖無關善惡，但是由於它可以帶來我們想要的東西，所以是有價值之物。

柏拉圖所分別的三類有價值之物，就是一般所謂內在價值（intrinsic

value）和外在價值的區別（extrinsic value）。世界上有許多事物是人們希望能夠擁有的，但是在這些事物之中，有些是用來實現其他我們想要得到的事物，而有些就是我們追求的最終目的。那些本身就值得人們追求的事物，我們稱它們具有內在價值，也就是說，人們追求這些東西並不是為了得到其他有價值之物，追求者的目的就是希望實現這些事物本身；至於那些可以幫助我們實現最終所要追求之物的，我們稱它們具有外在價值，換句話說，這些東西是我們得到內在價值最有效的手段。外在價值又可以分為工具價值（instrumental value）、貢獻價值（contributory value）和本有價值（inherent value），一個東西具有工具價值是指可以透過它，得到具有內在價值的東西，如：鑰匙、車子。一個人應酬累了，很想回家好好睡一覺，但是如果回到家裡發現鑰匙弄丟了，他顯然失去立即享受愉悅睡眠的機會，所以鑰匙的價值就是實現美好睡眠的必備工具。至於車子的工具性價值更是明顯，它可以使我們減少到達目的地的時間、增加可利用的時間。而所謂貢獻價值，是指部分和有機整體之間的關係，如：機車的火星塞、畫中的某一塊顏色，它們是對一個整體的價值有所貢獻，火星塞本身並沒有用途，但是一部車子如果沒有火星塞則不能發動，所以火星塞對車子這個整體而言是有價值的。至於本有價值是指潛在於某物之中，而能產生內在價值者，如貝多芬的樂譜，當沒有人演奏時，樂譜本身無法顯現價值，但是它並不會因為沒人演奏就失去價值，因為其價值內化於音符之中，因此貝多芬的樂譜本來就具有價值。又譬如美麗的夕陽，當人們不注意它的時候，它的價值無法顯現，但是它也不會因為人們不加以欣賞，而失去愉悅我們心情的功能。換句話說，如果一個事物本身就具有產生內在價值的功能者，我們稱該物擁有本有價值。

　　一般而言，外在價值的概念我們比較容易理解，但是是不是真的存在具有內在價值的東西？也就是說，是不是有這樣的東西，它的價值不是從別的事物中導出，而是本身就有價值？如果我們問一個人：「有錢是為了什麼？」答案差不多是：可以買衣服、車子、房子、好吃的食物，也可以看電影、買音響、出國旅遊等，可見金錢具有外在價值。但是上述的東西

是不是都具有內在價值？譬如，如果我們問：「為什麼要出國旅遊？」答案可能是：可以增廣見聞或者純粹為了休閒娛樂，然而如果我們繼續問：「為什麼要休閒娛樂？」答案可能是：增進身心健康、增加人生樂趣，但是「為什麼要追求樂趣？」如果我們不斷地追問下去，最後是不是會得到一個答案是：為了追求 a 的原因，所以追求 a ？如果這個答案是肯定的，表示有些東西本身就有價值，其所以具有價值、成為被追求的對象，並不是為了某些其他的目的，而是它具有內在價值。

　　許多提出內在價值這個概念的人，都以快樂的經驗為例，認為快樂是一個內在價值、痛苦則是內在負價值（intrinsic disvalue），也就是說，經驗快樂是好的，而經驗痛苦則是壞的，當然這並不是說快樂的結果永遠是好的，有時候我們貪圖一時的享樂，結果反而很差，譬如：由於一夜狂歡，隔天的工作無法完成，可能因此損失慘重；而有時候痛苦的經驗卻換來更大的快樂，譬如：經歷一個重大而痛苦的手術，卻因此而挽回生命。但是儘管某一個特殊的快樂經驗，結果可能帶來更大的痛苦，而特殊的痛苦經驗卻產生更多的享樂，如果純粹比較快樂和痛苦的經驗，人當然是追求快樂、避免痛苦。如果張三正在毆打一個無辜的小孩子，小孩痛苦地大聲哀號，如果我們要求張三停止他的暴行，張三卻回答說：「我知道這個小孩子很痛，但是痛難道不好嗎？」我們一定會認為張三精神異常。如果痛苦是好的，我們會鼓勵人們彼此互毆、欣賞彼此拿刀互砍，也會歡迎得到各種疾病，生病也不會醫治，因為這樣可以增加痛苦的時間和強度。可見追求快樂、拒絕痛苦是人類的本能，因此快樂是一個內在價值，也就是說，我們追求快樂是為了得到「快樂」這樣的經驗，而不是為了實現其他的目的。

第二節　價值享樂主義（value hedonism）³

　　即使我們承認有些東西具有內在價值，但是對於哪些東西才具有內在價值，卻有兩派不同的主張：一派是價值享樂主義（以下簡稱享樂主

義），一派是非價值享樂主義（以下簡稱非享樂主義）。享樂主義認為快樂是唯一具有內在價值的東西，其他有價值的東西最後都是為了實現快樂，換句話說任何有價值的經驗都是因為它能提供快樂。十八、十九世紀一位英國的重要哲學家邊沁（Jeremy Bentham）就認為只有快樂才是本身是善，其他我們稱為善的東西都只是因為它們有助於快樂的實現。非享樂主義雖然承認快樂具有內在價值，但是卻不認為它是唯一具有內在價值的東西，對許多非享樂主義者而言，快樂只是許多內在價值中的一種，因為還有其他東西也具有內在價值，如：知識、美、自由、友誼、自我實現等，這些有價值之物都可能是人們直接追求的對象，它們的價值可以不必建立在為了實現其他價值的條件之上。4 有些非享樂主義者雖然認為只有一種事物具有內在價值，但是那並不是快樂，譬如：柏拉圖認為「善」的理型（Form）是一切價值的根源，其他有價值之物都是因為「分受」這個善而有價值，所以「善」具有超越價值。5 簡而言之，對於哪些東西具有內在價值，享樂主義是一元論的看法，而非享樂主義則有一元論和多元論的主張。

　　享樂主義又可以分為官能論（sensualism）和滿足論（satisfactionism），官能論將所有的快樂等同於感官的快感，因此所謂快樂就是指感官上的享受，而且認為只有感官的快樂才是唯一的快樂，譬如：大熱天正口乾舌燥喝了一杯冰啤酒、在音樂會聽到悅耳的歌聲，或者偶然聞到一股濃郁的玫瑰花香。由於官能論主張感官的快樂是唯一的快樂，所以快樂的多少，就是以感官所接受到的強度加以定義，而和感官的享受相反的就是身體的痛苦，譬如：割破手、摔斷腿等。因此根據官能論的主張，有價值的東西就是追求感官的享受和快感，避免身體的痛苦，至於現代社會心靈上的空虛、寂寞、緊張，除非這些狀態會引發感官的痛苦或肉體上的不舒服，否則都不是和快樂對立。

　　感官論對快樂的解釋似乎過於簡單，滿足論者就不認為快樂就是或只是感官的快感，因為有些快樂是屬於心靈或精神層次，和感官刺激所引起的快感不同，因此滿足論則將快樂等同於滿足或享受，而這種滿足或享受

不一定涉及感官，因為滿足是一種快樂的意識狀態，有時候完成一件令人滿意的工作、寫完一篇急於交差的文章，都會產生滿足感。因此和滿足相對立的不是身體的痛苦，而是不滿足或不悅。

滿足論似乎比較具有說服力，因為官能論者無法解釋許多精神上的喜悅，而且有時候我們的感官雖然極端的享受，心裡卻一點也不覺得快樂，譬如和一個不太投機的人一起吃大餐，常有食不知味的心理感受，而實際上感官仍然感覺到自己正在享受美味。分別快樂是一種滿足和快樂是一種感覺的不同，我們才能理解有些人為什麼可以享受痛苦，事實上一般所謂的被虐待狂者，就是他們雖然在感官上具有疼痛的知覺，可是卻在疼痛中產生滿足和愉悅；同樣的，失戀的青年男女，儘管感官上並沒有痛苦的知覺，可是卻處於極端不悅的情緒之中。因此將快樂只局限在感官上的享受不但過於狹隘，而且無法解釋類似被虐待狂者將痛苦當成快樂的生活實例。

不論是官能論或滿足論，都是將快樂當成是唯一本身具有價值的東西，而非享樂主義者則否定這樣的看法。但是對於非享樂主義的觀點，享樂主義可以用這樣的論證加以反駁：非享樂主義所宣稱的那些具有內在價值之物，譬如：知識、友誼、愛等，如果我們追根究柢質疑到底是為什麼而追求它們時，最終的答案將會是：因為它們可以帶來快樂。譬如：為什麼要追求知識？如果知識不會給人帶來任何滿足，知識還是有價值的東西嗎？如果知識具有內在價值，我們應該可以理解「為知識而知識」指的是什麼，但是什麼是「為知識而知識」？儘管有人可以沈浸於知識的專研，但是難道這不是由於獲得知識本身可以產生某種程度的心靈愉悅或滿足嗎？

十九世紀效益主義的重要哲學家彌勒（John Stuart Mill）就認為，有時候由於習慣，本來只具外在價值之物，也會成為具有內在價值的東西，如守財奴對金錢的喜好，知識對彌勒而言也是如此。彌勒的說法主要是要證明，有許多我們一般會認為具有內在價值的東西，如：知識、健康等，其實如果細究其源，將不難發現這些東西只具有外在價值，而我們之所以

認為它們具有內在價值，完全是由於習慣所造成。對彌勒而言，只有快樂或幸福才具有內在價值，而所謂幸福，就是快樂的獲得和痛苦的解消。彌勒明白主張，得到快樂和解除痛苦是唯一可欲的最終目標，其他可欲之物都是為了要達到快樂或是使痛苦解除的手段。*6*

彌勒知道他的主張會受到如下的責難：把快樂當成唯一的目的，似乎是把人當成是豬，難道生命除了快樂外，就沒有更高的目的？對於這個質疑彌勒的反駁是：提出這種責難的人，是把人當成只能和豬一般的享樂，所以是真正的貶抑了人性。事實上雖然動物和人一樣都是追求快樂，但是人所要滿足的快樂和動物不同，動物性的快樂根本無法滿足人對幸福的觀念。彌勒指出，由於人具有更高的官能需要滿足，所以人所追求的不只是感官的快樂，而且還追求知性、情感、想像力和道德感等更高價值的快樂。所以，他分辨精神和肉體的快樂，而且認為精神上的快樂比較優越，也就是說在情境上精神的快樂較永久、安全。

因此彌勒認為快樂不只有量的差異，也有質的區別，由於人類具有較高等的官能需要滿足，所以快樂的品質對滿足人的高等官能極為重要，也就是說，高等動物需要較高品質的快樂才能達成幸福，所以很少人願意成為動物，以交換動物所需的快樂，因為動物性的快樂無論在量上有多大，由於在品質上較低，所以並不能滿足人的需要；因此只有當不幸達到頂點，人才願意成為動物。譬如：人具有尊嚴感，此一意識是構成人之幸福的基本要素，而滿足人的尊嚴就需要較高品質的快樂。彌勒指出，由於那些享受能力較低的動物，有較大的機會完全滿足，而較高的動物常常感受到幸福的不夠完滿，但是只要可以忍受，人仍然願意接受這個不完滿，所以彌勒說：「寧願是一個不滿足的人，也不願意是一隻滿足的豬。」

第三節　價值的根源

我們追求有價值之物，是因為這個東西有價值？還是由於我們想得到它，所以它才有價值？一般認為，價值判斷和事實判斷不同，前者是評價

性的,而後者則純粹是描述性的,所以事實判斷是客觀的,因為事實判斷的正確與否,不會受到判斷者之慾望、興趣的影響;然而價值判斷往往決定於判斷者主觀的慾望、偏好和品味,所以價值判斷是主觀的。因此有人認為,價值是表達情感,而事實則是描述知識。但是價值是不是真的決定於人的慾望、喜好、利益?有人追求或渴望的東西就有價值嗎?事實上並非如此,譬如:社會上有人計劃從事殺人放火、綁票搶劫的行徑,但是這些不但沒有價值,而且會產生負面的價值。也許反對者會認為,殺人放火、綁票搶劫並不是這些人真正想要的,類似的行為只是達成他們所追求之物的手段。但是有人想自殺,純粹因為生活很無聊而自殺,也就是為自殺而自殺,因此自殺就是有價值的嗎?有許多人明明知道抽煙有害身體健康,又會污染環境,可是卻無法戒掉。此外,酗酒、吃檳榔等,都是不但無益而且有害的行為,社會上卻仍然有相當多的人樂好此道。事實上不只是有些人所希望得到的東西是沒有價值,而且有些人不想得到的東西卻是有價值,譬如:拔掉蛀牙、割除盲腸承受手術的疼痛。

　　因此,價值的基礎是什麼?它和評估價值的心靈之間的關係如何?價值是內在於心靈,是屬於人的想像、思考和慾望?或者它是外在於心靈,是屬於事物,如大小、形狀一般?傳統上對價值根源爭議的焦點,主要是針對價值是主觀或客觀的問題。

　　主觀論者認為,價值只是表達人們喜歡和不喜歡的情感或情緒,吃喝玩樂、觀賞美麗的夕陽、聽到美妙的歌聲等快樂經驗,是有價值的,因為它們激發我們快樂的情感,提供愉悅的經驗讓我們享受。善塔耶納(George Santayana)認為,價值是從人最直接、不可解釋的本能衝動中產生,也就是說它出自於人性的非理性的部分,離開人類的意識就沒有價值,所以情感和意識是理解和鑑賞美善存在的必要條件。[8]裴瑞(R.B. Perry)更進一步主張價值只是興趣的對象,它是由慾望所創造的,所以有價值之物的價值強度,和其被渴求的強度成正比,換句話說,人得到某物的慾望越強,表示此物的價值越有價值。[9]

　　主觀論者為了支持其主張,往往強調價值會因人、團體、年紀、時代

而不同，如果價值是客觀的，為何人類的價值判斷會不斷的改變？所以價值是主觀的，因為價值是觀察者和被評價物之間的一種關係，也就是說，價值是一種人類的發明（human invention）。因此主觀論認為，價值完全屬於內在世界，慾望的滿足才是真正價值之所在，而提供這個滿足之物只是工具而已，所以價值永遠是經驗，而不是一件東西或事物，事物可能會具有價值，但是它本身不是價值，也就是說，由於有些事物能夠滿足我們的慾望，所以我們投射價值在這些事物之上，因此這些事物的價值是人類慾望的函數。譬如：鑽石為什麼會有價值？答案顯然是：因為人們喜歡它、人們有強烈的慾望得到它，所以它的價值是人們賦予的。

　　價值客觀論者則否定人類的慾望或興趣決定事物是否具有價值，它們認為價值是外在於我們的世界（out there in our world），我們是發現（discover）價值而不是發明它，價值是獨立於我們心靈之外，而人類所具有的只是發現這些價值的道德官能或美感功能而已，所以不是人類的興趣或慾望創造價值，而是事物具有某些有價值的品質，引起我們的興趣和激發我們的慾望。

　　客觀論又可以分為兩派，一派認為價值的根源是在超越界；一派認為價值是存在於事物之中。柏拉圖就是前者最具代表性的人物，他認為感官世界的所有一切事物都是觀念界的影本，所以感官界的事物是變動的、相對的，而觀念界則是永恆、真實的存在，觀念界是由理型所構成，而最高的理型就是善（the Good），由於理型具有層級，所以所有的價值也具有等級，而價值的最終根源都是分享了善的理型，因此價值的根源是超越而獨立存在的。*10* 也有客觀論者主張價值是絕對、永恆、超越的，不同於柏拉圖的是，他們認為價值是神賜給我們的，所以是植基於宇宙的本質，超越日常由感官、科學所提供給我們的事物。無論如何，這一派的客觀論者相信有超越現象界的真實，而這個真實具有永恆秩序，它給予形上學、神學、倫理學、美學之基礎和證成。

　　另一派的客觀主義不強調價值的客觀性是基於一個超越根源，而主張價值的客觀性是由於價值是存在於有價值的事物之中，所以是獨立於我們

的慾望和興趣而存在。這一派客觀論者認為我們必須區別：人類的判斷行為和被判斷的事物，譬如以溫度為例，人們對溫度的判斷不同，張三摸了一下李四的頭之後說：「你發燒了」，王五試了一下卻說：「很好嘛！哪有發燒？」但是我們不能因為張三和王五的判斷不同，就認為溫度是主觀的，我們可以用溫度計檢查一下，就可以證明哪一個人的判斷正確。又譬如一群到阿里山觀賞日出的人，當看到美麗太陽升起的時候，有人作了一個判斷說：「阿里山的日出真的很美」，根據客觀論的主張，這並不是這個判斷使阿里山的日出變美，而是在這些人眼前的景色本身使之為美。所以客觀論者認為，價值存在於事物之中，就像顏色、形狀、大小、味道一樣，換句話說，價值獨立於人類而存在，有價值的東西不論有沒有人實際上渴求它，仍然有其價值。

第四節　價值和道德的關係

　　儘管倫理學者對於道德的本質有不同的看法，但是幾乎沒有人會否定道德的存在和人類對美好生活的追求密不可分，換句話說，不論道德規範是相對的或是普遍的、道德是一種手段或目的，它的存在是為了改善人類的生活處境則是一個不爭的事實，[11] 因此任何探討道德的理論都必須正視價值問題。卡根（Shelly Kagan）便明白指出：「我們應該如何生活？」是道德哲學的核心問題，[12] 而這個問題的答案顯然會涉及：什麼樣的生活才是美好的生活，以及什麼樣的人類作為才能促進美好生活的實現。卡根認為，一個行為是道德上被允許或被禁止，是由幾個不同的規範性因素（normative factors）所決定，不同的規範理論就是在明白表達這些因素的關聯性，而其中最重要的一個因素就是行為結果的好或壞。[13] 因此不論價值是主觀或客觀、內在或外在，價值理論和道德理論密切相關，事實上義務論和目的論這兩個重要的規範理論，其主要的差別就是根源於價值觀的差異，前者認為道德上正當的行為本身就具有價值，其正當性不是建立在行為能產生好的結果；而後者則將一個行為的對錯以其能實現多

少非道德價值作為定義。

　　無論如何，價值是道德判斷和推理的重要依據，人世間有許多東西我們認為有價值，如：生命、自由、友誼、愛、快樂、幸福、知識、健康等，一個行為是否道德上正當，常常都是預設這些價值。譬如不論目的論或義務論，都認為在正常的情況下，殺害無辜者是道德上錯誤的行為，因為生命是有價值的，如果生命不是人所珍視的，如果生命不具有多少價值，那麼殺害無辜就不見得是錯的。同樣的，我們都認為快樂是有價值而痛苦是惡的，所以在沒有其他原因的考慮下，任意打人是錯的，如果人們生來追求痛苦、逃避快樂，不只人類的道德規範和教訓會完全不同，而且說不定人類已經滅絕。如果自由是沒有價值的，那麼將人關在牢裡就不是一種懲罰，反而是一種獎勵；如果友誼沒有價值，人和人之間就應該冷眼相待。總之，道德判斷或道德規定和要求，往往是以人類所重視的價值作為基礎。

　　此外，在道德領域中最常碰到的難題就是道德衝突，也就是說，在某些特殊的情境下，我們會處於道德兩難的困境，因為不論採取哪一種行動，都會違反某一個道德原則或要求。譬如：張三的家中發生火災，他的妻子和女兒都身陷火場，這時候由於時間緊迫，只能救一條命，張三是應該先救妻子還是先救女兒？如果決定救妻子，他沒有盡到保護女兒的職責；救女兒則違反夫妻應有的道義。又譬如：張三在赴約途中看到路邊發生一起車禍，一個摩托車騎士遭汽車撞倒，肇事的車子卻加速逃離現場，張三有道德上的義務前往救援，但是一旦張三執行救人的責任，就會使他無法及時赴約，這時候張三應該怎麼辦？在這兩個例子中，不論張三真正應該怎麼做才合乎道德要求，當我們替張三設身處地，考慮他應該如何行動時，「張三從事哪一個行動比較有價值」是一個相當重要的考量。在第二個例子中，我們一般會認為張三應該救人，因為生命的價值高於遵守諾言的價值，除非張三的毀約也會危及到其他生命，否則張三不應該見死不救。至於第一個例子，一般人很難斷定張三應該怎麼做，因為妻子和女兒的生命同樣珍貴，張三的道德兩難，其實就是價值的兩難。

從上述的討論中，可見道德衝突往往是由價值衝突所衍生，如果我們能明確知道價值的高低或優劣，如上述第二個例子，則道德的衝突性或兩難的處境就會降低；如果我們無法決定價值的優劣，價值的無法取捨就轉換成道德判斷的不確定性。因此價值判斷是道德理論的核心，價值的增減似乎可以決定行為該依據什麼樣的道德原則，而道德爭議和價值爭議往往是事物一體的兩面，所以也許我們可以說：任何一種道德理論都預設了某種特殊的價值理論。

註　釋

1. 本章主要是依據 Louis P. Pojman, 1995 第五章。
2. 事實上柏拉圖是藉著葛勞康（Glaucon）的論述，將善作此分類，參見 Plato, *The Republic* (Penguin Books, 1955), Book II。
3. 根據卡根（Shelly Kagan）的說法，至少有四種不同的享樂主義主張，除了價值享樂主義之外，還包括：心理享樂主義（psychological hedonism）、倫理享樂主義（ethical hedonism）和福利享樂主義（welfare hedonism），由於只有價值享樂主義主張快樂是唯一具內在價值之物，所以它才是本節討論的對象。心理享樂主義主張：每一個人最終追求的目標都是自己的快樂，這是一個有關人類心理事實的陳述；倫理享樂主義主張：每一個人在道德上都應該增進自己的快樂，這兩種主張都沒有討論哪些東西具有內在價值。至於福利享樂主義則主張：人類的幸福完全決定於快樂的呈現和痛苦的消除，這樣的論點也沒有主張只有快樂才具有內在價值，因為它不排除還有其他事物也具有內在價值的可能性，只是不認為這些事物和人類幸福相關。參見 Shelly Kagan, *Normative Ethics* (Boulder, Colorado: Westview Press, 1998), p.31.
4. 當代非享樂主義的重要代表人物是 G. E. Moore，參見其 *Principia Ethica* (Cambridge: Cambridge University Press, 1962). Chapter VI.
5. Plato, 1955, Book 6.
6. 這些論點出自彌勒的 *Utilitarianism* (New York: Bobbs-Merrill, 1957), ed. Oskar Piest, Chapter 4.
7. Ibid., Chapter 2.

8. George Santayana, *The Sense of Beauty* (New York: Dovers Publications, 1955), pp.12-14.

9. R. B. Perry, *Realms of Value* (Harvard University Press, 1954).

10. Plato, 1955.

11. 有關道德原則是相對的還是客觀的問題，參見本書第十一章；至於為什麼要有道德？道德是一種手段還是目的？則在本書第十二章加以處理。這些問題是後設倫理學的問題，它們會涉及道德的本質，但是無論哪一種立場，都預設道德生活是人類美好生活的重要內涵。

12. Kagan, 1998, p.1.

13. Ibid., p.17.

第 2 篇

規 範 倫 理 學

　　這一篇我們要討論規範倫理學的三種重要理論，即目的論、義務論和德行倫理學，其中目的論和義務論一直主宰當代倫理學的重要論辯，它們都重視道德義務和行為所應該遵守的原則，所以其理論的重點是「行為」。而德行倫理學則是另一種不同的研究取向，它強調道德人格的優位性，因此它最關注的是「行為者」（agent）而不是「行為」的性質或特點。由於目的論和義務論是當代倫理學最主要的兩種理論，因此我們先介紹這兩種理論。而在介紹目的論的主張之前，有必要對這兩種理論的主要差異作個簡單的說明。

　　在第一章中我們曾經提到倫理學的兩組重要概念，一組是對的（或正當的）、錯的；另一組是好的、壞的或善的、惡的，由於這兩組概念所描述的對象不同，所以一個對或正當的行為有可能是基於不善的動機，而一個錯誤的行為則可能基於善意；因此雖然一個人為了得到獎金才去救人，其行為的動機並不純正，但是無論如何救人這個行為仍然是正當的。根據倫理學者的分析，倫理學中目的論和義務論的差別，就在於對這兩組概念的定義有不同的看法。*1*

　　所謂目的論，就是主張一個行為的對或錯，完全決定於這個行為所產生的結果或所實現的目的；義務論則認為，一個行為的對或錯，不是完全決定在行為所造成的結果或目的，而是取決於行為本身所具有的性質和特點。由此可見，從事目的論式的道德判斷預設「善」的概念，也就是說，我們必須先知道「什麼樣的事務狀態或結果是好的」，才可能決定什麼樣的行為是對的或正當的。換句話說，對目的論而言，一個行為的對錯是由結果所呈現之事態的好壞所定義。譬如：開車不小心撞傷別人，我們會覺得愧疚，因為我們知道沒有人喜歡受傷，如果受傷對人類而言是一件好事，則被我們撞到的那個人應該感謝我們。

　　因此根據目的論的主張，「好」和「壞」這組概念的評價，必須先於「對」和「錯」的判斷，所以「好」和「壞」的意義，也必須獨立於「對」和「錯」。也就是說，判定一個行為結果或事務狀態是否為善，不需要涉及這個行為是否為一個對的行為。譬如：如果一個行為的結果造成五個人

受了重傷，不論這個行為是否正當，我們都可以判斷這樣的結果是不好的，事實上這種好壞的判斷透過常識的直覺就可以加以分辨。目的論的特點就是以「善」來定義「對」；義務論對於行為正當性的界定，並不是採取這樣的方式，而是根據行為本身的特質來決定行為是否正當，譬如：義務論認定殺害無辜這類的行為是錯的，不論殺害無辜在某一個特殊情形下可能會造成多好的結果，它仍然是一個錯的行為；但是對目的論而言，行為是屬於哪一類的行為並不相關，只要結果是最佳，殺害無辜可能是對的行為。

第三章

利己主義

第一節　心理利己主義（psychological egoism）

在日常生活中我們偶爾都會聽到有人主張：「人們所做的所有行為，基本上都是出於自私的心理，不論一個人為他人做了什麼，他最後的動機都是為了自己的好處。所有在歷史上和現實社會中被人稱頌的英雄、聖賢，他們的行為好像是為了他人而犧牲奉獻，其實這些都是虛偽的，他們之所以會那樣做，可能也是為了實現自己的利益，不然就是為了滿足被人尊敬或讚美的慾望。」這樣的主張認為人的本性就是只會自我關懷，任何人為他人所做的任何事，如果不是為了得到他人的回報，就是為了得到榮耀或聲譽，完全否定人們會純粹基於關懷他人而行動的可能性。如果這樣的看法被證明是正確的，那麼不但人世間沒有真正的友誼和愛心，也會嚴重地影響我們的生命態度和規劃。因此到底人們可不可能無私地關心和幫助他人，成為一個值得重視的問題。

一、定義

上述的主張稱為心理的利己主義，由於它是一種有關人類動機的主張，所以稱為「心理的」，由於它認為所有人類動機都是「自我關懷的」（self-regarding），所以稱為「利己主義」。心理利己主義明確的定義是：所有人類的行為都是出自於自我關懷。我們使用「自我關懷的」而不用「自私的」（selfish）定義心理利己主義，主要的原因是「自我關懷的」在道德上是中性的語詞，而「自私的」一詞則蘊涵道德上錯誤的概念，由於人類有很多行為和道德無關，譬如睡覺、散步、旅行、生涯規劃等，都是自我關懷的行為，可是它們並不涉及道德，因此當我們說：「張三的行為只關心他自己」，這句話並沒有蘊涵張三的行為是道德上對或錯的評價，但是當我們說：「張三的行為是自私的」，則蘊涵張三的行為在道德上是錯誤的。由於人們基於利己理由所追求的行為，並不是都和道德相關，因此以

「自我關懷」一詞定義心理利己主義似乎較為恰當。*2*雖然並不是所有自我關懷的行為都是自私的行為，但是如果一個人所從事的任何行為都只關心自己，由於有些自我關懷的行為必然會損及他人、對別人不公平，這些基於自我關懷所做的損人利己行為，就可以說是出自於自私的動機。從以上的分析，我們可以更精確地說明心理利己主義的主張：心理利己主義認為，唯一可能讓任何人當成最終目標去追求或實現的東西就是他自己的利益，雖然有時候人們也在乎他人的幸福和利益，但這只是當成追求個人幸福的一種手段。也就是說，所有人類的行為都是出自於利己的動機，不自私的行為根本不存在，任何損己利人的行為不是偽裝就是愚昧，因為除了自我滿足之外，人們根本不可能真正關心他人。

在倫理學中所謂利己主義主要是指倫理利己主義（ethical egoism），但是由於它被認為和心理利己主義相關聯，所以我們有必要先介紹心理利己主義。這兩種理論的差別在於：倫理利己主義主張所有人在道德上都應該追求自己的利益，所以心理利己主義認為人自我關懷是一個「事實」，而倫理利己主義則認為利己是屬於「應然」的問題。換句話說，心理利己主義認為人不可能做不利於己的行為，因為這是人的天性，所以任何利人不利己的行為，都是非理性或愚昧的；倫理利己主義則主張人可能做出利人不利己的行為，只是這樣的行為違反道德要求，因為道德上要求人們應該從事的行為是：對自己最終是有利的行為。

許多倫理利己主義的支持者認為，倫理利己主義可以從心理利己主義推導出來，因為如果「人事實上不可能不自我關懷」，加上一般認為，如果我們說「張三應該做 X」，表示張三有能力去做 X（"ought" implies "can"），因此我們可以推出「人不應該不自我關懷」的結論。但是這樣的推論有兩點值得討論：①從人的本性如何如何，並不能推得人應該如何如何，例如：人類天生具有侵略性，但是我們似乎不能主張「人應該具有侵略性」；②「人事實上不可能不自我關懷」這個命題是否為真？人的本性如果是只在乎自己，是否這個本性永遠無法改變？這個問題涉及到心理利己主義是否成立的問題。

對利己動機的解釋不同，會形成不同的心理利己主義派別，最重要的派別是心理利己的享樂主義（psychological egoistic hedonism），它主張人類利己的動機所唯一究極追求的是：得到或延長快樂經驗和避免或減少不愉快的經驗，也就是追求自我快樂或減少痛苦。以下我們討論的心理利己主義指的就是這一派的主張。

二、支持心理利己主義的論證

從以上的陳述，可見心理利己主義是一個非常強的論點，因為它主張人類「所有的」行為（當然這裡指的是「所有自覺、自願的」行為）都只是自我關懷，因此只要我們能找到一個行為，它不是基於利己的動機，就足以否定心理利己主義的主張。什麼原因使我們相信心理利己主義的主張是正確的？根據費因柏格（Joel Feinberg）的歸納，支持心理利己主義的論證有四個：[3]

（一）個人所有權論證（personal ownership argument）

我的任何行為都是由我的動機、慾望或衝動所引發，所以我總是追求那些滿足我自己或為我自己之物。

（二）享樂主義論證（hedonist argument）

一個人得到他所想要的就會感到快樂，所以在任何事件中，我們真正要的是自己的快樂，追求其他東西只是一種手段。

（三）自我欺騙的論證（self-deception argument）

我們常欺騙自己，以為自己所要的東西是好的或高貴的，而實際上我們真正要的是被他人稱讚，或是能陶醉於善心的愉悅之中，所以當我們認為我們的動機是無私、利他的，很可能我們總是自我欺騙。

（四）道德教育論證（moral education argument）

道德必須是可以學習的，而道德教育或禮儀教化通常都是利用快樂或痛苦之賞罰，一般而言人們舉止合宜是因為這樣做有所回饋，所以我們道德教育的方法預設了人類動機的自私性。

三、對心理利己主義論證的批判

費因柏格指出，心理利己主義被稱為是對人類動機的經驗性探討，所建構的一種科學理論，但事實上支持這個理論所需要的經驗證據根本不足，甚至於經驗證據反而證明這個理論並不正確。費因柏格針對以上四個支持心理利己主義的論證一一提出反駁。

論證（一）似乎是一個無法推翻的論證，因為任何非利己的行為，心理利己主義都可以主張其背後隱藏一個利己的動機，此一動機才是行為者真正的動機。譬如：李四幫助了鄰居一個忙，心理利己主義會解釋為他是為了日後得到回報；張三跳入急流中救人的冒險行為，是因為張三不願意自己被稱為膽小鬼，或者希望自己成為英雄人物受人尊敬，或者張三如果在當時不如此做會覺得自己的良心不安。換句話說，心理利己主義認為所有利他的行為，背後的真正動機都是為了滿足行為者的某些慾望，這些慾望可以是有意識的，而有些看似行為者完全奮不顧身、完全沒有想到自己安危的行為，則是基於無意識的利己動機。因此所有人類自願性的行為，都是只為了滿足自己某些有意識或無意識的慾望，不利己的行為是不可理解的。*4*

但是費因柏格認為論證（一）犯了一個邏輯謬誤，即它違反了分析命題無法推得綜合命題的通則。「一個人總是為了自己追求某些事物」和「所有人的動機都是自私的」這兩個命題，在邏輯上並不是等值（equivalent），前者是一個恆真句，因為所有有意識、自願性行為的目的，當然是為了達成行為者主動想要追求的目的，否則我們無法理解這是「他的」行

為。但是第二個命題卻是一個有關事實的陳述，如果行為者在從事任何有意的行為時都是出於私心，則這個命題為真；只要有一個人在從事某一個有意的行為時，並不是基於利己的動機，則這個命題為假。因此心理利己主義不僅是要證明「每一個自願的行為都是由行為者之動機所引發」，而且必須證明「每一個自願的行為都是由行為者某一種特殊的動機——即自私的動機所引發」，前者顯然為真，而後者則不一定，故前者無法在邏輯上支持後者。簡而言之，心理利己主義混淆了「自私的動機」和「行為者的動機」這兩個概念，因為稱一個動機為「自私的」，不能只指出其起源於何處，而必須指出行為的「目的」或動機的「目標」為何，也就是說，是行為的<u>目標為何</u>，而非<u>動機從何而來</u>決定此動機是否為自私。

論證（二）的錯誤是它的前提並不成立，因為慾望的實現（得到一個人想追求者）並不能保證得到滿足（行為者心靈上因滿意所生之快樂感覺）。例如：張三一直有一個慾望，就是想當記者，因為記者可以訪問大人物，如果表現傑出，自己還可以成名，但是當張三真的當了記者以後，卻有強烈的挫折感，因為記者生涯並不如他想像中那樣，自己認為精心設計的採訪計畫得不到報社的支持、自認為經典之作的採訪稿被修改或甚至被退件，所以張三的慾望雖然實現了，但是張三並沒有因此而得到滿足。又例如李四一直夢想當一名電影明星，因為他看到報章雜誌所介紹的演員生活，令他羨慕不已，認為當一個電影明星不但可以賺大錢，而且生活多彩多姿。但是有一天他終於當了一名小演員，他才發現報章雜誌所描述的只是浮面的訊息，實際的演員生活並不是如此美好。不只是慾望的實現並不等於滿足，有時候甚至於如果說慾望實現會產生滿足感反而是謬誤的，譬如王五從小就生活貧困，而王五的學業表現非常傑出，他的父親對他一直有一個願望，就是希望王五將來能賺大錢，以改善家庭環境。二十年之後王五真的發了財，可是他的父親早已過世，王五的父親的願望是實現了，但是我們可以說：王五的父親因此而得到滿足嗎？

「滿足」有時候確實可以理解成慾望的實現，在這種意義下，我們得到所要的東西就感到滿足當然是真，但這等於是說當我們得到所要之物

時，我們總是得到所要之物。此外，即使我們承認，通常我們的慾望實現以後會得到快樂滿足，卻不能因此推得我們只追求自己的滿足，也就是說，當行為者得到他所要的東西時，可能伴隨著產生快樂，但是這並不代表行為者追求的就是自己的快樂。正如大西洋航線上定期船班固定的消耗燃煤，我們不能說其航行的目的就是為了消耗煤；氣壓計下降和下雨同時產生，我們不能說下雨的目的就是為了氣壓計下降。舉個例子來說，如果趙六在旅行途中感冒，頭痛得要命，基於關心他的身體，我給了他一顆止痛藥，而趙六的頭也因此而不痛了，這時候我希望他頭痛解除的慾望是滿足了，我可能也因此而覺得很快樂，但是這可以說我完全不在乎趙六，而只關心自己慾望的滿足嗎？答案當然是否定的，因為我的滿足正是由於我不願意看到趙六頭痛，趙六也真的因為吃了我的藥而不再頭痛了，如果我沒有希望趙六不要頭痛，我根本不可能有任何滿足可言，換句話說，如果趙六沒有頭痛，而我也不在乎他頭痛，我就不會產生這樣的滿足，所以我確實是因為趙六不再頭痛而感到滿足，但是我給趙六止痛藥的目的並不是為了得到這樣的滿足，而是因為我關心趙六的身體，否則我不會產生「幫忙解除他頭痛」這樣的慾望，因此也沒有這樣慾望的滿足這回事。[5] 所以如果從因果系列來看，先起於我對趙六的關心，隨後因為趙六頭痛消失使我的慾望得滿足，也就是說我慾望的滿足是伴隨著趙六身體復原而產生，所以它是「果」而不是我行為的「因」，因此心理利己主義這樣的論點是倒果為因。

根據論證（二），幫助他人之「無私慾望」可以理解為從私慾出發，也就是說，如果一個人幫助他人，其主要的目的還是為了自己的快樂，助人只是達到自己快樂的一個手段。但是從上面的例子可以證明這種說法似是而非，因為如果一個人不是關懷他人的幸福，怎麼能從助人中得到快樂？如果助人可以使人心靈平安，可見一個行為是否會產生快樂會受道德的影響，即什麼是快樂預設了道德價值，而由於道德有時候會要求我們犧牲自己的利益，因此人有可能犧牲自己利益卻反而快樂。事實上不關懷他人幸福的助人行為，行為者反而不快樂，譬如：被迫捐錢或當冤大頭，可

見仁慈或惡意的動機都可能促使行為者犧牲自己的利益。有時候人們會犧牲自己的利益去傷害他人，有時候傷害他人本身就是目的，並非為自己快樂而如此做。

論證（三）雖然沒有觸犯謬誤的邏輯推論，但是它的結論本身卻不具決定性（inconclusive），因為根據這個論證，行為者所有自認為基於利他動機所從事的行為，其實都是出於利己心，行為者只是自我欺騙。但是這種普遍性的論斷缺乏充分的經驗證據，因為只有行為者才知道他自己的真正動機，有時候行為者並不一定承認他的真正動機，心理利己主義者可以說他的真正動機「可能」、「或許」是自私的，但是如果要證明「所有的利他行為都是自我欺騙」這樣一個普遍性命題，則需要相當的經驗證據，而這樣的證據目前並不存在。

費因柏格是基於享樂主義的矛盾（the paradox of hedonism）這個概念，否定論證（四）的推論。所謂享樂主義的矛盾意義如下：快樂、幸福和滿足等心靈狀態，和慾望之間有一個奇特的關係，即如果人們唯一的慾望就是幸福，結果是反而得不到幸福，幸福常常在人們專注於其他事物時悄悄來臨，換句話說，當人們一心一意追求幸福時，幸福就遠離而不可捕捉，人們不在乎它的時候，它反而降臨，這就是享樂主義的矛盾。所以追求幸福的慾望是一種自我挫折的慾望，要得到幸福的方法就是忘記幸福。例如，張三缺乏知性的好奇，對自然之美、藝術、運動及任何才藝均無興趣，只是一意地要追求幸福，結果張三的挫折是必然的，而事實上如果張三醉心於藝術或熱愛運動，他反而從這些活動中得到快樂和幸福，所以幸福生活的創造是在於追求幸福以外之物，這和利己享樂主義相背馳。

從享樂主義的矛盾我們可以推得的教育主張是：如果一個人希望他的小孩幸福，就不要訓練他們直接追求幸福，而是培養他們對其他事物的專注和興趣，透過對這些事物的熱愛，他們反而可以得到滿足和幸福，也就是說，不要讓小孩子完全以追求快樂作為行事的動力。同樣的道理，雖然在道德教育中，懲罰和獎勵是不可或缺的手段，但是如果小孩相信道德的唯一理由是逃避懲罰或得到獎賞，當他們發現違反道德不會被發現時，他

們一定會違反道德。因此雖然從小的道德教育是始於獎懲，但是道德教育的真正成功，並不是使兒童因獎懲（即追求快樂、逃避痛苦）而從事道德行為，而是使他們能夠僅僅因為一個行為的道德正當性，而實踐該行為。

　　針對以上的批評，心理利己主義者可能會辯稱，他們可以承認人的動機不是可以全部化約成追求快樂或幸福，但無論人追求什麼，其最終的動機永遠是自我關懷的，即人性不可能關懷他人，因為所有的人都是自私的。換句話說，心理利己主義認為「所有自願的行為是自私的」，但是這個說法顯然是錯的，在日常生活中，我們可以舉出許多利他的行為，健康幼稚園林靖娟老師的捨己救人、泰瑞莎修女（Mother Teresa）的各種義行，以及現代社會充斥在各種社會服務機構的義工們的所作所為，都可以證明世界上有許多人的行為是犧牲自己、造福他人。對於這個事實，心理利己主義者可能回答說：這類的行為最主要的動機仍然是自私的，因為行為者都是自己「願意」或「喜歡」從事這樣的行為，他們必須如此才能滿足他們的慾望。

　　但是心理利己主義以這種方式解釋自私，似乎和我們一般使用「自私」這個語詞的意義不同，如果利己主義稱所有自願的行為都是自私的，則什麼樣的行為是不自私？一般而言，所謂自私或不自私、好或壞、大或小，是一組相關字，當我們說：「這棵樹很大」是和其他「小樹」相較，所以要知道「大」的意義必須同時知道「小」，所以除非我們知道「不自私」的行為所指為何，否則無法知道「自私」的意義。如果心理利己主義的答案是：世界上並不存在不自私的行為，這樣的回應立即產生的問題是：「不自私」這個語詞是不是和「美人魚」一樣，只有內涵（connotation）而無外延（denotation）？果真如此，則自私和不自私並不是一組相關語，因為前者描述所有的自願性行為，而後者則一無所指，這樣的結論即使不矛盾，似乎無法令人心服。

　　此外，即使我們同意心理利己主義，將所有自願性的行為都稱為「自私的」行為，但是我們仍然希望能對所有自願性行為中，那些原來我們稱為「自私」和「不自私」的行為作一個區別，這時候我們不能用「自私」

或「不自私」，所以需要另創一組語詞，來代替原來的用語。按照這樣的設計，則我們會說：所有的行為都是自私，而自私的行為有兩種，一種是為他人利益著想，一種是犧牲他人利益，而對於這兩種自私的行為，前者稱為「不自任」，後者稱為「自任」。

雖然上述的設計可以為心理利己主義的困境找到出路，但是如果我們進一步思考，會發現這樣的設計只是回到原點，因為它只是將一般語言中的「自願」改成「自私」，而「自私」和「不自私」以「自任」和「不自任」取代而已，因此我們所關心「人可不可能犧牲自己、福利他人」的實質問題依然沒有解決。

第二節　倫理利己主義

心理利己主義是一個有關人類本性的陳述，它的主張並不是一個規範性的理論，所以雖然它和倫理學中的利己主義密切相關，但是嚴格地說它不是倫理學的一種理論，一般倫理學中所謂的利己主義是指倫理的利己主義，倫理利己主義是一套指引人類行為的規範性主張，也是規範倫理學的重要理論之一。

一、定義

所謂倫理的利己主義是指：每一個人都應該提升自己的利益，或者人們有義務去從事任何可以有利於自己的事。換句話說，除非事情最終對你有利，否則你沒有任何道德理由去做一些有利於他人的事。在討論倫理利己主義（以下簡稱利己主義）之前，對於利己主義可能產生的以下幾點誤解，有必要先加以澄清：6

1. 有人可能會誤解利己主義，認為利己主義只追求短期之利益，所以利己主義的主張是認為人應該及時行樂、不管明天。其實利己主義之所以成為一種重要的倫理學說，是因為利己主義所強調的「利己」並不是直

接、立即的利己，而是「開明的利己」（enlightened self-interest），一個由開明的利己心所引導的行為，是一個理性的行為，行為者會基於長期較大的利益而犧牲短期較小的利益，會為了實現較永恆的價值而放棄短暫立即的享受，所以從開明利己的角度思考，利己主義者通常需要友誼、家庭，因為維持良好的人際關係，對一個理性的利己者而言是有利的。

2. 也有人會誤以為利己主義者永遠不會做利他的行為，其實不然，一個人可以從事利他行為卻是利己主義者，因為根據利己主義的考量，有時候從事一些利他的行為，對自己而言最終是有利的，譬如一般人耳熟能詳的「誠實是最佳策略」，其根本精神就是利己主義的考量，認為一個人如果保持誠實無欺的行事態度，久而久之，別人會相信你，認為你值得信賴，這樣的結果不但使你贏得誠實的美譽，而且一旦你需要別人幫助時，你很容易就可以獲得必要的援助。利己主義者也可能會從事一些慈善的行為，因為從事這樣的行為也許短期不利，但是長期卻是有利。當然利己主義也可能做犧牲自己、施惠他人的行為，只要這樣做是對他最後是有利，根據利己主義原則，都是他在道德上應該從事的行為。在此需要強調的是，對利己主義而言，一個慈善的行為如果在道德上是正當的，其正當性不是因為這個行為展現行為者的慈善心，或者這個行為對整體而言會產生較多的利益，根據利己主義的道德標準，他人是否會因為你的行為而快樂本身是道德上無關的，慈善的行為之所以在道德上是正當的，是因為這個行為對行為者能形成最大的利益。由於使他人快樂的行為可能正好也使行為者快樂，所以只要行為結果最終是對行為者有利，都是利己主義認為該做的行為，因此一個利己主義者可能會從事利他的行為。

3. 利己主義不是自我中心主義（egotism），後者的特點是膨脹自己的重要性、要求自己成為眾人矚目的對象，這是一種令人不快樂的性格特質，一個自我中心主義者，有時候只要別人對他奉承恭維或百依百順，他甚至可以做出損己利人的行為，所以自我中心主義不同於利己主義。此外，一個利己主義者可能是一個平易近人、態度謙和的人，因此這兩種理論並無邏輯關聯。

從以上的分析，可見一個利己主義者和一般的道德人，在日常生活中的行為實踐上，可能完全沒有差別，利己主義者可能是一個一般人心目中的有德之人，因為他可能經常從事仁慈、正直、誠實的行為，只要這樣做對他最後是有利的。因此實際上我們無法從外顯的行為，判別一個人是否為利己主義者，因為利己主義所規定的行為和一般常識道德（common-sense morality）的要求可能完全一樣，利己主義也不會認為所有損人利己的行為都是對的，因為有些損人利己的行為只是對行為者暫時有利，卻是長期不利，所以在常識中認為不道德的行為，也可以從利己主義的理論中得到合理的解釋，這也是利己主義仍然是一個重要的道德理論的原因。

二、倫理利己主義的論證

根據波宜曼的分析，支持利己主義的論證有以下三種：7

1.經濟學者的論證

有些人指出，我們社會有時候會出現一些問題，完全由於一種錯誤的利他主義所造成，許多人用心良善想要幫助別人，其結果反而把事情弄得更糟。譬如張三正和他的女朋友在鬧彆扭，李四好心要當和事老，他利用從書中讀到的許多交友招數，告訴張三該如何對待他女友，結果李四教張三的方法，反而使張三的女友認為張三不太在乎她，於是兩個人的歧見更深，最後是以分手收場。又譬如許多美國傳教士，跑到熱帶地區的一些島上去，他們想要讓島上的原住民能過一個較好的現代生活，結果反而攪亂了原住民的生活方式，生活比以前更糟糕。因此有些人會認為，「各人自掃門前雪，休管他人瓦上霜」的處事態度才是正確的，因為如果我們不幫助別人、不對他人施捨仁慈，則別人就必須學會保護自己、照顧自己，結果是每一個人都會比較幸福。

基於這樣的推論，有些學者認為利己主義是最佳的生活方式，因為如果利己的行為事實上使人類整體生活得到改善，則利己的行為是道德上對

的行為；而如果利己的行為是道德上對的行為，則利己主義就是一個正確的理論。這正是經濟學家亞當斯密（Adam Smith）的思考模式。經濟學者論稱：在一個競爭性的市場中，透過個人利己的動機，可以為社會產生最佳的價值，因為這種利己的特殊本性的相互競爭，促成每一個人都努力生產最好的產品，而且想辦法以比其他競爭者更低的價格出售，所以利己就像是一隻看不見的手，使社會生產的效率提升，而導致社會整體福利的最佳狀態。以論證的形式可以將這個論證寫成如下：

1. 如果每一個人努力追求自己最大的利益，則社會整體會最佳。
2. 每一個人應該從事提升社會整體利益的行為。
∴每一個人應該追求自己最大的利益。（即利己主義為真）

然而上述的論證並不具有說服力，因為論證的第一個前提即古典資本主義的基本概念，而這個主張是否為真值得懷疑，尤其是經歷過 1929 年的經濟大恐慌以後，經濟學者已經不太相信放任式的利己主義可以造成社會整體的福利，因此現在大多數的西方國家都以政府介入的方式，補足資本主義市場經濟的不足。此外，經濟學的方法是否能適用人際關係的領域，也是相當值得懷疑，從道德的角度觀之，要使社會整體利益增加，可能是相互幫助而不是競爭。

即使我們承認個人努力追求自己的利益的結果，確實可以產生社會整體最大效益，但是這樣的論證卻無法證明利己主義是一個真的道德主張，因為論證的第二個前提正是效益主義的道德要求，也就是說，這個論證是以社會整體福利為前提，所以是一個支持效益主義的論證，因為個人利己的行為只是達成社會整體利益的最佳手段而已。也就是說在這個論證中，效益主義的道德標準才是個人行為應該利己的證成基礎，所以雖然它要證明利己主義，卻預設了效益主義的基本原則，這等於是將效益主義視為行為對錯的最終標準，因此這個論證被稱為「密室式的效益主義論證」

（closet utilitarian argument）。這樣的論證似乎無法強有力地支持利己主義，一方面如上所述，論證的第一個前提仍然可議；另一方面它又必須面對效益主義所可能產生的困難（有關效益主義的理論，將在下一章討論）。8此外，如果這個論證的支持者真的認為利己主義是行為對錯最終的標準，第二個命題的成立的理由何在？也就是說，為什麼每一個人都「應該」提升社會整體利益？是因為這樣對自己整體而言比較有利嗎？如果答案是肯定的，這不是犯了循環論證的謬誤嗎？

2. 自私的德行

蘭德（Ayn Rand）主張自私是一種德行，而利他則是惡，她認為關心自己的利益是道德存在的本質，所以人們必須是他自己的道德行為的受惠者，因此完成自己的幸福是人的最高道德目的。9至於利他則會導致個人價值的貶抑，所以鼓勵利他的結果會自取滅亡，因為如果一個人接受利他主義的倫理學主張，他首先關心的不是自己的生命，而是如何犧牲生命，因此利他主義會侵蝕人們掌握個體生命價值的能力。10在蘭德的想法中，由於追求幸福是生命的最高目的，利他主義卻會常常要求我們為了他人的幸福而犧牲自己的幸福，所以利他主義違背生命的最高目的，因此是一個不正確的道德理論。波宜曼將蘭德的論證整理如下：

1. 個人的能力發揮到極致的幸福情境是人類的最高目標，我們有道德義務去達成這個目標。
2. 利他主義的倫理學要求我們犧牲自己的利益，而且為他人的利益而活。
3. 因此利他主義的倫理學和幸福的目標不相容。
4. 倫理利己主義要求我們只追求自己的幸福，因此這個主張和幸福的目標一致。

∴倫理利己主義是正確的道德理論。

　　波宜曼批評上述的論證犯了錯誤二分法的邏輯謬誤，因為蘭德似乎只考慮絕對的利他主義和絕對的利己主義，而事實上這是兩種極端的主張，介於這兩者之間還有許多選擇，從上一節享樂主義的矛盾的討論，我們可以得到的啟示是：有時候自我實現最好的方法是忘記自己，所以有時候對自己最有利的行為可能也是忘記自己的利益、關心他人的福祉。因此波宜曼認為，要求完全利己或完全利他的道德理論似乎都不正確。

3.心理利己主義的證據

　　許多人認為倫理利己主義的正確性是建立在心理利己主義之上，由於心理利己主義為真，表示人們不可能不自私，再加上道德原則不可能要求人們從事不可能做到的事，所以倫理利己主義因此得到證明。這個論證可以用論證形式陳述如下：

1.人本性上就只會做那些對自己有利的行為，即心理利己主義為真。
2.人應該從事的行為，一定是人所能從事的，即「應該」蘊涵「能」（"ought" implies "can"）。
　∴倫理利己主義為真。

　　上述的論證主要是建立在心理利己主義的正確性之上，但是如我們上一節的討論，心理利己主義並不一定成立，所以由這個論證所支持的倫理利己主義也無法站得住腳。此外，這個論證的第二個前提本身也具有爭議性。由於人類沒有翅膀，所以如果張三的母親在高雄的老家病危，張三在臺北上班，我們不能說「張三應該趕快自己飛回去」，因為通常一個道德要求必須是人有能力去實踐的。又譬如李四年輕力壯就得癌症過世，留下高堂老母無人奉養，當我們說：「李四應該多活幾年」時，這裡的「應該」如果是一種期許，則這句話有意義；但是如果「應該」是指李四道德上要

去履行的事，則這句話並不合理，因為李四要不要多活幾年，已經超出李四的能力範圍。這些例子似乎是肯定「應該」蘊涵「能」的命題，但是許多學者指出，有些我們不能做到的事仍然是我們應該做的，譬如，在上一章我們提到道德兩難的例子，張三如果決定救自己的妻子，則顯然張三沒有「能力」再救自己的女兒，但是這時候如果我們說：「張三應該救他女兒」，似乎也是一個非常合理的道德判斷。至於張三因為救人而沒有履行諾言，我們也可以合理的說：「張三不應該不遵守諾言」，即使張三為了救人根本沒有遵守諾言的可能性。

因此這個支持利己主義的論證，由於其兩個前提都具有爭議性，所以這個論證並不成功。

三、法蘭克納對倫理利己主義的批判

利己主義一般又可以分為兩種，一種是普遍的利己主義（universal egoism），另一種是個人的倫理利己主義（individual ethical egoism），後者主張每一個人都應該為我的利益服務，這裡的我可以是任何人，如果這個我是張三，則每一個人都應該為張三的利益服務，也就是說，依據這個主張，所謂道德上對的行為，就是能促進張三利益的行為。當然每一個人都可以放入這個我的位置，所以個人的倫理利己主義變成主張：每一個人應該做的是對張三有利的行為、每一個人應該做的是對李四有利的行為、每一個人應該做的是對王五有利的行為……。這似乎是一個自我矛盾的主張，因為一種適當的規範理論，不可能要求一個人去從事的每一個行為都必須同時對每一個人有利，除非人類的利益完全一致，也就是說每一個對張三有利的行為同時對所有其他人也都有利，但是這是一個非常不可置信的假設。因此一般學者認為個人的倫理利己主義並不可信，所以最具有說服力的利己主義是普遍的利己主義，這個學說主張每一個人都應該為自己的利益服務，而不同於個人倫理利己主義的是，它不是為某一個特定的個人服務，而是每一個行為者應該做的是為自己的利益服務。

普遍的利己主義可以用邏輯形式表達如下：

（x）（y）（x 應該做 y，若且唯若 y 是 x 的整體利益）

在上述這個式子（以下簡稱 UE）中，x 代表人，而 y 則代表行為，這個式子可以讀成：對於任何一個人 x，任何一個行為 y，如果 x 應該做 y，則 y 是 x 的整體利益；而且如果 y 是 x 的整體利益，則 x 應該做 y，也就是說，每一個人都應該追求自己的利益，即使其利益和他人衝突。

有些哲學家認為「普遍化」是妥當道德理論的必要條件，有些則認為是充分條件。此處所指的<u>普遍化</u>，指的是如果在 C 的情境下，A 做 S 是合理的，則任何人在相同的情境下做相同的事也是合理的。既然利己主義者主張追求自利的行為是道德上正當的，它必須主張任何人都應該是一個利己主義者，所以如果利己主義者的利己行為是對的，將導得任何人的利己行為也是對的。如果利己主義者要否定此一普遍化，他必須主張除了自私之外尚有其他的考量才能證成其行為，但利己主義似乎不可能有其他考量。因此普遍利己主義顯然比個人利己主義更具說服力，事實上它是利己主義者認為是最值得辯護、最正確的倫理主張。

然而法蘭克納仍然認為普遍利己主義並不是一個適當的道德理論，根據他的論點，道德理論主要的目的就是要指引我們的行為，所以任何道德理論不只要提供第一人稱的行為指導，而且也要能作為判斷第二、第三人稱行為的一個標準，如果一個道德理論不能提供這個標準，則不能算是一個道德理論，而倫理利己主義就是不能符合這個要求。

根據法蘭克納的分析，倫理利己主義是由以下兩原則形成的：*11*

(a) 如果 A 對自己的行為做判斷，則 A 的標準是：A 應該做 S，若且唯若 S 是 A 的整體利益。

(b) 如果 A 是觀察者，判斷任何他人 B 的行為時，則 A 的標準是：B 應該做 S，若且唯若 S 是 A 的整體利益。

　　法蘭克納認為，把 UE 解釋成(a)＆(b)是唯一能和利己主義精神一致的解釋，因為作為一個利己主義者，不但考慮自己的行為是否對自己有利，而且考慮別人的行為時，也是以他人的行為是否對自己有利作為判斷的依據，但是如果將普遍利己主義解釋成(a)＆(b)才合乎利己主義的一貫精神，當人們的利益相衝突或不能妥協時，依據(a)＆(b)則會產生矛盾的判斷。假設 B 考慮他該不該做 S，如果 S 的被實踐對 B 有利卻對 A 不利，則 B 做 S 是對還是錯？即 B 應不應該做 S？這個答案會因判斷者的不同而不同。如果 A 做判斷，由於 A 是對他人的行為進行評估，所以 A 應該採取(b)的標準，即考慮 B 做 S 是否對自己有利，由於根據假設 B 做 S 對 A 不利，所以 A 的判斷是：「B 不是應該做 S」。但如果 B 做判斷時，由於 B 是對自己的行為做判斷，所以 B 應該根據(a)的標準，結果是：「B 應該做 S」。因此，當 A 和 B 兩個人同時做判斷，則「B 應該做 S」和「B 不應該做 S」同時成立，這表示利己主義會導得不一致的結果。

　　利己主義者可能會辯稱，這樣的結論並不會否定利己主義作為一個究極的道德理論，因為「B 不是應該做 S」是從 A 的角度所做的判斷，「B 應該做 S」是從 B 的角度所做的判斷，這兩個看似矛盾的判斷由於是出自不同的判斷者，所以並不是不一致。但是這樣的解釋並不能令人滿意，因為一般人仍然要問的是「到底 B 應不應該做 S？」作為一個倫理學理論，倫理利己主義應該對於這樣的問題提供單一的解答，尤其如果 C 和 B 的利益一致，當 C 不知道自己該不該做 S，而徵詢 A 和 B 的意見時，一個說：「你應該做 S」，一個說：「你不是應該做 S」，這時候 C 所希望得到的是：「我到底該不該做 S」。因此，如果倫理利己主義解釋成(a)＆(b)是正確的，則道德規勸或道德徵詢就不可能存在，或者變得沒有意義，一個無法執行道德諮詢和規勸功能的理論，顯然不是一個適當的道德理論。

　　從另一個角度來看，(a)＆(b)會造成上述個人利己主義的矛盾結果，即它會導致：每一個人應該追求 A 的利益，而且每一個人應該追求 B 的利益，而且每一個人應該追求 C 的利益……，但是除非人類的利益完全一致，否則一旦利益衝突時，利己主義上述的形式要求一個人必須同時追

求不相容的目標，這是不可能的，所以利己主義無法作為行為的指引，也就是說，利己主義不具有道德理論的一個重要用途，尤其利益衝突時最需要道德判斷的指導，這時候利己主義卻毫無用處，所以利己主義並不是一個有效的道德理論。

四、卡林（Jesse Kalin）的辯護 [12]

對於上述的批評，卡林認為所有問題的關鍵在於：法蘭克納將 UE 解釋為(a)＆(b)，如果將 UE 解釋成(a)＆(c)，前面所產生的困難就不存在，(c)是：如果 A 是觀察者，在判斷任何他人 B 之行為時，則 A 的標準是：B應該做 S，若且唯若 S 是 B 的整體利益。因為一旦將(b)用(c)取代，即使 A和 B 的利益衝突，當 A 判斷 B 是否該做 S 時，A 的標準是：考慮 S 是否合乎 B 而不是 A 的整體利益，所以 A 的判斷會和 B 一樣，矛盾的情形就不會產生。也就是說，卡林認為將利己主義解釋為(a)＆(c)，不但可以提供第一及二、三人稱的道德判斷標準，也可以作為道德規勸的指引，所以即使在人們利益衝突時，它也是一個有效的道德理論。雖然依據這個理論，A 和 B 不能同時實現自己的目標（即 A 希望 S 不要被執行，而 B 則希望 S被執行），但是這並不是理論的矛盾。

此外，卡林進一步指出，將 UE 解釋成(a)＆(c)的另一個優點是，證明利己主義可以是一個客觀的理論，而不必是主觀主義的學說，因為利己主義不必採用：某行為 S「對 B 而言是對的」、「對 A 而言是錯的」之類主觀主義的說法。根據(a)＆(c)的利己主義原則，如果「A 做了 S」，無論A、B 或任何其他人的判斷都是一樣的：「A 做錯了，因為 S 不是 A 的整體利益」。卡林也認為，(a)＆(c)的解釋合乎倫理利己主義的精神，因為其普遍化形式合乎「倫理」精神，而追隨(a)則合乎「利己」的精神，所以利己主義理論所規定的道德原則是一個一致、可普遍化的原則，因此也是一個正確的道德理論。

五、梅德林（Brian Medlin）的質疑 [13]

雖然卡林對利己主義所做的修正可以避免法蘭克納的挑戰，但是梅德林認為將倫理利己主義解釋為(a)＆(c)仍然無法作為行為的指引，因為(a)＆(c)會要求人們基於不一致的慾望去從事不相容的行為，所以利己主義無法滿足道德的必要條件，所以不是一個究極原則。譬如以上述的情形為例，當 A 和 B 的利益衝突而且 S 對 A 不利、對 B 有利的情形下，根據(a)＆(c)的判斷標準，A 對 B 行為判斷是「B 應該做 S」，如果(a)＆(c)是一個有效的道德原則，則由此原則導出的行為，不僅表達我們的道德態度，而且我們會說服他人擁有同樣的態度，使他人傾向於我們希望的行為。換句話說，由於 A 在這種情境下的道德判斷是「B 應該做 S」，所以不僅表示 A 希望 B 做 S，而 A 會設法說服 B 做 S，因為 B 做 S 是道德上正當的行為。可是 B 做 S 顯然不合乎 A 的整體利益，所以在利己主義的精神下，A 有一個慾望，就是 B 不要做 S，而這個慾望和 A 從事道德判斷所產生的慾望不相容，所以(a)＆(c)不能作為人類行為的究極原則。

事實上肯定一個道德原則，等於是贊成所有從此原則導出的行為，而且希望這些行為被付諸實踐，即使如此對自己不利。換句話說，如果 A 相信「B 應該做 S」，則 A 應該會產生說服 B 去做 S 的傾向，所以如果利己主義者真的相信利己主義的主張，他應該說服或促使其他人都關心自己的利益，否則就會違反普遍利己主義的精神。但是當行為者面臨利益衝突時，倫理利己主義會要求他追求和自己慾望或利益不相容的目的，也就是說，按照利己主義的原則從事價值判斷和道德實踐，會使人從事不利於自己的行為，其結果是：追隨利己主義原則等於放棄利己主義的精神，也就是說，按照(a)＆(c)所推出的道德判斷行動，等於是放棄利己主義。

此外，梅德林也指出，一個真正的利己主義者不應該宣揚利己主義，因為當大家都成為利己主義者，都基於利己而行動時，對利己主義者顯然是不利的，所以宣傳利己主義就是不明智的行為。

　　針對梅德林的批判，卡林提出他的辯解，卡林認為梅德林的論證是不成立的，因為相信「B 應該做 S」並不會使人承諾「促成 B 去做 S」，卡林以競爭遊戲做類比，由於 A 隊深知自己球隊的弱點，所以認為「B 隊應該從左側進攻比較容易得分」，但是這個判斷不導得 A 隊希望 B 隊真的從左側進攻。又譬如當你下棋的時候，發現自己下錯了一步，你知道對手如果走某一步，他就會贏，所以你的判斷是：「他下一子應該落在某處」，可是儘管你認為他應該怎麼下，但是你並不希望他真的如此做，你期待他最好不要發現。卡林認為這種情境在我們日常生活中常常發生，所以判斷「某人應該做某事」和「希望他去做某事」是兩回事，因此卡林認為梅德林的錯誤在於認為判斷「B 應該做 S」，等於承諾要「促成 B 去做 S」。

　　但是上述的辯解如果要具有說服力，必須假設利己主義者的道德判斷不能公開宣揚，而這會涉及到一個道德理論是否具有公開性（publicity）的問題，也就是說一個道德理論如果會導致「依據它所做的道德判斷不能公開宣揚」，這是否還是一個適當的道德理論？

　　對於利己主義是否應該公開宣揚利己主義的問題，卡林承認宣傳利己主義的主張的確違反利己主義的原則，但是利己主義者沒有必要公開宣傳利己主義的主張，事實上卡林認為利己主義不只要放棄公開宣傳利己主義主張，而且要放棄大部分被視為道德特徵的活動和情感。譬如：一個精明的利己主義者，基於長期的考量，應該對其觀點保持緘默；利己主義者不能參與道德討論，至少不能誠實的討論或讓人知道自己是利己主義者；此外，利己主義者也不能對他人提出道德勸告，因為這樣做不但會透露其利己主義的立場，而對自己不利，而且由於勸人仁慈是一個公開行為，這個道德規勸會反過來限制自己利己的行為；他更不能接受別人的勸告，因為從非利己主義立場的勸告是從錯誤的道德原則導得，對他不一定有利；而如果這個勸告是出自於利己主義者，他更不能相信，因為接受這樣的勸告必然對勸說者有利，對自己並不一定有利。

　　所以利己主義者是完全孤立於社會，必須獨自行動，不能聽從或接受他人的道德指引；利己主義者也不能以其道德原則懲罰或獎勵他人，懲罰

他人是鼓勵其自利，這對自己不一定有利；不能教育其小孩利己主義原則，否則老了會被遺棄；不能進行人與人間的推理，如果他以利己主義原則證成自己的行為，會使他人也變成利己主義者；利己主義者也不能表現後悔、悲傷、憤怒、寬恕等情感。以原諒為例，利益衝突時表示原諒，是鼓勵他人從事對他自己有利的行為，這對利己主義並不利。雖然利己主義失去這許多重要的道德特徵，但是卡林仍然認為利己主義是一個有效的道德理論。

　　許多哲學家認為公開性是道德理論的必要條件，因為道德不是私人的行動策略，所以倫理利己主義不是一個道德理論。但是卡林認為，利己主義仍然不失為一個種道德，因為「私人道德」（private morality）並不是一個沒有意義的用語。道德理論所要處理的基本問題是：「我應該做什麼？」「什麼行為對我是最合理的？」卡林認為能對這些問題提出一貫性答案的主張，都值得稱為道德理論，所以一種學說是否能成為合格的道德理論，和這個學說是否具有公開性無關，因此從這個角度觀之，由於利己主義確實能對人類的行為提供一貫的指引，所以利己主義是一個可能的道德理論。

第三節　利他主義（altruism）

　　從人性的角度來看，利己毫無疑問是人類非常重要的特性，十六、十七世紀英國哲學家霍布士（Thomas Hobbes）的整個倫理學和政治學理論，就是完全建立在「人性是利己」的假設之上，他認為「自保」（self-preservation）是人類最根本的慾望，人類社會制度的建立只是為了調節利己心對人類潛在的傷害。儘管「利己」是一個不可忽視的人類本性，有些學者仍然認為「利他」也是人性的一個主要驅力，所以相對於利己主義的倫理主張，有人提出利他主義的主張，認為它才是阻止人類私性最合理的道德理論。

　　何謂利他主義？根據學者的分析，利他主義有以下幾個要點：①利他

主義必須付諸行動，換句話說，只有良好的企圖心而不實踐，並不合乎利他主義的標準；②利他的行為必須是目標取向，其目標是提升他人的福祉，如果行為者在追求自己利益的時候，無意中或順便為他人創造了一些好處，換句話說，他人的利益只是次要的或附帶的，這樣的行為也不是利他的行為；③在利他的行為中，意圖比結果重要，如果張三存心要幫助李四，但是長期的結果卻反而對李四不利，這並沒有減損張三行為的利他性；④利他的行為必然會造成行為者自己可能的損害；⑤利他是無條件的，行為者不能預期任何的回報。 *14*

當代實踐倫理學（practical ethics）最重要的哲學家辛格（Peter Singer），企圖從生物學的角度證明人類的自然利他傾向， *15* 他指出，每一個社會皆有行為的法規以約束其成員，所以倫理道德的形成是自然的人類處境，然而霍布士否認這一點，霍布士認為在沒有國家之前沒有所謂道德、正義，人類基本上是利己的，所以要求人們利他是不合理的，霍布士認為所有看起來是利他的行為，如果從行為者的心靈深處觀察，只是自私行為的偽裝，因此霍布士認為人類在沒有形成社會之前，是處於一種自然狀態（state of nature），這是一種人與人為敵的戰爭狀態，在自然狀態中，人的處境極為不堪，但是根據霍布士的論證，雖然人的利己心使人陷入自然狀態的鬥爭情境，但是利己心也可以使人脫離自然狀態、建立道德、形成社會，所以利己也是倫理道德的基礎。 *16* 但是辛格則認為社會國家可以強化倫理法則之趨向，但這個趨向卻早於社會和國家而存在，換句話說，倫理規範先於社會、國家，因此辛格想從社會生物學的觀點反駁霍布士接近心理利己主義的主張。

辛格以伊克族（Ik）的生活為例，伊克族是烏干達北部的一個部落，根據藤布爾（Colin Turnbull）在書本中的描述，這個部落的生活處境，似乎極為接近霍布士所謂的自然狀態。伊克人本來是游牧民族，但是其狩獵區被劃為國家公園之後，他們被迫以農為生，由於伊克族所賴以生存的土地非常貧瘠，生活已經極為艱困，在藤布爾造訪伊克族時，他們正好遇上長期的乾旱、饑荒，所以整個社會瀕臨崩潰的情境，父母因為糧食缺乏而

遺棄自己三歲的子女以自保、強者從弱者口中搶奪食物、老弱病患的痛苦反而遭人嘲笑、而且任何幫助別人的人都被當成傻瓜。根據藤布爾的描述，伊克人除了自己的利益之外，放棄所有一切，他們放棄家庭、合作、社會生活、愛、宗教等，生物學家哈定（Garrett Hardin）甚至認為伊克族的生活情境，就是霍布士所謂自然狀態的體現，也就是說，這個部族的人活在人與人為敵的戰爭狀態。

　　但是有足夠證據證明這個部落仍然有倫理法則，而在當時這樣的處境下，遵守這些法則等於是犧牲個人的利益，譬如他們反對偷竊；尊敬聖地；喜歡群體聚集；丈夫如果打太太，有一法則使太太可以離去；嚴格禁止互殺、流血；可以促成他人飢餓，卻不能吃人。所以辛格的結論是，當人們處於類似伊克人大饑荒的情境，個人生存慾望非常強烈的狀況中，求生彷彿是第一要務，而所有的價值無關緊要，但是事實上並非如此，某些價值仍然發生作用和影響。從伊克族的例子辛格更進一步指出，比伊克人更差的情境，如蘇俄的勞改營、納粹的集中營，仍然沒有人吃人的情形出現，令人驚訝的是，儘管集中營的處境極端惡劣，但是並不是每一個人都為自己的利益而生存。根據生還者的描述，集中營中的囚犯不但互相幫助，甚至有人冒險救人，雖然每一個人都處於飢餓狀態，但是他們會把食物分給更需要的人，而且在集中營內也存在一些倫理法則，所以認為集中營內沒有倫理規則是錯的。

　　從以上的經驗證據，辛格提出互惠利他主義（reciprocal altruism）的觀念，辛格認為雖然家族關係是人類最基本、最普及的聯結，但是互惠的結合也極為普遍。辛格論稱，人類的許多倫理規範可以從這種互惠的行為中產生，許多人類學家強調互惠在人類社會的重要性，例如一個人沒有辦法自己捉頭蝨，所以如果你想捉自己頭蝨，必須先幫別人捉，別人才會幫你。當然互惠行為仍然必須選擇對象，否則可能得不到回報，也就是說，你必須分辨公平待你和欺騙你的人，避免和後者接觸，甚至對他們發怒或以敵意對待。對一個互惠的利他主義者而言，從自己所屬的群體中驅除或消滅欺騙者，不但對自己、也對其他互惠利他主義者有利；而那些公平互

惠者彼此之間則會產生正面的情感，這個情感會使互惠、互助關係的建立更為增強。

辛格指出，公平、正義的觀念就是因為回報的觀念而形成，他人幫你的時候，你是否回報？回報是否公平？這一個回報的概念就是正義的起源。在許多原始部落中，「報仇」、「報恩」的義務是非常重要的倫理，而且有的回報常常比原來的多，所以在這個社會的人往往不願接受禮物，或立即回報以解除義務，以免回報的代價大到自己無力負擔。在西方的倫理傳統中，感恩、報仇也占有相當重要的地位，譬如柏拉圖在《理想國》中對正義的討論就是一個顯著的例子，在《理想國》的對話者當中，就有人將正義定義為幫助朋友、傷害敵人。 *17*

辛格認為，人類友誼以及對朋友忠誠的義務的形成，就是來自於互惠者彼此產生正面情感之聯結；而道德憤怒或懲罰的慾望，則是從對不互惠者的負面情感所衍生。因此如果互惠利他在人類演化中扮演重要角色，則有利於「厭惡被欺騙」情感的形成，而辛格認為，人們確實厭惡被騙，有時候會因為一個小小的欺騙行為，而造成極為嚴重的衝突，例如許多社會的血腥戰鬥都是由於細故之爭。在日常生活中，我們常常為了捍衛自己的行為而辯稱：「這不是為了小小五塊錢的問題，而是原則問題」，為什麼一個小小的欺騙行為，會釀成重大的後果呢？一個可能的解釋是：被欺騙一次的損失雖然不大，但是如果長期被騙代價就會很大，所以確認誰是欺騙者、並與之決裂是一件值得做的事。

如果團體成員分享上述這種個人的怨恨，就會變成道德義憤，而形成一般性的道德原則。由於我們有能力想像自己可能也會處於他人的處境，而透過這種為別人設身處地的想像力，人們會形成一般原則去處理類似的例子，所以個人的怨恨可以凝結成團體法則而為社會接受。尤其人類可以推論和交流，所以互惠利他就更重要，如果我幫助你，而你卻不幫助我，不只我以後不再幫你，而且我也會告訴每一個人你是何種人；反之如果你是願意幫助別人的互惠利他主義者，你會很容易得到其他人的信任，別人不但願意與你交往，也樂於為你服務。譬如一個人如果曾經有過救人的義

行，雖然你將來有難，被你救的人不一定有機會回報，但是一旦你有救人之名，社會上其他人都願意幫你渡過危難。

　　根據以上的論述，辛格認為我們對利他動機有道德上的偏好，而這一點則可以從社會生物學來解釋，由於一個具有利他動機的人比利己的人較能成為可靠的夥伴，演化會支持人們有分辨這兩種動機的能力，而選擇利他者作為個人提供服務時的受惠者。心理學實驗也證明，我們對利他者比較會做出利他的行為，而且利他的性格也比利己更具有吸引力。因此，如果互惠是一個優點，而且人比較容易選擇真正關懷他人的夥伴，則真正關懷他人的人就具有演化上之優點。辛格認為，這個結論可以否定利己主義的倫理觀。

註　釋

1. 此一論點參見 John Rawls, *A Theory of Justice* (Cambridge, Massachusetts: Harvard University Press, 1971), pp.24-26.
2. 這個解釋是出自於 E. J. Bond, *Ethics and Human Well-being* (Cambridge, Massachusetts: Blackwell Publishers Inc., 1996), p.8.
3. 以下對心理利己主義的討論主要是根據費因柏格的論述，參見 Joel Feinberg, "Psychological Egoism," in Joel Feinberg (ed.), *Reason and Responsibility: Readings in Some Basic Problems of Philosophy* (Belmont, California: Wadsworth Publishing Company, 1989),7th edition, pp.489-500.
4. 有關於這方面的舉例和解釋，參見 Bond, 1996, pp.11-12.
5. 這個例子出自 Bond, 1996, p.15.
6. 這一部分的分析參見 Fred Feldman, 1978, pp.82-84.
7. 參見 Louis P. Pojman, 1995, pp.70-72.
8. 這些論點在 Fred Feldman, 1978, pp.86-89，有比較詳細的討論。
9. Ayn Rand, *The Virtue of Selfishness* (Signet Book, 1961), pp.x & 30.
10. Ibid., pp.38 & 49-50.
11. Frankena, 1963, pp.16-18.
12. Jesse Kalin, "In Defense of Egoism," in Louis Pojman (ed.), *Ethical Theory*

(Belmont, California: Wadsworth Publishing Company 1989), pp.78-90.

13. Brian Medlin, "Ultimate Principles and Ethical Egoism," *Australasian Journal of Philosophy* (1957), 35: 111-118, reprinted in Louis Pojman (ed.), *Ethical Theory* (Belmont, California: Wadsworth Publishing Company, 1989), pp.73-77.

14. 這個定義主要是根據 Kristen R. Monroe 的論點所作的整理，參見其 *The Heart of Altruism* (Princeton, New Jersey: Princeton University Press, 1996), pp.6-7. Thomas Nagel 的定義比較簡單，他所謂的利他主義就是肯為他人利益設想的意願，而不必涉及行為者的自我犧牲，參見其 *The Possibility of Altruism* (Princeton: Princeton University Press, 1978).

15. Peter Singer, "Egoism, Altruism, and Sociobiology," in Louis P. Pojman (ed.), *Ethical Theory* (Belmont, California: Wadsworth Publishing Company, 1989), pp.98-104.

16. 有關霍布士在這方面的論述，本書第十二章有詳細的討論。

17. 參見 Plato, 1955, Book I.

第四章

效益主義[1]

　　雖然一般人對「效益主義」這個倫理學理論並不熟悉，但是它卻常出現在我們一般的道德思考和道德判斷之中，幾乎社會上一些具爭議性的道德議題，支持或反對者所提出的理由，都是以效益主義的標準作為其論證的模式。就以安樂死為例，當我們在思考安樂死是不是道德上可以被允許的行為時，我們所進行的各項考量，基本上是效益主義式的。舉一個例子來說，如果張三出了嚴重的車禍，醫生判定即使將他救活也會成為植物人，這時候張三的家屬是否可以要求醫生去除張三的維生設備，讓張三安樂死？家屬的要求是不是不道德？醫生如果接受家屬的請求是不是做錯了事？

　　其實「拔掉張三賴以維生的呼吸器」這個行為，是一個輕而易舉的動作，所以我們在乎的並不是這個動作本身，而是做了這個動作以後所可能產生的結果。如果說得更精確一點，我們考慮的是這個動作所帶來的快樂和痛苦的多寡，而且不是只考慮張三家屬所承受的快樂和痛苦，也包括這個行為對社會整體的影響。當然如果張三的家屬要求讓張三安樂死，表示張三的家人已經可以接受失去張三的悲痛，也許他們認為這樣不但可以終止張三「生不如死」的狀態，也可以使家人免於長期金錢的負擔和精神的折磨。但是我們不能只是因為張三家屬的考慮就讓張三安樂死，因為一方面這對張三不見得公平，因為醫生雖然判定張三會成為植物人，但是植物人經過多年臥床後復甦的情形也時有所聞，而且醫學技術也有可能會有突破性的進展，張三的病症說不定在不久的將來會有痊癒的機會，更何況張三並沒機會為他自己的生死表示意見，如果我們輕易就為他決定生死，這樣是不是剝奪了他的生存自主權？此外，如果張三安樂死的例子一旦被合理化，等於承認類似的行為是道德上可以接受的，這樣對社會大眾是否會產生示範效果？以後是不是會有許多蓄意殺人或謀殺的事件，以賄賂醫生、假藉安樂的名義為之？

　　以上種種考慮，是我們考慮安樂死是否合乎道德的一些相關因素，我們是以實施安樂死以後所產生的正面和負面影響，作為決定安樂死是否為道德上正當的行為之依據，如果實施安樂死所造成的整體影響是正面的，

則我們會認為安樂死是對的行為，否則則是道德上錯誤的。其他譬如「是否應該興建核電廠？」「垃圾場應該建在哪裡？」「土地是不是應該以實際價格徵稅？」等等問題，我們決定這些問題該如何解決時，所考慮的無非是採取哪一種政策或行為，對社會整體會產生最好的結果，而這類的思考模式就是以效益主義的道德標準，決定一個政策或行為是否可以得到道德的證成（moral justification）。

第一節　效益主義的定義及相關問題

所謂效益主義，就是以行為產生的整體結果（overall consequences）決定行為的道德正當性，換句話說，行為的對錯只是其結果好壞的一個函數，更具體的說，一個道德上對的行為，就是在所有可能選擇的行為之中，其結果能產生最大量的善或最小量的惡的行為；而所謂錯誤的行為，就是其結果不能產生最大量善或最小量惡的行為。效益主義和倫理利己主義都是目的論的一種，不同的地方是：效益主義所謂最佳結果，是指人類社會、甚至宇宙整體善的最大化（maximization），而利己主義則是指行為者利益的最大化。

為了使上述的定義更為清楚，必須先做以下幾點說明：

1.「行為」的意義為何

根據學者的分析，所謂「行為」有兩個可能的解釋，[2] 一個是指統稱的行為（generic action），所謂統稱的行為是指：可以被不同人、在不同情境重複實踐的行為，例如說謊、走路、謊話等，陷在交通擁擠的車陣中的人，每一個人都正在「開車」，所以「開車」在這裡指的是許多相類似的個別行為，所以統稱行為是一個「類」的概念，是指某一種行為或某一類行為。另一個解釋是具體的行為（concrete action），所謂具體的行為是指：發生在某一個特殊情境、不能再重複的個別行為，例如：人類第一次登陸月球、張三在某一個特定時空所從事的說謊行為。因此統稱的行為由

於是類的概念，所以包括許多個別、類似的行為，而每一個具體的行為則只有一個例子。由於「行為」具有這兩種可能的解釋，所以上述的定義也會因此而產生兩種不同的效益主義，將「行為」解釋為統稱行為的，稱為「規則效益主義」（rule utilitarianism），而解釋為具體行為的，稱為「行為效益主義」（act utilitarianism）。

2.「善」是什麼

上述定義中「善」的概念，如第二章所討論，有兩個可能的解釋，根據享樂主義的解釋，只有快樂或幸福是善，非享樂主義認為除了快樂和幸福之外，知識、自我實現、健康等都是本身就有價值的東西。因此由於對「善」的看法不同，也會產生兩種效益主義的版本，如果以享樂主義的價值理論解釋「最大量善或最小量惡」，這樣形成的效義主義理論我們稱為享樂的效益主義（hedonistic utilitarianism），而以非享樂主義的價值理論解釋的，我們稱為理想的效益主義（ideal utilitarianism）。這兩種效益主義最重要的代表人物，前者如邊沁、彌勒，而後者如穆爾。

3.上述定義隱含三個假設

①善是可以量化，而且不同種類的善是可以比較的。也就是說，效益主義以最大效益定義道德上對的行為，必須預設所有有價值的東西都可以化約成數字加以計算，這樣我們才可能知道，在各種可能的行為中哪一個效益最大。②惡也可以量化，所謂最大效益的計算不只包括正效益，也包括負效益，一個道德上對的行為，並不是因為它所造成的結果都是善的，而是它所產生的善和惡的結果，在經過整體考量之後，比其他可能的行為選擇效益大，因此這樣的計算方式必須預設惡也能量化。從以上兩種假設可以推知，我們必須再進一步假設③善和惡的效益可以比較，也就是說，不只善和惡可以量化，而且善和惡可以相互評比、相互抵消，否則除非一個行為的結果全是善的或全是惡的，我們無法計算效益的最大化。

4. 「結果」指的是什麼

　　除了以上有關效益計算的三個假設之外，事實上在上述的定義中，我們有意忽略了一個極為重要而且複雜的概念，即「結果」這個概念。「結果」是理解效益主義極為重要的概念，因為效益主義完全是以行為的結果定義行為的對錯，所以效益主義是結果論（consequentialism）中最重要的一個主張，但是什麼是「結果」？「結果」所指為何？這並不是容易解答的問題。當我們說「殺人這個行為是錯的，因為它的結果是惡的」，通常我們會認為我們很清楚其中的「結果」所指為何，但是如果進一步深思，我們會發現「結果」這個概念並不如我們想像中那麼簡單。

　　當我們說「一個行為的結果如何如何」時，指的是一個行為對目前所造成的影響？對明天產生的影響？還是對十年、百年甚至千年以後的影響？張三開車撞斷李四的腿，一般而言，這個結果是不好的，所以我們會認為「張三做錯了」，但是如果李四因此而不用服兵役，進而免於加入一場死傷慘重的戰役，則張三撞斷李四腿這個行為的結果，似乎反而是好的。換句話說，張三的行為所造成的結果是好是壞，如果從不同的時間點上考量，可能會有不同的結論，就以上述的例子來說，如果我們只考慮張三的行為當天所造成的結果，這個使李四斷腿的結果顯然是壞的，但是如果考慮五年之後李四不必服役、免於戰爭，這樣的結果似乎是好的。當然如果再把時間序列往後延伸，李四可能因為不良於行而找不到合適的對象結婚，鬱鬱寡歡過一生，則張三的行為結果可能還是惡的。但是當我們在決定一個行為的對錯時，我們應該考慮多久以後的結果？這似乎是一個不容易回答的問題，有些行為顯然不能只考慮其立即的影響，否則核能電廠是否應該興建的問題，恐怕就不會具有這麼大的爭議性，因為反核者最關心的話題是：核廢料所造成的威脅正是千百年的問題；但是有些行為似乎只能考慮不久的未來，譬如上述張三撞斷李四大腿的例子，我們似乎不能以未來的發展決定張三的行為是否正當，否則一個任意殺人的行為也可能是對的，因為被殺者未來可能是一名殺人無數的通緝犯。就像希特勒的母

親如果一生下希特勒，就將他弄死，按照後來的發展，這個殺嬰行為顯然是造成好的結果，但是以這樣的思考推論「希特勒母親應該殺死嬰兒希特勒」，這樣的結論顯然是荒謬的。

　　事實上我們只能憑直覺決定上述的問題，也就是說，到底一個行為的影響在時間序列上應該推算到什麼時候，似乎沒有一個通則，而造成這個困難的主要原因是因果系列的複雜性。當我們說「一個行為的結果是如何如何」時，我們已經假設這個行為所產生的因果關係非常清楚，但是實際上因果網絡的複雜性遠超出我們的想像。譬如：張三在六歲的時候，有一次他的母親要他去雜貨店買鐵釘，張三在回家途中不小心把買回來的一包鐵釘掉在地下，張三擔心太晚回去被母親責罵，匆匆忙忙撿起散落一地的釘子，其中有一根釘子掉在鄰家牆腳下，張三沒有發現，就回家了。三十年後，這根失落的釘子經過風吹雨淋，早已鏽蝕不堪，這天鄰居的男童李四打著赤腳在附近玩球，球正好掉到牆邊，李四在撿球的時候，腳踩到這根鐵釘，卻不幸感染破傷風而去世。張三在三十年前的粗心行為，結果造成李四在三十年後的死亡，類似這樣的因果系列雖然是虛構的，但是許多不幸事件，可能真正的原因就在平時不經意的小疏失。隨意丟棄的煙蒂造成森林大火、被獵人驚嚇到的飛鳥衝進飛機的引擎，造成多人死亡的空難，類似這樣的例子不但沒有超出我們的想像之外，而且時常在我們的周遭發生。

　　因此因果系列的複雜和不可知，使我們對一個行為結果的計算，只能在人類目前知識所能及的部分考慮，事實上這也造成效益主義在實踐層面上，面臨無法解決的困難和挑戰，因為「結果」是效益主義道德判斷的核心指標，如果效益主義不能告訴我們所謂「行為的結果」是指什麼時候的結果，也不能確定它是指可能產生的結果、還是實際發生的結果（如果基於實際發生的結果計算行為的對錯，則希特勒的母親沒有在嬰兒時期將希特勒殺死，就是一個道德上錯誤的行為；如果基於可能產生的結果計算效益，則事物所會產生的「可能」結果永遠超出我們的想像。），效益主義如何指引我們的行為？

　　以上的討論，主要是指出倫理問題的複雜性，而實際上我們也只能將許多問題簡化，才能討論倫理學理論的核心論述，所以效益主義在實踐上的難題，並不是我們關注其理論妥適性的重心，因為幾乎所有倫理學的理論都會遭遇類似的困難，因此理論和實踐的差距，並不只是效益主義獨有的難題。

第二節　行為和規則效益主義

　　從上一節對效益主義定義的分析，可以知道效益主義有不同的版本，由於享樂的效益主義和理想的效益主義的差別，主要是有關價值的爭議，和決定行為對錯的判斷並不是直接相關，因為不論將善作何種解釋，我們都可以用效益（utility）這個語詞來代替，而將所有有價值的東西都稱為具有正的效益，惡的東西稱為負的效益，因此效益主義的核心概念，就可以用效益原則（the principle of utility）表達，而所謂效益原則就是要求效益的最大化（the maximization of utility），所以效益主義的道德標準也可以理解為：道德上對的行為就是在所有可能的行為選擇當中，合乎效益原則的行為，也就是說，所謂對的行為就是其實踐的結果能產生最大效益的行為。因此在此只討論行為效益主義和規則效益主義所造成的差異，而不再處理享樂和理想效益主義的分別。

一、行為和規則的效益主義

　　如前所述，基於對「行為」的兩種不同解釋，我們可以區別兩種不同的效益主義，行為效益主義所指的「行為」是具體、個別的行為；而規則效益主義所指的「行為」則是統稱的行為。因此所謂行為的效益主義的定義是：在面臨所有可能的行為選擇當中，對的行為就是<u>那一個</u>可以達成最大效益的行為；而規則的效益主義定義則是：在面臨所有可能的行為選擇當中，對的行為就是<u>那一種</u>可以達成最大效益的行為。

行為和規則效益主義的根本差別是，行為效益主義將效益原則直接應用到個別的行為上，也就是說，當一個人在反省什麼是道德上對的行為時，他會自問「我在這個情境下、做這個行為會產生什麼結果？善、惡衡量後的結果為何？」而後者並不是將效益原則直接應用於某一個個別的行為上，當他在反省什麼是對的行為時，他會自問「如果每一個人在這種情形下都從事這種行為，其善、惡的結果會如何？」也就是說，規則的效益主義者認為，在某一種情境下，我們所該做的行為是訴諸於一般性的通則，而不是將每一個個別行為都當成特例來思考。所以規則效益主義的效益原則是用來測驗道德規則，而不是測驗個別的行為，因此每當我們決定該採取哪一個行為時，如果有 a 和 b 兩個可能的選擇，我們會比較 a 這一個行為所屬的那類行為，和 b 這一個行為所屬的那類行為，到底哪一類行為的實踐會造成最大效益，如果計算結果是 a 這類的行為會達成整體效益的最大化，則我們就應該做 a，因此「我們應該做 a 類的行為」也成為每一個人都應該選擇的道德規則。

譬如以誠實為例，我們可以想像一個社會的道德規則是「說實話是道德上正當的行為」，而另一個社會的一般道德規範是「不說實話是對的行為」，或者想像同一個社會分階段採用這兩個不同的道德規則，然後比較這兩個道德規則對社會所產生的效益，如果誠實所產生的效益大於後者，則說實話就是道德上對的行為，即使某一個個別的不誠實行為在某一個特殊的處境中會比誠實促成更大效益，這種情況下的不誠實行為，仍然是道德上錯誤的行為。這樣的主張就是規則效益主義的論點，也就是說，根據規則效益主義，評估一個行為對錯的標準是這個行為是否合乎道德規則，而決定哪些道德規則是合理的，則是由效益原則作為仲裁。相反的，根據行為效益主義，效益原則直接計算個別行為是否達成效益的最大化，而決定該行為在道德上是否正當。譬如在一般的情境下雖然說實話最合乎效益原則，但是由於在某一個特殊的情況下，不誠實才會產生最大效益，行為效益主義會要求在這時候不應該誠實。

舉一個例子來說明這兩種理論在應用上的區別。如果張三和李四一起

乘船在海上旅行，結果在途中遇到大風暴，他們所乘坐的船翻入海裡，兩個人抓到一塊斷裂的船身，隨著波濤漂浮到一個杳無人煙的荒島，李四由於身體瘦弱，又遭受幾個晝夜的海中折磨，加上荒島上缺乏足夠的食物，這時候已經奄奄一息。李四知道自己可能命在旦夕，於是告訴張三一個埋藏在他心中很久的祕密，李四說他有一筆無人知曉的私房錢，這是準備留給他的一個私生子，李四希望張三能夠答應他，如果他無法活著回去，拜託張三實現他這個臨終的唯一願望。張三在這種情境之下，除了安慰李四之外，當然是承諾李四幫他完成最後的心願。很幸運的是在李四死後，張三遇到搜救的船隻，平安地回到陸地上。張三念念不忘李四的遺言，於是按照李四的指點去尋找李四的私生子，但是他發現李四的私生子原來是一個賭徒、毒販，如果張三遵守諾言，將李四的遺產交給他的私生子，結果等於是為虎作倀、助紂為虐，對社會整體百害而無一利。張三這時候有非常足夠的理由相信，如果他不遵守諾言，而將這筆巨大的款項捐給慈善機構，對社會的貢獻將會是最大，而且由於除了張三之外，沒有人知道李四的祕密。在這種情形下，張三如果不遵守諾言，是不是違反道德要求？

根據行為效益主義的標準，張三在這種狀況下，違反諾言比遵守諾言所造成的結果更佳，所以根據效益原則的計算，張三應該違反諾言；而根據規則的效益主義，則張三應該遵守諾言。規則的效益主義者也承認，由於張三的處境特殊，所以如果在這個處境下違反諾言，確實可以增加社會整體效益，但是決定一個行為對錯的標準，並不是計算每一個單一行為的效益，而是計算每一類行為是否能合乎效益原則，也就是說，效益原則是用來考慮「遵守諾言」和「違反諾言」這兩類行為，哪一種行為作為道德規則比較能造成較高效益，而不是作為個別行為的效益衡量。因此，由於「遵守諾言」這類的行為所產生的效益大於「違反諾言」這類的行為，所以任何一個違反諾言的行為都是錯的，即使在特殊情境中，某一個特別的違反諾言行為，可能產生較大效益，但是由於它違反「遵守諾言」的道德規則，所以仍然是一個錯誤的行為。

儘管行為效益主義計算效益的方式，是對每一個個別行為分別計算，

但是這並不代表行為效益主義不需要道德規則。由於在日常生活中，某些狀況可能相當危急，我們並沒有足夠的時間對一個行為所產生的結果加以計算，或者有些人可能缺乏能力計算行為的效益，所以道德規則仍然有其必要。例如，如果一個小孩掉到一個不是很深的水中，依據一般的道德規則我們應該立刻跳下水救他，如果我們還要計算一下：這個小孩是誰家兒子？平時是否乖巧？下水救他會不會導致自己的危險？當我們還沒有算出救人或不救人的總效益時，小孩可能已經溺斃。因此行為效益主義者認為，從過去人類整個歷史的發展當中，我們在經驗中學習到許多行為的傾向，我們知道某些類型的行為，大致會產生什麼樣的結果，因此我們可以歸納出一些規則，在正常情況下個人的行為如果合乎這些規則的要求，通常會產生最好的結果，所以這些規則可以作為緊急狀況或一般人日常生活的行為指引，行為效益主義者稱這些一般性的規則為簡便規則（rules of thumb），也就是說，一般人在正常情況下，按照歷史經驗所歸納出來的一般性道德規則行動，可以促成社會整體最大的效益。但是這些規則並不是行為的最高指導原則，對行為效益主義者而言，道德最根本的原則仍然是效益原則，所以如果在特殊情況下，譬如上述荒島的例子，行為者明確知道違反簡便規則所產生的效益更大時，他就應該違反簡便規則，而依據效益原則的要求行動。[3] 換句話說，當簡便規則所規定的行為和效益原則所要求的行為不同時，我們必須遵守效益原則的要求，才是合乎道德的行為。

二、行為效益主義的困難

在處理效益主義所面臨的挑戰之前，我們先處理為何會產生行為和規則效益主義的區別，事實上行為效益主義應該是最接近邊沁、彌勒等效益主義創始者的最初觀點，但是由於它會產生一些難以解決的困難，因此才有規則效益主義理論的出現。因此在此必須討論行為效益主義特有的問題，以及規則效益主義設法解決這些問題之後，它本身是否也會衍生其他

問題，最後再對效益主義做一整體性的評估。

　　行為效益主義所受到最重要的批評，是來自於所謂投票者的矛盾（the voter's paradox）。根據當代倫理學者多納根（Alan Donagan）的分析，行為效益主義最難克服的問題是：當一個行為的效益計算必須依賴其他人如何行動時，例如：在經濟事務中共同合作生產性的行為，每一個行為的效益必須依賴其他行為是什麼才能決定，如果沒有其他產品配合，螺絲製造商的生產反而是負面的效益，當然有些機電產品如果沒有螺絲製造業的配合，也會成為一堆廢鐵。這種一個行為的效益必須依賴其他行為決定，最典型的例子就是一般所謂的「投票者的矛盾」。*4*

　　譬如在一個民主國家中，公民有參與投票的權利和義務，由於不去投票在一般正常的民主國家中並不會受到懲罰，假設在一次重要的選舉投票當天，一位合格的選民在思考其是否該去投票時，如果效益的最大化是他唯一的指標，則他很可能發現不去投票才是他應該做的行為，尤其如果為了投一票而帶來很多不方便時，諸如：天氣不佳，離投票處所過遠等，都可能使他在計算效益時發現，留在家中聽音樂或享受天倫之樂比去投票對整體效益的貢獻還大，因為個人投票的效益是決定在他人是否投票的行為之上，如果投票者知道他去投票對結果影響不大（在選民人數眾多的選舉中，似乎每一個人都有強烈的理由如此相信），而且他不去投票不會影響他人的行為（因為別人根本不在乎他是否去投票），則站在效益最大化的原則下，他不應該去投票。但是如果每一個人都如此計算，每一個人都不會去投票，其結果反而是非常糟糕，因為民主政治顯然會因此而無法運作，這對每一個人均不利，這就是抨擊行為效益主義相當著名的「投票者的矛盾」。

　　但是行為效益主義的支持者可以辯稱，投票者的例子對行為效益主義並不會產生挑戰，因為他們認為，根據效益最大化原則的指引，並不會導致「每一個人都不應該去投票」的結論，而所謂矛盾的產生完全由於對「如果每一個人都這樣做，將會有何結果？」這個問題沒有充分了解所造成。根據萊恩斯（David Lyons）的分析是，行為效益主義蘊涵兩種豁免條

件（exempting conditions），一個稱為最大化條件（maximizing condition），另一個是最小化條件（minimizing condition）。最大化條件規定：當大多數人仍然維持常規性的行為時，如果一個行為者可以不依常規，卻能達成較高效益時，則他不應該依常規行事，而應該從事較高效益的行為。最小化條件則規定：當一個規範所要求的行為，仍無法成為一個普遍被接受的常規時，如果行為者可以選擇異於此規範所要求的行為，而能提升較高效益，則他應該選擇這個較高效益的行為。萊恩斯認為，在上述投票者的例子中，行為者在思考自己該不該去投票時，經常都會合乎最大化豁免條件，所以他不應該去投票。

為了解釋行為者不應該去投票並不會構成矛盾，萊恩斯引介了「門檻效應」（threshold effect）的概念，藉以證明某一個行為所生的效益，在足夠數量的人從事這個行為，而且造成相當程度的影響之後，和「同樣的行為」在很少人或沒有人去從事該行為所生的效益，具有相當大的差異。譬如穿越草地這個行為，在相當數量的人穿越草地，使這一片草地遭受到相當程度的傷害之前和之後，同樣一個穿越草地的行為，其所產生的效益有相當大的不同。也就是說，如果只有我一個人踩草地，其負效益並不大，但是如果大家都跟著我一樣踩草地，其負效益就會很大。然而一旦這片草地已經被踩死之後，下一個再去踩草地的行為，也不會產生負面的效益。[5]

萊恩斯認為，許多種行為都具有門檻，跨越此一門檻之後，某種效果才會產生。[6]在投票者的例子中，所謂的門檻就是某一位候選人能當選或某一個法案能通過所需要的票數，因此一個行為者可能為了提升整體最大效益而應該去投票，但不可能每一個人都應該如此，至於個人是否應該投票，完全決定於投票成為一般常規的門檻是否已經跨越。如果此一門檻已經被跨越，也就是說投票行為已經成為一般常規，對尚未去投票的個人而言，他對投票與否的抉擇已經合乎最大化豁免條件，所以不應該投票；反之，如果門檻尚未被跨越，則行為者在這種情境下的行為選擇合乎最小化豁免條件，為了減少投票常規不存在的負面效益，行為者也不應該投票。因此行為者只有在他的那一票是決定門檻效應產生的關鍵時，才應該去投

票。一旦我們了解此一門檻效應攸關個人抉擇時，所謂投票者的矛盾根本就不復存在，因為此一矛盾是建立在「如果大家都同樣如此做」的條件下，但是根據門檻效應的概念，不是每一個投票者都在同樣的處境之中，所以在行為效益主義的要求下，「不去投票」並不是每一個人都應該選擇的行為，所以不會造成個人依效益最大化原則行事，反而造成整體不利的矛盾現象。

　　儘管萊恩斯的論證相當具有說服力，但是投票的例子仍然對行為效益主義構成威脅，因為要知道自己是在門檻之外或是在門檻之內，還是正在門檻效應的發生點上，必須建立在對他人如何行動完全知道的條件下，在理論上這不是一個問題，但在實踐上卻和「什麼是行為的結果？」「計算結果是指近的結果，還是也包括遠的結果？如果包括遠的結果，應該考慮到多遠？十年？二十年？還是幾千年？」這類的問題一樣的困難。我們或許知道需要多少投票者去投票，才能維繫民主政治選舉制度的效益，但是我們不可能知道所有其他人的行為傾向；由於我們不知道投票趨勢，所以我們也不可能知道自己這一票到底具有多大效益。如前所論，依據行為效益主義，唯一我們應該去投票的情況是當那一票會產生門檻效應時，但是我們如何知道自己這一票正好是在門檻發生點上？簡而言之，即使我們知道這個門檻點何在，實際上我們也不可能知道哪一個特殊的投票行為正在門檻點上，因為我們不可能知道所有其他人會採取什麼樣的行動。因此我們可以作如下結論：在大多數情形下，我們知道自己的行為不是合乎最大化豁免條件就是合乎最小化豁免條件，儘管實際上合乎哪一個並不是很明顯，但是這表示我們最可能應該採取的行動是不去投票。因此行為效益主義式的計算，在實踐上會造成兩個結果：①不能提供個人是否該去投票的理性基礎，因為我們無法確知自己的行為是否在門檻點上；②每一個個人在思考其投票與否時，最可能的解答是「他不應該去投票」，因而造成投票者的矛盾。

　　類似投票者矛盾的例子，在我們日常生活中很容易找到類似的情況，例如：張三是一個公務人員，每年要繳交將近二十萬元的稅款，這個錢等

於是張三兩個半月的薪資。如果繳交所得稅已經成為一種常規，則按照行為效益主義的思考模式，張三不應該繳稅，因為二十萬元對張三而言顯然是一筆龐大的數目，但是如果張三不必繳稅，張三可以利用這筆錢為自己的子女多買些書，甚至可以為子女的教育基金多存點錢，也可以為家裡多添點傢具，總之這二十萬元對張三而言，可以產生相當大的效益。相反的，如果這二十萬元繳到國庫，和整個國家稅收相比，這等於是九牛一毛，國庫增加或減少二十萬元，所增加或減少的效益實在微不足道，二十萬元稅收分配到全國每一個人民身上，每一個人平均分到的不會超過一毛錢，事實上在日常生活中沒有人在乎自己的荷包裡是否增加了一毛錢。顯然張三繳稅所產生的效益非常低，但是不繳稅的效益卻很高，因此依據效益最大化原則，張三根本就不應該繳稅，可是如果全國每一個公務人員都是行為效益主義者，整個社會會崩潰，反而對大家不利。這就是行為效益主義所要面臨的難題。

三、規則效益主義的問題

上述行為效益主義所面臨的問題，使得有些效益主義的支持者採用規則效益主義的論點，有些效益主義者認為，合作性行為和投票者的矛盾是行為效益主義特有的問題，至於規則的效益主義則不會產生類似的問題，因此規則效益主義才是適當的效益主義理論。由於規則的效益主義並不是將效益最大化原則直接運用到每一個個別的行為上，而是考慮「哪一類行為」被普遍實踐後會達成整體的最大效益，這一類行為就成為行為者行動的依據。因此在投票的例子中，規則效益主義的判斷標準只考慮：「大家都去投票」和「大家都不去投票」這兩種行為何者效益高，若是前者所造成的效益較大，則任何不去投票的行為都是錯的，因此規則的效益主義似乎可以避免「投票者的矛盾」所帶來的困擾。

雖然規則的效益主義可以避免合作性行為所產生的困難，但是規則效益主義則面臨更嚴重的批判。因為在規則效益主義的標準之下，由於有些

道德規則合乎效益原則，所以這些規則<u>永遠</u>不能被違反，即使明知在特殊的情況下，違反規則會產生最大效益，違反規則仍然是道德上錯誤的行為。從效益的觀點來看，這樣的論點似乎背離結果論的根本精神，因為對於任何一個行為而言，其對錯的斷定標準不是行為的結果，而是它是否違反某一規則。也就是說，一旦社會的道德規則被選定之後，就不再需要考量行為結果、效益計算的問題。這樣的道德主張，似乎比較接近義務論而不是目的論的學說，因為根據規則效益主義的主張，個別行為對錯的標準完全決定於它是<u>哪一類</u>的行為？或者說，它是屬於有哪一種性質的行為？至於這個行為所造成的後果，和行為的對錯完全無關。所以有些學者指出，規則的效益主義摻入了非效益主義的考量，所以本質上已經不再具有效益主義的精神，因此嚴格地說已經不是一種效益主義的理論。[7]

第三節　對效益主義的綜合評估

在所有的規範倫理學理論中，效益主義是最受到重視的理論，所以它不但有許多的支持者，而且也受到最多的批判。上一節是分別針對行為和規則效益主義所面臨的特定問題加以討論，本節要處理的是所有效益主義式思考模式所要面對的挑戰和可能的回應。效益主義最大的優點是：它所提出來的道德基本原則是單一而且明確的，因此對於決定一個行為在道德上的正當性，會有非常清楚、明白的規定，所以依據效益主義的道德標準，所有有關道德義務的衝突情形，都可以得到合理的解決，也就是說，日常生活中我們常碰到道德兩難的困境，根據效益主義的效益最大化原則，我們只要計算哪一個行為所產生的效益較大，理論上我們立即可以知道哪一個行為才是我們該做的行為。所以對效益主義而言，只有在簡便規則的層次才會產生真正的道德衝突。因此如果效益主義是一個有效的道德理論，則道德衝突的情形都可以得到正確的解決。

但是效益主義的優點，正也是構成其被批判的原因，以下提出幾個對效益主義理論最常見的質疑，以及效益主義可能的答辯：

一、消極責任 (negative responsibility) [8]

由於效益主義在乎是否能達成最佳的事務狀態，因此誰是行為的執行者是不太重要的問題（只要不同的行為者不會影響整體的結果），在同樣的精神下，如果行為者能直接或間接影響行為的結果，則無論他居於何種地位，他都要為此一結果負責，這就是所謂的消極責任。換句話說，如果一個人對一個事件結果的產生有責任，則不論他允許它發生或者是因為無法阻止而造成它的發生，他對此事的責任和他親自促成的情形一樣。因為根據效益主義的觀點，評估一個行為的對錯只考慮這個行為所造成的結果，所以只要某一位行為者的行動是某一結果的決定性因素，該行為者就要為這樣的結果負責，至於誰是造成這個結果的主因和評估該行為者行為的對錯並不相關。威廉士（Bernard Williams）稱這種不是由行為者主動促成、卻是因他而造成的責任為「消極責任」，為了批評效益主義這種消極責任的謬誤，威廉士以舉例闡明其論點。

有一個名叫吉姆的人，到南美洲的一個小鎮旅遊，正好碰上二十名反抗政府的印地安人將被處以死刑。負責執行的隊長叫培德羅，他給吉姆一個救人的機會，他表示，如果吉姆幫他槍斃其中一個人，其他十九個人都可以被無罪開釋；當然如果吉姆不願意這樣做，他會把所有二十個人都殺掉。[9]

在上述的例子中，效益主義似乎會要求吉姆殺一個人，以便拯救其他人，因為這樣做才能提升最佳結果。如果吉姆拒絕這樣做，根據消極責任的概念，即使最後是培德羅把二十個印地安人全部殺死，吉姆也要為這二十個人的死亡負責，因為他可以阻止這件事情的發生。從效益主義的角度來看，就是由於吉姆拒絕殺一個人，等於他默許這二十個人的死亡，換句話說，這二十個人的死亡可以說是他一手促成的，所以他要負責。但威廉士認為，這種說法是荒謬的，雖然就某一個意義而言，這二十個人的死亡是吉姆拒絕殺一個人所造成的結果，但是如果因此說吉姆是促成他們死亡

之因，則是誤導了事件的真相，因為在這個例子中，培德羅才是整個事件的肇始人，如果把責任推給吉姆，就完全忽視了培德羅所扮演的角色，事實上是培德羅促使吉姆陷入這樣的處境，他才應該、也才有能力為整個事件的結果負責。所以是培德羅的整體計畫和企圖，使得吉姆成為一個代罪的羔羊，吉姆的拒絕殺人成為他殺人的藉口，所以威廉士指出，如果培德羅認為吉姆的決定（即不殺人）使他別無選擇，這是錯誤的，因為事實上是培德羅的選擇使吉姆陷入窘境，因此將二十個人的死亡歸罪於吉姆（如果他選擇拒絕殺人）是不正確的。

因此，由效益主義所衍生的消極責任，至少有兩點不能令人接受：

1. 這個概念嚴重威脅到人格的完整性（integrity）。所謂人格完整性如果用一般的語言來表示，它指的是：每一個人對自己的生活都有一套整體的規劃，這套生命計畫在一定的範圍之內不應該受到外力的干涉而中斷。所以每一個人對他自己所做的事情有特別的責任，但是卻對他人所做的行為沒有這樣的責任。但是如果消極責任的概念具有道德的正當性，則它會在當他人的計畫產生較大的價值的時候，要求個人永遠要放棄自己的計畫。然而威廉士認為，有些計畫對每一個個人而言，可能是他生命意義及自我認同和肯定之所繫，要求每一個人在他人計畫能提升較大價值時永遠放棄自己的計畫，等於是要求一個人放棄人格的完整性，而隨時等待任何一個陌生的計畫，決定何者可以提升最大效益。

2. 消極責任的概念也使效益主義對行為的要求永無止境。效益主義通常會被認為要求過多，因為效益主義似乎永遠不允許我們追求任何無傷大雅卻有利自己的行為，理由是我們永遠可以做其他事情，以增進社會整體福祉、改善人類的普遍命運。此外，既然結果是由誰造成並無區別，對我和對他人的行為要求似乎就沒有明顯的界限，因此我可能會從消極責任的管道中，承擔由他人傳來的無限負擔，就像吉姆在上例中的處境一樣。

二、簡化

效益主義另一個被批評的重點就是它過於簡化，因為效益主義將行為結果的最大化，視為唯一相關於決定行為對錯的指標。假設有兩個行為 A 和 B，如果我們分別計算其結果所促成的效益，A 和 B 具有相同的價值，所不同的是 A 涉及違反承諾、說謊或不正義，而 B 則無。根據效益主義的最大化原則，從事 A 行為或從事 B 行為並沒有區別，然而我們的道德常識會要求我們應該做 B。或者思考另一個類似的情境，假設 A 比 B 所達成的效益多一點點，和前面的例子一樣，A 屬於違反承諾、說謊或不正義之類的行為，而 B 則不是。由於效益主義不在乎行為的種類，只在乎行為所產生的結果，因此儘管 A 是一般道德常識所謂不對的行為，依據效益主義最大化原則，我們仍然應該做 A。*10*

一般道德常識和效益主義的判斷之所以有出入，就是由於效益主義將其他的道德考量，如正義或遵守契約或諾言等，視為和行為的對錯無關，但是這和我們一般的道德直覺有所牴觸。除非效益主義能證明：我們日常生活中判斷行為是否正義或忠誠，是從效益最大化的原則中所衍生，也就是說，考量行為是否正義或忠誠，其實也是考量行為效益的最大化。規則效益主義就是企圖以效益原則證成其他道德考量的一種學說，然而如前所論，規則效益主義已經不是一個純粹的效益主義主張，其精神反而更接近於義務論，所以我們似乎沒有理由相信，效益原則可以解釋正義、遵守契約或諾言等道德考量。

事實上效益主義的簡化會造成更嚴重的問題。許多哲學家已經注意到，一些我們通常視為不道德甚至邪惡的制度，在效益主義的觀點下可以被證成。*11*譬如種族歧視，奴隸制度等，只要多數人所得到的享受，超過少數人所承受的折磨，則少數無辜者所受到的懲罰或不公平的待遇，就可以被效益原則證成。至少在效益主義的原則下，「主人能從奴隸的苦難中得到多大滿足」或者「種族歧視者從猶太人受折磨中得到的某些滿

足」，都是一個計算效益時必須思考的問題，但是威廉士正確地指出，這根本就不能作為一個道德考量。*12*一般認為，從倫理道德上應該受到譴責的制度，不能因為偶然的事實使它們在某些情境下有助於最佳結果，而變成好的制度。因此，在道德上我們不只要考慮結果是否最好，而且也要考慮這些結果是用什麼方法達成，否則所有的畸形兒和那些身染重疾且耗費龐大醫藥費用者，在道德上都應該被消滅，因為這樣可以提升最大效益。

　　效益主義的簡化，也會產生另一種違反一般道德直觀的結果，那就是：沒有一個行為是道德上無關的行為，因為每一個行為都可以或多或少對整體效益有所貢獻。一個行為和其他可能選擇的行為相較，不是能提升較多的效益就是會產生較少的效益，所以任何行為不是對就是錯，也就是說，沒有所謂道德上中性的行為。拜爾（Kurt Baier）舉了一個例子說明這種結果的謬誤性，他指出，根據效益主義的主張，我們平時的休閒也變成一件道德上錯誤的行為，因為在我們休閒的時候，永遠有機會去從事別的行為，而可以因此提升整體效益，拜爾認為這個結果足以說明效益主義的主張是錯誤的。*13*實際上在我們一般的生活中，大家都承認有些行為和道德無關，譬如：吃飯用左手還是用右手、早上吃不吃早飯、晚上讀書還是白天讀書等行為選擇，除非在特殊的情況下，這些行為一般均認為是無關道德的行為，但是在效益主義的解釋下，任何一個行為選擇不是對就是錯，因為它不是提升最大效益就是沒有提升最大效益，而這個結論顯然是我們不容易接受的。

　　效益主義者也許可以辯稱簡化是一項優點，因為它提供我們道德判斷的單一標準。但是簡單性（simplicity）不必然是道德理論的一個優點，因為實際上推動人們行為的動力有許多種，如德行（virtues）或承諾（com-mitments）等，都可以使人們以某一種方式行動，把所有這類的道德考量全部化約成效益主義式的考量是錯誤的。有些學者則強調道德關懷的雜多性（complexity），認為雖然效益主義提供道德判斷的單一標準，但是由於道德生活的實況並不是這麼單純，所以效益主義的簡單化不但抑制了人類

的思想和想像力，也遏止了歷史和個人的發展，因為它阻礙人類發明和創新生活方式的可能性，因此效益主義的單一標準不但不是一個優點，反而是效益主義的一個基本錯誤。

三、分配正義 (distributive justice)

事實上從正義的觀點批判效益主義是眾所周知的論點，根據效益原則，行為結果所產生的效益如何分配是道德上無關的問題，一個由少數人享受大部分的利益而多數人承受苦難的社會，可能比另一個分配相當平均的社會為佳，只要前一個社會的善的總量稍微高於後者即可；或者忽視少數人所受的折磨只關注多數人的滿足，也可以在道德上得到證成，只要如此做是為了提升整體最大的效益。但是大多數人會認為此種論點不但難以置信，而且是徹底錯誤。對一般人而言，在這些情況中正義的考量應該優先於最大效益的追求。

針對分配正義的問題，效益主義的回答是：我們的標準是「追求最大多數人的最大幸福」，因此效益主義不只重視效益的最大化，同時也顧及分配的問題，使最大多數人得到幸福。但是「幸福」和「數量」根本是兩回事，同時要照顧這兩者，需要兩個不同的原則，一個是「提升最大幸福」，另一個是「最多數得到幸福」，前者是效益原則，而後者則是分配原則，但是這兩個原則並非完全一致，例如 A、B 兩個行為，其中 A 行為所造成的結果是：有十二個人受益，每一個人分配到四單位的效益；而 B 行為是使八個人受益，每一個人分配到八單位的效益。如果在這兩個行為中，依據「最大多數人的最大幸福」原則，我們應該從事哪一個行為？

此外，效益主義者或許可以辯稱，不公平或不正義的行為總是會減少整體效益的總量，因為公平或正義正是效益原則之一個面向。彌勒就曾企圖證明正義的道德考量可以融入效益主義的架構中，他認為效益主義式的思考，可以解釋一般正義的判斷。一般人在正義和效益原則相牴觸時，總是認為正義的考量較具強制力，彌勒認為，這種思考模式合乎效益主義原

則，因為正義是一個比較嚴格的義務，它所要保障的利益是所有利益中最重要的一種，那就是安全。由於我們可以放棄其他利益（如從事慈善的行為），但卻不能放棄對安全的追求，所以正義和其他行為相較顯得特別重要，因此給予正義較強的效益計算，是合乎效益主義的原則。 *14*

　　但是萊恩斯認為此種將正義化約為效益的主張有其困難，他指出，如果正義只是一種效益，則一個行為的結果如果造成不正義的分配，就是錯的行為，果真如此，那麼一個陣亡的士兵，如果他的國家打了勝仗，這顯然是他貢獻心力所創造出來的利益，但是他自己卻沒有機會得到相等的享受，因此他的行為是錯誤的行為，但是這個結論和我們日常的判斷有很大的出入。 *15* 而且要證明任何一個不正義的行為，都必然會造成非效益最大化，是一件相當困難的事。事實上一個道德理論可以賦予正義較高價值，但不可能賦予它絕對的優先性，因此任何以行為結果決定行為對錯的主張，絕對不可能完全排除以下的可能性：有時候一個我們通常認為非常不正義的行為，卻是效益最大化的行為，也就是說它是對的行為。

四、超義務的行為（supererogatory actions）

　　根據效益主義的主張，一個行為不是對就是錯，所以不但不存在道德上無關的行為（如前所論），也不能允許所謂「超義務的行為」，也就是說，任何行為不是合乎義務（即合乎效益最大化原則）就是違反義務（非效益最大化的行為），沒有所謂「超義務的要求」這類的行為，因此，如果道德上確實存在這類行為，則表示效益主義的學說並不正確。雖然許多哲學家對什麼是「超義務的行為」有不同的定義，但是他們都強調，在我們日常生活中，這類行為存在的重要意義。這類行為最大的特色就是它們不是義務，而且人們可以選擇做或不做此類行為，如果任何人從事這類行為，則會受到讚賞。 *16*

　　俄姆森（J. O. Urmson）明白主張超義務的行為是存在的，他認為傳統上將行為分為道德上要求、道德上允許及道德上禁止的三分法，對道德

的實際狀況而言是不恰當的，[17]他主張應該加上那種非道德上要求、而且不去做也不能稱為錯誤的行為，這就是他所謂的聖人或英雄的行為。[18]譬如：一個醫生自願到一個充滿傳染病的城市，去從事醫療救援的工作；或是一個士兵為了拯救他人的性命，用自己的身體抱住一枚即將爆炸的手榴彈。這些行為顯然是值得稱讚，但卻不是道德上要求的行為，即使對有些人而言，他們可能會認為，這類行為是他們責無旁貸的義務，但是俄姆森認為，只有行為者本身可能由於自我要求較高，所以可以把聖人或英雄行為當成他們所當為，但是從客觀的立場來看，這類行為並不是在道德上對每一個人都具規範作用，因為它們並不是道德義務。

為什麼不實踐這種行為，在道德上並沒有犯錯？人們為什麼會有權利不去做這類行為？為什麼從事這類行為是值得讚賞？對於這些問題，有些學者從人的自主性（personal autonomy）來解釋。他們認為，個人自由掌握和規劃自己的生活，以及選擇自己的生活風格，本身就具有獨立的價值，如果這種自主性的價值超過對他人慈善的價值，則不去從事慈善的行為就不是錯的；當然如果行為者有意的選擇犧牲自主性價值，以造福他人，其行為就是超義務的行為，其所以超越義務，就是因為這是個人自己選擇的犧牲，而不是道德上的要求。由於超義務的行為是人可以自由選擇的（optional），所以不去執行此類行為，並不需要藉口，而且即使我們有能力從事英雄或聖人式的行為，我們也有不去做的自由，因此不做超義務的行為不但沒有錯，而且也不必因為沒有做而感到羞愧，理由是：人類是自律自主的個體，有追求他們自己的理想和計畫的權利，在一定的範圍之內甚至於可以不顧公共或普遍的善。[19]

如果道德領域允許上述自主性的概念，則超義務行為的存在就無庸置疑，而且很多哲學家認為，自我人格的建立、個人生命意義的肯定，以及幸福的人生等，均植基於此種人的自主性之上，因此除非效益主義能解釋自主概念的不正當性，否則不允許超義務行為的存在，顯然是一個不健全的主張。事實上在我們常識道德（common-sense morality）中，有些行為確實被認為是超義務的行為，德瑞莎修女（Mother Teresa）的作為就是最

好的例證，我們並不要求所有人都「應該」做她所做的那些行為。因為在道德上我們會要求每一個人都應該要幫助他人，但是並不會要求他以自我犧牲或傾其所有的方式幫助別人。換句話說，一般的道德要求對每一個人都具有一定的規範要求，超過這個基本的要求之後，個人可以訂定比一般道德要求更高的道德標準、選擇從事比一般道德更嚴格的利他行為，也可以決定不願意付出額外的犧牲，而不會受到道德上的責備。可見常識道德支持超義務行為的存在，而效益主義似乎無法對這類行為的道德地位提出合理的解釋。

效益主義者面對這個挑戰，也許可以採行以下兩個策略：①主張這類行為實際上是我們的義務，只是我們意志軟弱常做不到而已；②我們不稱這些行為是義務的理由，可以從效益主義的立場加以理解，因為若視它們為義務會產生反效益。然而如果採用第一種策略，效益主義必須證明所有這類行為都合乎效益原則，而事實上有許多利他的行為（尤其那些需要自我犧牲的利他行為）往往不能達成效益的最大化，但我們仍將之視為超義務的行為。譬如：為了拯救落水的幼童，反而造成自己和小孩同時滅頂的行為，我們不但不稱為道德上錯誤的行為而加以譴責，反而予以高度的道德評價。第二個策略是效益主義者經常採用的策略，但是效益主義者如果要採行這個策略，它必須證明沒有一個所謂的超義務行為合乎效益原則，或者至少證明將任何一個這類行為視為義務，都會違反效益原則，但是效益主義似乎很難證明這一點。反而從常識道德的角度，似乎社會上如有些聖賢或英雄豪傑，他們的行徑常常會給社會帶來較大的效益，譬如我們可以想像一個存在德瑞莎修女、證嚴法師這樣的人的世界，一定比不存在這樣人的社會來得佳。此外，即使效益主義真的能夠證明超義務的行為違反效益，它仍然會面臨另一個難題，即這類行為到底是道德上對的還是錯的行為？如果它不是道德上錯誤的行為，如何和道德上對的行為分辨？如果它不是道德上對的行為，又如何和道德上錯的行為區別？

五、效益主義的答辯

　　一個比較複雜的效益主義理論，也許可以避免上述的批判，譬如黑爾（R. M. Hare）就以兩個層次的道德思考，建構其效益主義理論。他分別直覺的（intuitive）和批判的（critical）兩層道德思考。直覺層次是指我們大部分人在大多數時間下思考道德問題的方式，由於從小的道德教養和訓練，我們每一個人都將一些道德規則內化成為生活中的一些信仰、習慣和處世的態度，而且我們也依賴這些簡單、直覺的道德規則，藉以處理日常生活中遭遇到的道德問題，也就是說這些道德規範已經構成我們的人格的一部分，所以人們的行為會避免觸犯這些規則，而且一旦違反這些直覺的道德規則時，常常會產生罪惡感。但是黑爾稱這些直覺的道德規則為表面原則（prima facie principles），譬如：誠實、信守諾言、守法、正義等，這些都是用來作為我們日常生活中、一般人在正常情況下的行為準則，但是這些規則之間不但會產生衝突，而且有時候會被其他規則所取代，因此它們並不是我們永遠應該遵守的原則，在某些特殊的情況下，違反這些規則反而會成為道德上的要求，所以遵守表面原則是直覺的道德思考層次。 *20*

　　黑爾認為有些道德哲學家，以及大部分的一般人都幾乎完全在直覺的層次進行他們的道德思考。但是有時候當我們面對這些直覺的道德原則互相衝突，或者在特殊情境是否應遵守某些直覺原則產生質疑時，這可能會促成我們對這些原則進行批判和反省、進而修正或甚至拋棄某些原則，這時候我們就進入批判的思考層次。黑爾認為，在批判層次中的思考方式和道德判準就是效益主義式的，也就是說，這時候我們在面對衝突或可疑的直覺道德原則時，我們的思考會以理想的、超人式的效益主義者所做的考慮為模範，我們會從公正無私的觀點，考慮各種可能行為所會產生的所有可能的結果。 *21*

　　所以根據黑爾的理論，所謂道德上對的行為就是這個超人的效益主義者告訴我們應該做的行為，但是由於我們不是公正無私、能知道所有可能

結果的超人，所以在實踐上有需要依賴直覺的道德原則。對一般人而言，這些直覺原則是面對這個世界不可或缺的行為準則，透過形成這些簡單的反應模式，可以使我們應付一些新的處境，因為這些處境在重要特點上和過去遭遇過的經驗相似，否則如果每次遇到一個情境就要重頭開始，也就是說，如果在每一次行動之前，都要重新分析和計算每一個可能行為所可能產生的結果，就像從未開過車的人要開一部車一樣，在每一個時刻都要決定到底是要轉方向盤、踩煞車還是加油？這根本違反常識，也不合效益。所以黑爾認為，如果我們想要從事道德上對的行為，最好的方法就是依據那些直覺的道德原則行事，但是這些原則並不是定義上的「對的行為」。*22*

所以根據黑爾的理論，我們是在批判層次檢驗、修正、取捨直覺層次的規則，換句話說，直覺道德思考層次的行為準則，就是批判層次所歸納出來的一些最可能造成最大效益的道德規則。黑爾並不否認在日常生活中，道德規則的衝突有時候可以在直覺層次加以處理，但是當有些衝突關係重大，或者有些時候遵守一般道德規則顯然不會產生最佳結果時，我們應該將直覺原則拋在一邊，而進入批判的道德思考層次，以仲裁衝突的道德規則，或者完全拋棄這些表面原則，直接依據效益原則行動。

以上的論點，有點類似前面對效益原則和簡便原則的區別，但是並不是完全相同，因為批判層次的道德思考不只決定表面原則、解決表面原則的衝突，而且有時候在檢驗表面原則之後，可能對有些表面原則加以修正。因此根據黑爾的論述，在批判層次不會產生道德衝突，道德衝突只存在於直覺的道德思考層次，而效益原則是批判層次的思考原則。

根據黑爾的理論，以上對效益主義的批判，都是因為沒有分別兩個道德思考層次，事實上日常生活的道德判斷，只是停留在直覺的層次，所以不需要以效益原則解釋，只要依據一般的道德原則即可，只有當道德原則產生衝突時，在批判的思考層次才需要涉及效益原則。因此效益原則不可能和其他原則產生衝突，而是所有其他道德原則衝突時的仲裁者。以正義為例，在上述對效益主義的批評，認為正義和效益會產生衝突，一個合乎

正義的行為不一定能造成最大效益。但是根據黑爾的論點，一旦確立正義原則為何，在直覺的道德思考層次，當然應該依據正義原則行事，所以在這個層次中，沒有所謂效益和正義衝突的問題。但是如果在一個特殊的情境下，我們開始懷疑是否應該依據正義而行時，我們就進入批判的道德思考層次，而在這個層次中，由於效益原則是扮演仲裁者的角色，所以是判斷這個情境下是否應該依正義而為的標準，因此也沒有正義和效益衝突的問題產生。

此外，效益主義也可以承認常識道德中超義務的概念，如果一般人依據直覺層次的道德規則行事，通常就會達成效益的最大化，表示超義務行為是一種特殊處境中的「特殊」行為，效益主義者可以辯稱，在直覺層次給予這類行為特殊地位有助於整體效益的提高，但是在批判層次，一個行為如果是在各種可能的行為中最能促進效益的提升，則是一個對的行為，並不存在所謂超義務的概念。至於人格完整性的挑戰，效益主義可以回答的是：人格完整性的價值並不是絕對的，如果有時候我們必須犧牲一個無辜者，才能拯救成千上萬的生命，這就是我們道德上應該做的，一般所謂正義的戰爭就是如此；而且如果從批判的層次來看，在直覺層次教育每一個人都養成像吉姆這樣厭惡殺害無辜的人格，似乎合乎效益最大化的要求。

如果從黑爾的角度，認為效益主義會對人們要求過多或效益主義過於簡化之類的批判，顯然是停留在直覺層次的道德思考，所以黑爾似乎認為，一旦分別直覺和批判兩個層次的道德思考，上述對效益主義的批評就會失去力量。

註　釋

1. 對「Utilitarianism」一詞的中文翻譯，在許多的中文哲學著作中並不太一致，以往這個字被翻譯成「功利主義」，但是這個語詞在現代社會中具有負面的意義，一般人常將社會人心的自私自利、現實短視、唯利是圖，說成社會的「功利主義」盛行，但是作為一個重要的倫理學理論，utilitarianism 完全沒有這樣的意涵，為了避免誤解，所以在此譯成「效益主義」。採取這樣翻譯的理由是：這個理論的核心原則是效益原則（principle of utility），所以翻成「效益主義」應該是妥當的。

2. 此一分別參見 Feldman, 1978, 17-18.

3. 彌勒在寫 *Utilitarianism* 一書時並沒有意識到行為和規則效益主義這樣的差異，但是他預測反對效益主義者會提出類似的責難，所以他提出第一原則和次要原則的區別，認為次要原則是人類經驗的累積，所以是可以修正的，也是一般人日常遵守的道德規則，因此在日常生活中並不是每一個行為都需要計算效益。彌勒的所謂的第一原則就是效益原則，而次要原則就是這裡所稱的簡便原則，參見 *Utilitarianism*, Chapter 2.

4. 有關集體行為和投票者矛盾對行為效益主義構成的難題，參見 Alan Donagan, *The Theory of Morality* (Chicago: Chicago University Press, 1977), pp.194-196.

5. David Lyons, *Forms and Limits of Utilitarianism* (Oxford: Oxford University Press, 1965), pp.72-75.

6. Ibid., p.72.

7. Feldman, 1978, pp.77-78.

8. 這個觀念以及本文後面所提到的人格完整性（integrity）概念，是Bernard Williams 批評效益主義的核心論點，這樣的批評對近二十年來的倫理學理論的發展產生極為重大的影響，事實上因為 Williams 對傳統倫理學的批判，尤其是對效益主義和康德學說的不滿，不但造成一股反傳統倫理學思考模式的風潮，轉而強調個人特殊性在倫理推論的重要性，同時也是間接造成德行倫理學在近些年來再度受到重視和討論的原因之一。有關 Williams 在這方面的討論，主要參見其"A Critique of Utilitarianism," in J. J. C. Smart and Bernard Williams, *Utilitarianism For and Against*

(Cambridge: Cambridge University Press, 1973), pp.77-150. 以及 "Persons, Character, and Morality," in Bernard Williams, *Moral Luck* (Cambridge: Cambridge University Press, 1981), pp.1-19.

9. Williams, 1973, pp.98-99.

10. 這個論點是由 W. D. Ross 所提出，事實上 Ross 對效益主要還有一些其他的批評，參見本書第六章或 Ross 的 *The Right and the Good* (Oxford: Oxford University Press, 1930), pp.34-35.

11. John Rawls 認為效益主義忽視人的差異性，所以有可能基於效益的計算而證成奴隸制度，參見 Rawls, 1971, pp.22-27.

12. Bernard Williams, *Ethics and the Limits of Philosophy* (Cambridge, Massachusetts: Harvard University Press, 1985), pp.86-87.

13. Kurt Baier, *From the Moral Point of View* (Ithaca, New York: Cornell University Press, 1958), pp.203-204.

14. John Stuart Mill, 1957, Chapter 5.

15. Lyons, 1965, p.174.

16. 對於超義務行為的定義和詳細的分析，可以參考 David Heyd, *Supererogation* (Cambridge: Cambridge University Press, 1982).

17. J. O. Urmson, "Saints and Heroes," in A. I. Melden (ed.), *Essays in Moral Philosophy* (Seattle: University of Washington Press, 1958), pp.198-199.

18. Ibid., p.208.

19. Heyd, 1982, p.9.

20. R. M. Hare, *Moral Thinking* (Oxford: Claredon Press, 1981), pp.25-28 & 38-40.

21. 黑爾稱這個超人式的效益主義者為大天使（archangel）,Ibid., p.44.

22. Ibid., pp.36-38.

第五章

康德的倫理學

　　康德在哲學史中的重要地位是無庸置疑的，他的三大批判：《純粹理性批判》（*Critique of Pure Reason*）、《實踐理性批判》（*Critique of Practical Reason*）、《判斷力批判》（*Critique of Judgment*），內容涉及知識論、形上學、倫理學和美學，體系嚴謹、艱深難懂，不但成為哲學研究者必須碰觸、也是充滿難解爭議的題材。本章對康德倫理學的介紹，主要是以他的《道德形上學基礎》（*Groundwork of the Metaphysic of Moral*）中的論述為核心。

　　康德的生活簡單嚴謹，他推崇和尊重的是古代斯多噶學派（Stoics）的反省和提升堅強意志的原則，所以為了強化其脆弱的本性，康德以嚴格的訓練，克制舒適和縱容。康德在其道德理論中強調人的尊嚴及其被尊敬的權利，他認為每一個人之所以有尊嚴，不是基於其社會地位、不是其特殊才智，也不是其成就，而是其天生的理性能力，也就是每一個人都可以思考、選擇的能力，這個能力不只能創造自己的生活，也能制定法律保障和提升互相尊敬。康德稱這種力量和依普遍正義原則而行的責任為「自律」或「自主性」（autonomy），在他的政治理論中，自主性就是給予個人道德權威和地位，對抗政府的力量。在此必須強調的是，康德認為自律的基礎不在人的情感，因為慾望是偶然的，而且會因人、因時而異，所以不能作為維持社會機制、訂定普遍規則的穩固基礎。社會制度不能訴諸外在於人的理性，否則就是他律（heteronomy），而必須基於理性所形成之法則，只有如此才能保障自由和正義，[1] 對康德而言，所謂自由是把個人特殊的慾望和喜好從屬於普遍的道德律之下的能力。

　　康德是第一個將「責任」（duty）這個概念當成道德的核心概念的哲學家，傳統上「責任」是指加負在個人社會、經濟，或政治職位上的一些要求，譬如：老師、計程車司機、民意代表、法官等，這些不同行業的人，占據其特有的職位，也有相對於該職位的一些行為要求，這些要求就是傳統上的「責任」概念，所以老師所擔負的責任和計程車司機不同。但是康德在使用這個概念時，不再是指特殊職位的行為要求，而是擴充為普遍的道德要求，換句話說，康德使用「責任」這個概念是和人的職位無

關，道德責任是對每一個人都具有規範作用。而且對康德而言，這個概念也和「效益」無關，一個行為是否履行道德責任，和該行為所造成的結果並不相關，因為一個有道德價值的行為，完全是因為這個行為的目的就是為了履行責任。這樣的想法被認為是康德受到其新教倫理（Protestant ethics）背景的影響。*2* 康德自己是其理論的典型實踐者，譬如他在死前一個禮拜，由於眼睛已經看不見，精神無法集中，體力極端虛弱的情形下，當醫生來看他時，他仍然堅持醫生先坐下後，自己才坐下，對於這樣做的理由，他費了很大的力氣說：「人性尚未離我而去。」

康德相信一般人基本上對道德的掌握是可靠的，所以他強調他的道德哲學是建立在「一般的道德意識」，但是一般人在道德上最大的問題是：不能保持對道德真理的信仰，為了幫助一般人堅持道德信念，康德儘可能陳述清楚最高的道德規範。但是由於康德的理論不只要闡述一般人的道德意識，而且要應付來自於道德懷疑論（moral skepticism）的挑戰，所以有些地方頗合乎一般人的想法，有些地方則很難令常人理解。無論如何根據康德的想法，道德不是秀異分子的專利，它對任何人都沒有區別，每一個人都要受道德的約束，康德認為只要是具有一般理性的人，不可能不知道自己應盡的義務。所以道德理想和規範必須適用於一般智力的群眾，哲學家並沒有擁有一般人所不能擁有之道德洞察力，因此任何人都必須對道德的基礎有一個正確的了解。一般人和哲學家的差別在於，前者對道德理解缺乏清楚和適當的表達能力，道德哲學家的工作就是要清楚、精確地指出，那些已經內存於每一個人理性結構中的究極道德規範。

人的財富、資質、享受雖有差別，但是道德對每一個人都一樣，道德不允許人利用自己的權力將他人當成只是一個工具，道德不是以人的天賦、財富、家庭、社會階層或成就來衡量人的價值和尊嚴。在日常生活中，如果我們檢查一下一般人的道德意識，不難發現人的道德情境常面臨兩種內在因素產生衝突的狀態，即頑強的道德要求和持續的慾望誘惑反抗道德要求，在這個衝突中，我們的慾望迫使我們滿足其需求，但是我們的理性則排斥不合乎道德的慾望滿足，也就是說，我們主觀想去做的，總是

被理性和客觀的道德理想所質疑，所以康德認為道德要求像法則一樣，客觀（如自然律一般）、獨立於人而存在，因此是對每一個人都有效，可以普遍且必然地規範每一個人。根據康德的理論，斷定一個行為是否為道德上該做的，這個論斷完全不涉及人的情感、慾望或喜好，對康德而言，我們的慾望、利益、興趣或喜好，並不影響道德規範的有效性。事實上，康德幾乎都是以這種日常生活中一般人的道德認知，作為其道德理論推論的起點。

第一節　善意志（good will）[3]

康德認為，不論在世界之內或之外，只有一樣東西可以想像得到是無條件的善（good without qualification），那就是善意志，所謂善意志，在此可以暫時理解為：依照道德要求去選擇行為的意識傾向。為了證明善意志是唯一無條件的善，康德舉出許多其他有價值的事物，證明這些事物之所以有價值，都是有條件的。

康德將其他有價值的東西分為兩類，一類是屬於自然稟賦（gifts of nature），我們可以簡稱為「命」，如：機智、聰明、勇氣等；一類是屬於後天的機緣（gifts of fortune），我們可以簡稱為「運」，如：財富、健康、權力、榮耀等。康德認為雖然上述的命或運，都是人世間有價值的東西，但是這些東西的價值或善都是有條件的，[4]理由有二：1. 這些東西之所以有價值，只是因為透過它們我們可以得到其他我們所重視的東西，也就是說，它們有助於我們得到其他我們在乎之物，因此我們才認為它們有價值。以財富為例，財富本身並沒有價值，財富的價值是因為它可以換取食物、衣服、房屋、汽車，而這些都是我們生存所需求的東西，如果一個人遇上海難、流落在荒島，已經多日沒有進食，這時候即使他身上擁有黃金萬兩，也抵不上一個饅頭。所以財富的價值是有條件的，它只具有工具性價值，本身並沒有價值。2. 這些有價值的東西有時候可以作為行惡的用途，譬如一個邪惡的人可以利用其聰明才智和判斷力，進行搶劫、強暴或

謀殺的行為；財富會使人的道德墮落，也會引發戰爭，或者甚至摧毀文明；一個健康的人通常較有自信，所以也容易自大或目中無人，一個壞人如果身體健康，會更具有侵略性。所以聰明才智、財富、健康雖然都具有價值，但是卻也可以用來助長邪惡，因此它們並不是無條件的善。

康德分別有條件和無條件善，和第二章價值論中內在價值和外在價值區別並不相同，如前所述，如果一個東西具有內在價值，表示此物本身就是值得我們追求，譬如：快樂或幸福，我們追求幸福就是為幸福之故，換句話說，追求幸福並不是為了追求其他的東西。因此康德所謂的無條件價值不同於內在價值，即使快樂或幸福具有內在價值，但是根據康德的說法，它們並不是無條件的善，因為康德認為，不論快樂或幸福的心靈狀態，只有當這種狀態是值得（deserved）存在時，才是善的。譬如，如果一個人因為偷了錢而沒有被發現，他的心裡也會產生快樂的心靈狀態，但是由於他的行為不值得擁有快樂的狀態，所以這種快樂對康德而言並不是有價值的，因此康德認為，有些人可能「值得」擁有不幸福。如果有兩個世界，在其中的一個世界裡，那些曾經傷害別人的人都受到苦痛折磨，而在另一個世界中，這樣的人卻完全得到幸福和滿意的生活，康德認為第一個世界比第二個世界為佳。因此幸福並不是無條件的善，必須是應該獲得幸福的人得到幸福，這樣的幸福才是善或有價值的。

由於有條件善和無條件善的區分不同於內在價值和外在價值的分別，所以即使康德承認幸福或快樂具有內在價值，他的觀點也不同於效益主義，對效益主義而言，如果在其他情況皆相同的假設下，一個能產生越多快樂或幸福的行為 A，在道德上永遠優於一個產生較少快樂或幸福的行為 B。但是根據康德的主張，這樣的結論不一定成立，也就是說，在康德的道德學說中，B 行為有可能比 A 行為更合乎道德的要求，因為 A 行為所產生的快樂或幸福不一定是「值得」的。

此外，善意志為無條件的善還有另一層意義，康德認為，即使因為善意志而造成極大的苦難，善意志仍然是善的，因為它的目的是要行善。 5 也就是說，一個人的動機如果是善的，即使是由於某些疏失而無法達成目

標，甚至於造成不好的結果，也不會減損其道德價值，所以不應該受到責備，因為這些不佳的結果並不是他的意圖所要達成的。譬如，張三看到一個小孩游泳溺水，他奮不顧身前往營救，但是由於浪潮過大，最後小孩還是被大浪捲走。由於張三的動機是基於善意志，即使結果不佳，張三的動機仍然是有價值的，不會因為他最後並沒有將小孩救起，而減少其價值。又譬如李四為了使全家人有一個美好的週末，開車帶一家大小到中部旅遊，但是由於天雨路滑、視線不佳，李四的車子在途中被其他車子撞上，妻小也因此而受傷，一次美好的旅遊計畫，竟然落得不幸的收場。依據康德的主張，由於李四的動機是善的，所以即使最後的結果是妻小受傷，也不會減損李四善意志的價值，李四不應該因此而受到責備。

　　基本上康德的主張是，只要一個行為的動機是善的，結果的好壞並不會影響這個善意志的道德價值。這樣的觀點似乎合乎一般常識道德的直覺想法，在我們的日常生活的道德直覺中，通常會認為一個行為企圖達成的結果（intended result）和實際的結果（actual result），往往會產生差距，因為行為者在實踐該行為的過程中，會有許多不是他所能控制的因素影響預期的結果，而一般認為，行為者不必對這些非己力所能控制的因素負責，就像人不必為自己的愚笨、醜陋負責一樣，因為這些都不是個人所能掌握的。也就是說，只要行為者在實踐某行為時是基於善念，該行為所產生的惡果，不能作為評價行為者意念的依據，譬如一個資質駑鈍、心地善良的人，有可能基於善心卻造成惡果，儘管我們會對他因愚昧所造成的惡果表示遺憾，但是我們似乎仍然會稱讚其行善的初心。

　　有些學者認為，康德這樣的想法和其所處的時代環境有關。康德所生存的時代正是卡普勒（J. Kepler，德國天文學家和物理學家）、牛頓（I. Newton）的新科學時期，在這個時期的科學家認為，宇宙中的一切事物完全受物理法則或因果律的決定，他們不相信宇宙本身具有特殊的目的和內在價值，因此在這種機械唯物論的觀點下，自由、責任和道德等概念完全失去其意義，這個世界「只是存在」。在這樣的時代中，康德為了維護道德理想，必須證明道德價值脫離因果法則的決定，所以善意志的善，和基

於此善意志所造成的結果的好壞無關。也就是說，康德企圖證明物理的世界觀有其極限，因此由於行為的結果是受到因果關係的決定，所以結果的好壞並不會影響道德價值。

　　現在我們可以更明確的定義善意志，根據康德的主張，所謂善意志就是一個人為了實現他的道德義務而行動的意志，譬如：如果 a 行為是我們的義務，而張三做 a，不是因為 a 會給他帶來任何利益，而完全因為 a 是他應盡的義務，則張三選擇做 a 的意志就是善意志。康德相信只有為義務而行動的行為才是道德上值得稱讚的，而一個人的意志是否為善，完全展現在他的選擇，一個具有善意志的人會傾向於選擇為義務而行動。

　　在此必須說明的是，為義務而行動的動機並不是具有善意志者的唯一動機，雖然這種人總是具有依義務而為的意圖，而且也會因為某行為是他的義務這個唯一的原因而行動，然而這並不表示他不能從事一些和義務無關的行為，也就是說，他也可以基於其他動機，從事和道德無關的行為，如：在天冷的時候，想要喝一杯熱咖啡。因此一個人具有善意志只表示，當他的行為涉及道德時，永遠選擇為了實踐義務而行動。

第二節　道德三命題

　　為了進一步闡釋善意志和義務之間的關係，康德提出三個道德命題，分別陳述如下：

一、第一個命題

　　有道德價值的行為必須是因義務而為。*6*

　　根據這個命題，康德強調行為的動機決定行為的道德價值，只有基於義務而行動的行為才是道德上有價值的行為，所以這個命題蘊涵一個道德上對的行為不一定具有道德價值，因為它可能是基於義務以外的動機而被實踐。這種區別「行為價值」和「行為對錯」，正是第一章「對的」和

「好的」兩組概念的分別。

　　為了進一步說明這個命題，康德分別以下四類行為：

　　1. 違反義務的行為：雖然這種行為可能可以達成其他有用的目的，但是由於其行為的動機是和義務相反，所以這類行為顯然缺乏道德價值。

　　2. 和義務一致的行為，但是行為者對實踐這一個行為並沒有立即的喜好（inclination），[7] 他是被另一個喜好所迫才去實踐這個和義務一致的行為。譬如：看到交通警察停在路旁監視，所以張三在十字路口沒有闖紅燈。在這種情形中，如果張三遵守規定的動機是害怕受到懲罰，則張三的行為雖然合乎義務，但是這樣的行為並沒有道德價值，因為張三並不是為義務而行動，而是基於自利的觀點。譬如：童叟無欺是生意人應盡的義務，如果張三是一個雜貨店老闆，當一位六歲兒童來他店裡買東西的時候，他並沒有賣得比較貴，張三的行為是合乎義務，但是這樣的行為是否具有道德價值呢？這就要看張三的動機是如何，如果張三因為童叟無欺是他應盡的責任，所以對待這個小孩和對待一般顧客一樣，則張三的行為是基於善意志，因此他的行為不但是道德上對的行為，而且也具有道德價值。但是如果張三是一個聰明的生意人，他知道童叟無欺可以增進他的商譽，占小孩便宜只是短暫的利益，長期而言誠實才是最佳策略，所以張三基於長期利益的考量，樂於實踐童叟無欺的義務。根據康德的主張，如果張三是因為童叟無欺可以產生更大利益，所以按照一般的價格賣給這個小孩，則張三對這個小孩的利益既沒有立即的喜好，也不是基於誠實原則而行動，所以他的行為雖然合乎義務，但是並不具有道德價值，因為他不是基於「由於童叟無欺是我的義務，所以我應該童叟無欺」這個動機而行動。

　　3. 和義務一致的行為，而且行為者對從事此一行為具有立即的喜好。譬如每一個人對於自己的生命都有立即的喜好，沒有人喜歡生命受到威脅或折磨，由於康德認為維持自己的生命是我們的義務，所以維持生命的行為就是合乎義務，也是我們的立即喜好。但是這樣的行為是否具有道德價值？康德認為，如果一個人基於這個行為可以滿足立即喜好而去行動，則

這樣的行為也沒有道德價值，因為這不是為義務而為。又譬如有人天生樂於助人，助人既是個人應盡的義務，也合乎他的立即喜好，對康德而言，如果這種人從事助人的行為，很難斷定其行為是否具有道德價值，因為他可能因為這是他「喜歡做」的事而去做，也可能因為這是他「應該做」的事而行動，如果是基於前者，則這個行為不具有道德價值；如果是基於後者，則具有道德價值。

4. 和義務一致的行為，但是卻違反行為者的立即喜好。這種行為是測驗一個行為是否具有道德價值最重要的例子，譬如一個人生活遭遇極大的挫折，生命受到重大苦難的折磨，這時候生命對他而言，真的是「生不如死」，如果在這種情形下，這個人還是不願意自殺，康德認為，由於這種不自殺的行為顯然違反個人的立即喜好，所以在這種生命極為困難和痛苦的情況下維持生命，就是基於生存是個人應盡的義務，因此這樣的行為才具有道德價值。

康德透過這四種行為只是要說明：有道德價值的行為必須是因義務而為，這並不是說任何具有道德價值的行為一定是個人不喜歡做的，也不是說任何你喜歡從事的行為一定沒有道德價值，康德的主要論點是：和義務一致的行為不一定具有道德價值，只有基於義務而不是喜好的動機所從事的行為，才具有道德價值。因此如果有一個人非常樂於去從事道德上該做的行為，事實上我們很難斷定這樣的行為是否有道德價值，因為我們不知道其行為的動機是基於義務還是喜好。因此上述第四類例子的用意，是為了要列舉出一個為義務而行為的最適當例子，康德認為只有當你的喜好會要求你違反義務，而你仍然執行義務所要求的行為時，我們最能確認這是因義務而為的行為。所以並不是只有第四類行為才具有道德價值，而是這類行為的道德價值最不容置疑。

從以上的討論，可見對康德而言，「合乎義務的行為」和「為義務而為的行為」是不同的，因為康德認為人的喜好是受因果所決定，而責備或稱讚任何由因果決定的特質是沒有意義的，就像我們責備一個唐氏症的小孩為什麼要得到唐氏症一樣沒有意義。總之，康德認為行為的道德價值完

全取決於其良善的動機，對康德而言，一個人的道德品格決定於他企圖去做的事，而不是決定於他所完成的結果，因為行為的結果，不論成功或失敗，往往都是靠運氣。譬如，張三看到一個老太婆跌倒在地，他知道他有義務要將她扶起，而且張三也基於這個義務正打算上前履行他應盡的義務，可是張三能否真正完成他的義務，仍然需要靠運氣，如果在張三伸出手的時候，正好有一部冒失的摩托車疾馳而過，將張三撞倒，張三根本無法實現這一個簡單的義務。但是無論張三是否實現義務，張三的起心動念是基於善意志，所以張三的行為仍然具有道德價值，儘管從事情的結果來看，張三並沒有完成他應盡的義務。也就是說，行為結果如果是善的，這種善也是有條件的，因為它是受到因果條件的影響，由於康德認為我們不能以運氣評價人的品格，所以行為的結果並不能保證該行為具有道德價值，只有作為實踐義務之動機的善意志，才具有無條件的道德價值。

二、第二個命題

一個因義務而為之行為，其道德價值不在於由此行為所達成之目的，而在於決定此行為的準則（maxim）。[8]

理解這個命題的關鍵在於了解「準則」的意義，根據康德的說法，準則就是意志的主觀原則，[9]它是行為者基於個人特殊的慾望或目的，在某種條件下通常會採取的行為決定，也就是說，它表達行為者傾向於做某事之態度以滿足行為者某一偶然、暫時的利益。所以即使在相同的情境下，不同的行為者也可能會採取不同的準則。如果用通俗的方式表達，所謂準則就是行為的策略，當一個人採取行動時，他通常是基於一個策略，這個策略是他在應付相同的例子時，所採用的一貫做法，甚至這些策略是構成一個人生活處事的基本態度。康德認為任何人從事行為時，一定依某一個一般原則（general principle）而行動，也就是說人的每一自願性的行為都是基於一個策略，譬如：一天喝六大杯水、早餐要吃得好、吃飯後一定要吃水果、絕對不做投機性的投資、考試至少要考及格、在經濟交易中採取

利潤最大化的策略、每天喝一瓶啤酒、有仇必報等，這些都可能是某一個人行為的準則。事實上任何一個人的行為策略，都可以用一個一般原則來表達，在日常的推理中，準則可以當成實際行動推論的大前提（如：凡事不能吃虧，這時候闖紅燈是不吃虧的行為，所以決定要闖紅燈）。

　　儘管每一個自願的行為都是依據一個準則而來，但是我們在日常生活中實際從事某一個行為的時候，並不一定都意識到自己是依據某一個準則而行動，但是當別人問你為什麼這樣做時，我們才會認知自己是基於什麼樣的原則或態度，所以才會採取這樣的行為。換句話說，準則常常是成為一個人的行事風格，不同的人會有不同的作風和處事態度，就是因為彼此在解決問題時，所據以推論的準則不同所致。因此不同的人會採取不同的行為準則，譬如：同樣被人欺負，有人可能會基於「以牙還牙、以眼還眼」而採取報復行動；有人可能會基於「吃虧就是占便宜」的生活態度而息事寧人。此外，相同的外在行為也可能是基於不同的準則，譬如：兩位商店老闆都誠實無欺，可能基於不同的準則。因此我們日常生活中的每一個有意識的行為，都是受到這類策略的指引，可是由於每一個人的目的和慾望不同，所以行為的策略也互異。綜上所述，由於準則是表達個人特殊的目的和慾望，所以是意志的主觀原則。

　　從以上對準則的說明，我們可以將第二個道德命題理解為：當一個行為依義務而為時，此一行為具有道德價值，而它的道德價值是基於指引其動機或意志的原則，因為這個行為是依據這個原則的指引而產生。換句話說，一個行為的道德價值是在於指引此一行為的準則，而不在於此行為所實現的目的。

　　但是這樣的理解立即會產生一個問題，即準則所表達的只是行為者為了滿足其偶然或暫時的利益，所採取的一種態度，基於這種偶然的目的所建構的原則是主觀的，所以會因人而異，何以這種主觀原則會具有道德價值？而且如果依據主觀原則所產生的行為會是合乎道德義務，是否道德原則就是主觀的？

　　康德顯然不能接受道德原則就是個人意志的主觀原則，所以他區別準

則和實踐法則（practical law），*10* 所謂實踐法則就是康德的道德法則，對康德而言，實踐法則或道德法則是意志的客觀原則，也是所有理性人都會依據的法則，但是這種客觀法則也可以作為主觀的實踐原則，當一個人的理性如果完全控制其慾望時，這時候這個人「主觀地」採用的實踐原則就等於是客觀法則。因此在第二命題中之準則，實際上就是每一個理性人在理性完全掌控其慾望時，所採取的行為策略，所以雖然是個人「主觀」採用的原則，但卻是客觀有效。從以上的分析，第二命題中的準則應該理解為客觀有效的準則，*11* 換句話說，如果我們將所有的行為策略都稱為準則，則第二命題中使一個行為具有道德價值的準則，必然是所有理性人當其理性主導時，所必然採取的行動策略，因此在第二命題中的準則，其實就是康德的道德法則，而康德在此之所以使用準則而不用道德法則，可能是因為從個人選擇行為的角度觀之，道德法則仍然可以理解為個人的一個行動策略。

換句話說，準則是某些行為者依之而行的實踐原則，它表達行為者為滿足某些偶然利益的行為傾向，由於這個偶然利益不是所有理性人都會擁有的，所以不是每一個人都會採取這個準則所規定的行為，但是有時候準則所表達的行為傾向可能是普遍有效的，這時候準則就成為意志的客觀原則或實踐法則。如果一個人行為所依據的主觀原則，正好是所有理性人都會採取的原則，則這時候主觀原則和客觀原則相同，依此而行之行為就具有道德價值。

然而康德又進一步論稱，一個基於義務而為的行為，必須是由意志的形式原則（formal principle of volition）本身所決定，因為所有的物質原則（material principle）都已經被排除。*12* 這樣的主張使得問題更為複雜，何謂形式原則？形式原則和道德法則有何關係？

康德認為實踐原則（practical principle）有兩種：一種是準則，另一種就是實踐法則。*13* 而對於形式原則，康德的定義是：拋棄所有主觀目的的實踐原則，就是形式原則；當它們具有主觀目的時，就是物質原則，也就是說，這些實踐原則是以某些誘因作為其實踐的基礎。根據這個定義以

及上面的分析，我們可以對康德所使用的名詞有一個較清楚的理解，簡單的歸納是：意志的形式原則等於意志的客觀原則，也等於實踐法則或先驗原則（ a priori principle）；而意志的物質原則等於意志的主觀原則，也等於準則或後驗原則（ a posteriori principle），所以意志的物質原則不是實踐法則。 **14**

綜上所述，一個行為是否是我們的義務，完全由意志的形式原則所決定，換句話說，決定一個行為是否為義務的依據是：實踐該行為的動機是否對所有理性人都是有效的，而不是基於任何個人的主觀目的。基於這個理由，所以康德認為一個依據義務而實踐的行為，其道德價值在於決定此行為的準則，因為這個準則可以顯示行為的動機為何，而這個動機決定該行為是否具有價值，所以行為的價值決定在它所依據的準則。

三、第三命題

義務是尊敬法則的必然行為。 **15**

根據康德的主張，第三命題可以從第一和第二命題推演出來，如果我們將第一和第二命題加以適當的改寫，比較容易看出這三個命題之間的邏輯關係。第一命題「有道德價值的行為必須是因義務而為」可以改寫為「一個行為因義務而為，若且唯若（if and only if）它具有道德價值」；而第二命題「一個因義務而為之行為，其道德價值不在於由此行為所達成的目的，而在於決定此行為的準則」則可以改寫為「一個行為具有道德價值，若且唯若它是因法則而為」；如果我們以改寫後的第一和第二命題當成前提，則可以導得「一個行為因義務而為，若且唯若它因法則而為」。上述的推論可以用邏輯形式表達如下：

一個行為因義務而為，若且唯若它具有道德價值。

一個行為具有道德價值，若且唯若它是因法則而為。

∴ 一個行為因義務而為，若且唯若它因法則而為。

　　由於法則具有必然性和普遍性等兩大特點，如果我們將上述的結論改寫，可以得到「義務是因法則而為的必然行為」。但是這樣的結論和康德所陳述的第三命題仍有出入，換句話說，如果第三命題真的是第一和第二命題的邏輯結論，我們應該期待康德的第三命題是：有道德價值的行為是基於普遍有效之實踐法則而為之行為，但是康德卻說：義務是尊敬法則的必然行為。除非「因法則而為」完全等同於「因尊敬法則而為」，否則第三命題並不能由第一和第二命題導出，但是「尊敬」顯然是一種特殊的情感。也許一種可能的解決方式是：我們首先認知法則的存在，知道它是任何理性行為者當他的理性充分掌控其喜好時，都會遵守的原則，然後基於這個認知而產生尊敬法則的情感，此一尊敬誘發我們採取這個法則作為我們行為的準則，所以「尊敬」是「認知法則為一個客觀原則」以及「採取法則作為個人主觀準則」的一個聯結。但是這樣的解釋仍然表示此一行為是由情感所推動，而不是經由理性，而問題是康德堅持道德法則必須直接決定意志，而不受任何情感的介入，康德明白表示，道德法則本身不只是決定行為的客觀基礎，而且也是決定我們行為充分的主觀基礎，也就是說，康德認為法則本身不需要任何情感的幫助，似乎就是道德上有價值行為的必要動機。*16*

　　為了解決這個問題，康德自己分別兩種不同的情感：一種是促成意志做出決定的情感，另一種是意志決定之後所促成的情感，由於「尊敬」這個情感是屬於後者，也就是說，它不是決定行為動機的因，而是果，所以在康德的道德理論中是可以被允許的，因為「尊敬」的唯一對象是道德法則。*17*但是如果「尊敬」是意志決定之後才產生的，為什麼康德說「義務是尊敬法則的必然行為」而不是「義務是依法則而行的必然行為」？此外，不論尊敬道德法則這種情感是如何特殊，康德的道德理論似乎不可能接受「由情感所推動的行為具有道德價值」這樣的結論，因為對康德而言，任何情感都是變動無常的，是由因果法則所決定，所以它只能決定物質原則，而無法決定形式原則，因此在道德法則中不可能具有合法的地位。

事實上康德自己承認尊敬法則是一種道德情感，但是他認為這種道德情感等同於個人對義務的意識，*18* 也就是說，康德認為一個人知道自己的義務的要求為何，和感受到對這個義務的尊敬是相同的，因此當法則決定意志時不需要預設任何情感，也就是說，不需要假設有一情感先於或獨立於對法則的認知。所以如果尊敬法則等於意識到法則，則因法則而行就等於因尊敬法則而行，第三個命題就可以從第一和第二命題導出。然而問題是：認知因素和意欲因素如何等同？對於這一點，康德似乎無法給予有力的證明。

第三節　道德法則

到目前為止我們只知道善意志是因義務而為的意志，而義務是由道德法則所規定的必然行為，但是由於我們不知道什麼是道德法則，所以我們也不知道什麼是我們的義務。本節要探討康德的道德法則，以確定康德道德義務的特點。

康德既然認為善意志遵循法則的原因，不是因為行為的結果會滿足某些目的或喜好，則善意志依法則而行的唯一合理基礎，必須是存在於法則本身的內在特性。對康德而言，道德法則有兩個特性：①普遍性，即道德法則是約束所有理性的存在者，毫無疑問的人類是受到道德法則的管理和束縛，但是如果有神、天使或魔鬼存在，則祂們也要受到道德法則的限制；②必然性，即道德法則要求所有理性存在者以某種方式行動。

康德將其道德法則稱為定言令式（categorical imperative），但是為什麼道德法則是以一種命令的形式呈現？根據康德的解釋，由於人不是完全理性的存在者，所以人類並不是永遠依據理性而行動，如果有一種存在者，它的意志完全由理性決定，則這種存在者認為客觀必要的行為，也會是主觀必要的；但是如果有一種存在者，它的意志可能服從於主觀的原則，則意志本身不一定和理性一致（譬如人類的意志就是如此），因此對於這樣的存在者，客觀必要的行為，從主觀的角度觀之，只是偶然的而不是必然

的行為，這時候根據客觀法則決定意志，法則對意志就構成一種限制，也就是理性對意志的命令。所以法則成為一種命令形式，完全是針對一個部分理性存在者而言，由於不完全理性存在者不必然依理性方式而行動，因此理性的要求便是一種命令。

　　在此康德分別神聖意志和人的意志，由於神是完全理性的存在者，所以神的行為必然而且自然地合乎道德法則，而人並不是完全理性存在者，所以人的行為不必然合乎道德法則，也就是說，一個不完全理性存在者必須做的行為，正好是一個完全理性存在者必然做的，因此道德法則對人而言是一種命令。康德同時指出，所有的命令都是以「應該」來表達，所以一個完全理性的人不會說：「我應該遵守諾言，」而是說：「我將遵守諾言。」因為遵守諾言是理性所要求的行為，而一個完全理性的神聖意志，不可能實踐違反道德的行為，只有人類這種不是完全理性的存在者，才可能有時候不受理性的節制而行動，因此理性是以限制或規定的方式呈現，指引人的行為。換句話說，神的行為自然地合乎道德法則的要求，所以道德法則對神不必以命令的形式出現，而由於道德法則是對人類提出，因此是一種命令的形式，它命令我們從事那些我們不必然去從事的行為。*19*

　　定言令式是什麼？為何道德法則的命令是定言令式？要理解康德的定言令式，必須和假言令式（hypothetical imperative）作一個區分。*20* 前面我們提到準則是行為者為達成某一個目的所採取的策略，康德認為每一個行為皆有目的，如果所選擇的目的是主觀的，也就是說，這個目的是個人特殊的目的，並不是所有理性人都會選擇的目的，譬如：想要當律師，而要達成此一目的，可以採行一個主觀的策略，如：每天早晨五點起床讀書，這個原則是主觀的，因為並不是所有想要當律師的人都必須每天五點起床讀書，因此「每天早晨五點起床讀書」是一個主觀目的（想當律師）所決定的主觀原則。但是這個主觀目的也可以決定一個客觀原則，也就是說任何一個理性行為者，如果他的理性充分控制個人的喜好，為了達成這個主觀目的將會遵循的原則，譬如「準備律師考試」就是由「想當律師」這個主觀目的所決定的客觀原則，由於任何想要當律師的人都必須參加律

師考試，所以「準備律師考試」是一個客觀的原則。

　　從以上的分析，我們可以得到的結論是：主觀目的可以決定主觀原則，主觀原則是行為者特殊的行為策略，但是也可以決定客觀原則，客觀原則是指所有理性存在者<u>如果</u>具有上述的主觀目的，所會採行的共同策略，這個客觀原則就是康德所謂的假言令式。而假言令式也是以命令的形式呈現，因為它所表達的是：<u>如果</u>一個人要滿足某一個特殊目的，則他<u>必須</u>採取的行動，因為這個行動是所有理性人<u>如果</u>擁有相同的目的都會採取的。在假言令式中理性的命令是由特殊目的所決定，所以只有當某人擁有某種特殊目的時，才會受到假言令式的約束，也就是說，我們如果沒有此一特殊的慾望，則假言令式不能成為我們的行動準則，譬如以上述「想要當律師」這個例子來說，如果我不想當律師，我就不用準備參加律師考試。因此假言令式的形式是：任何一個理性存在者，<u>如果</u>他追求某一個特殊目的，他<u>應該</u>採取最能實現此一目的的行為。

　　因此假言令式對行為者構成一個命令和行為的要求，完全是由於行為者具有某一個主觀目的，如果目的有所改變，理性所規定的行為也會改變，也就是說，假言令式對行為的規範是有條件的，如果行為者要擺脫假言令式的束縛，他只要放棄決定假言令式相關的特殊目的即可。因此由於假言令式只能約束某<u>些</u>具有某種特殊目的的人，所以假言令式不是道德法則，它不能規定我們的道德義務，康德認為道德法則不受個人的主觀慾望、利益、偏好和興趣的影響，道德法則不是由主觀目的決定，道德法則對每一個理性人均具有約束力，如果道德法則是假言令式，則道德法則的約束力就不具有普遍性，這是康德所不能接受的，所以道德法則不是假言令式而是定言令式。

　　從以上對假言令式的討論，我們就可以推出定言令式的形式，顯然定言令式要成為道德法則，它所命令的對象必須是所有的理性存在者，也就是說，它所規定的行為必須對每一個人都構成限制和約束，因此定言令式不能建立在一個主觀、特殊的目的之上，也就是說，定言令式不是由主觀目的所決定，所以不論我們擁有何種特殊的目的或慾望，定言令式都對我

們具有約束力。因此定言令式所規定的行為就是為了實現該行為本身，而不是為了其他目的。

　　為了避免誤解，有必要對定言令式和假言令式的區別作一點附帶說明。由於假言令式是基於一個主觀目的所建立，所以呈現的形式是一個條件句，所以容易使人誤認為定言令式和假言令式的區別就是文法結構的不同，但是事實上並非如此，因為有些看起來是定言令式的句子，其實是隱藏性的假言令式，譬如：「把門關上！」這個令式在文法上並沒有任何假設性條件，但是這顯然不是一個定言令式，而是一個隱藏性的假言令式，完整的句子可能是：「如果你怕冷，就應該把門關上。」反之，有些定言令式也可能在文法結構上類似假言令式，譬如「如果你有過承諾，遵守你的承諾！」這個令式在文法上是條件式的，但是其實句子中條件的部分可以完全刪除，因為「遵守承諾」這個道德要求，並不是建立在某一個特定個人是否有過承諾之上。所以我們不能只從文法上的形式，分別定言令式和假言令式，而必須從行為本身，如果一個行為所呈現的是工具價值，則決定此行為的令式就是假言令式，反之如果一個行為呈現的是無條件的善，則決定此行為的令式就是定言令式。或者是說，如果陳述一個行為時，必須由行為者的慾望或利益加以支持，這就是一個假言令式，因為定言令式完全不涉及任何行為者的喜好。

第四節　定言令式的形式

　　康德透過三種不同的形式表達其定言令式或道德法則，分別為普遍化原則（the principle of universality）、目的原則（the principle of ends），以及自律原則（the principle of autonomy），分述如下：

一、普遍化原則

　　「只依據那些你可以同時願意它成為普遍法則的準則行動」（Act only

on that maxim through which you can at the same time will that it should become a universal law.） *21*

　　康德認為這個原則可以作為評價其他行為原則是否合乎道德要求的標準，譬如：張三在思考他的行為 a 是否合乎道德要求時，普遍化原則可以提供一個檢驗的標準，也就是說，如果張三有意願（willing）讓 a 行為所依據的準則 m 成為一個普遍法則，則表示 a 行為通過普遍化的測驗，所以 a 行為合乎道德；如果張三沒有意願 m 成為一個普遍法則，則表示 a 行為無法通過普遍化的標準，所以 a 行為是道德上不應該的行為。所謂「意願」某事是如此，不只是希望它如此，而且具有去實踐此事的意味；至於「a 行為所依據的準則 m 成為一個普遍法則」，是指 m 不再只是基於張三個人特殊目的所決定的行為策略，而是所有理性人共同會採行的策略，也就是說，m 這個規則就像自然律一樣，具有普遍、必然的適用性。普遍化原則的精神是：如果張三意願他所採行的準則，成為所有理性人都採用的行為依據，則張三的行為合乎道德，否則就是道德上不應該。換句話說，根據普遍化原則，如果一個行為是道德上對的，則其所依據的準則可以普遍化。

　　以逃稅為例，如果你是一個公務人員，每年大概要繳十多萬元的稅，儘管逃稅的結果對你個人會有很大的利益（假設你的違法行為永遠不會被察覺），對政府的影響並不大，但是一般的道德認為你還是不應該逃稅，原因並不是基於效益主義的計算，而是因為「你不願意別人也逃稅，所以你不應該逃稅」，這個思考方式不是指你的逃稅會刺激他人逃稅，所以逃稅是錯的，因為這樣仍然是基於效益主義的理由，事實上即使很少人知道你逃稅，你的行為不會成為典範，你還是不應該逃稅，因為你不願意別人從事你所從事的行為，換句話說，你不願意逃稅成為所有理性人行為的普遍法則，所以逃稅是錯的。因此普遍化原則在實踐上的意義是：如果你不願意任何其他人採取某一行為，你自己就不應該如此做。

　　事實上這一個原則的應用在日常的道德推理中相當普遍，譬如：亂丟垃圾是錯的，因為你不願意亂丟垃圾成為普遍法則。這樣的推理並不是說

如果你亂丟垃圾，結果會造成大家也跟著亂丟垃圾；所以它的錯誤不在於一個人的行為一定會產生示範作用，而是認為行為的對錯決定於：你是否願意他人也照你的樣子去行事。其他譬如：人情關說、闖紅燈、占小便宜，我們認為這些都是錯誤的行為，並不是因為每一個這樣的行為，都一定會產生整體而言壞的結果，而是我們不願意其他人也如此做。這樣的道德推理，就是康德普遍化原則的基本精神。

實際上康德也舉出四種義務，藉以說明如何測驗一個準則是否在道德上可以被接受。 *22* 這四個例子依義務的對象，可以分為「對自己的義務」（duties to self）、「對他人的義務」（duties to others）；依義務的種類，則可以分為「絕對義務」（perfect duties）和「非絕對義務」（imperfect duties）。在闡述康德的四個例子之前，我們先簡單說明這兩類義務的意義。所謂絕對義務，依據康德自己的說法，是指不能因為喜好的因素而允許例外的道德要求，譬如：「遵守諾言」這個道德義務，就是一種絕對義務，因為它不能允許任何個人基於自己的利益考慮，可以在某些時候違反此一道德要求。 *23* 可見所謂非絕對義務則是指可以因為個人喜好而允許例外的道德要求，譬如：「幫助他人」就是一個非絕對義務，如果一個人一輩子從來沒有幫助過他人，他顯然違反這個道德要求，但是這個道德義務並不要求我們任何時候都要實踐幫助他人的行為，它允許我們有時候可以基於個人利益或喜好，不去從事助人的行為。譬如：你從臺北車站的天橋經過，發現幾個身體殘障者在販賣口香糖，假設這是他們謀生的唯一方式，在道德上你是不是一定要買他們的口香糖呢？如果你沒有買他們的口香糖，是不是違反「幫助他人」的道德義務？如果對這兩個問題的答案都是肯定的，則我們每一個人幾乎每天都在違反道德要求。所以康德的非絕對義務，允許我們有時候可以不去實踐這類義務，或者我們可以選擇在何時、對何人執行這類的義務。

康德的四個例子及其論證如下： *24*

1.禁止自殺

這是對自己的絕對義務（perfect duty to oneself）

如果 a_1 代表自殺的行為，$M(a_1)$ 代表 a_1 的準則，$GM(a_1)$ 代表 a_1 的普遍化形式。則普遍化原則所要測驗的準則是：

$M(a_1)$：基於自愛（self-love）原則，如果生命的持續會苦多樂少，我將縮短生命。

將上述準則普遍化，所得到的是 $GM(a_1)$：任何人當持續生存會帶來苦多樂少時，他將基於自愛而自殺。

由於康德認為自殺是錯的，所以他要證明 a_1 的行為者不能一致的意願 $GM(a_1)$ 成為一個自然法則，其論證如下：

①$GM(a_1)$ 不能成為一個自然法則，因為它和我們所認知的自然法則不一致，自愛在自然體系中有一個特殊功能，即促進生命發展和延伸，因此如果基於自愛而消滅生命，則是自我矛盾。

②如果 $GM(a_1)$ 不能成為一個自然法則，則 a_1 之行為者不能一致的意願 $GM(a_1)$ 成為一個自然法則。

③a_1 是對的，若且唯若 a_1 之行為者可以一致的意願 $GM(a_1)$ 成為一個自然法則。

∴④a_1 不是道德上對的行為。

2.禁止作假的承諾

這是對他人的絕對義務（perfect duty to others）

如果 a_2 代表借錢假裝答應要還，$M(a_2)$ 則是：當我需要錢且可以在假的承諾之下借到一些時，則我將向他人借錢，而且表示會還錢，雖然我知道我不可能還。而 $GM(a_2)$ 便成為：當任何人需要錢，而且可以在假的承

諾之下借到一些時，則他將以假承諾借貸，雖然他知道他不可能還錢。

康德認為 $GM(a_2)$ 不可能是一個自然法則，因為如果將「當任何人需要借貸時，作假承諾」視為一個自然法則，會隱含一個自我矛盾，也就是說，在這樣的事務狀態下，一方面每一個人缺錢時都以假承諾借錢，另一方面沒有人可以藉由作假承諾借到錢，因為承諾總被違反，沒有人會借錢給他人，所以我們不能一致的意願 $GM(a_2)$ 是一自然法則，所以 a_2 是錯的。

3.不應該浪費自己的自然稟賦

這是對自己的非絕對義務（imperfect duty to oneself）

康德認為，如果一個人有許多不同的稟賦，道德不會要求他的每一種稟賦都要發展，他可以選擇發展其中之一，所以是非絕對義務。發展個人的自然稟賦，顯然可以使自己成為一個比較有用的人，但是當一個人的處境非常舒適時，他寧願享樂也不要增進自己的能力，這樣的行為準則是否會和義務的要求牴觸？

如果 a_3 代表荒廢所有的自然稟賦，則 $M(a_3)$ 是：當我生活舒適時，我將荒廢我的稟賦。而 $GM(a_3)$ 則是：當任何人生活舒適時，他將荒廢他的稟賦。

康德承認自然體系可以支持 $GM(a_3)$，但是一個人仍然不可能意願這樣的準則變成普遍法則。康德的論證如下：

① 任何理性人必然都希望他所有的稟賦都能發展，因為這些稟賦可以使他達成任何可能的目的。

② 如果任何理性人必然如此，則 a_3 的行為者不能一致的意願 $GM(a_3)$ 成為一個自然法則。

③ a_3 是對的，若且唯若 a_3 的行為者可以一致的意願 $GM(a_3)$ 成為一個自然法則。

∴④ a_3 不是道德上對的。

4.應該幫助苦難的人

這是對他人的非絕對義務（imperfect duty to others）

a_4 代表事業成功者不做布施之舉，則 $M(a_4)$ 是：當我事業成功而他人有苦難時，我將不施任何小惠。 $GM(a_4)$：當任何人事業成功且他人有苦難時，他將不施任何小惠。

康德也承認 $GM(a_4)$ 可以成為一個自然法則，但是他仍然主張行為者不能一致的意願它成為一個自然法則，因為這個意願會產生自我衝突，由於行為者有時候需要他人的愛和同情，意願 $GM(a_4)$ 成為自然法則，將會剝奪自己需要他人幫忙的希望，因此 a_4 是錯的。

許多學者對於康德上述的例證提出批判，在第一個例子中，康德假設自愛有一個功能，即刺激生命發展，所以永遠不能導致生命的毀滅，但問題是，為什麼自愛具有這個功能？甚至於自愛為何有功能？此外，自愛為何不能有相反的功能？康德對這些問題並沒有提出說明。在第二個例子中，有人認為我們很少處於以假承諾借錢的情境，而且只要人們對於其他種類的承諾都能信守，承諾的實踐就不會消失，所以 $GM(a_2)$ 似乎沒有矛盾產生。而在第三個例證中，康德依賴一個可疑的自然法則，即理性人必然意願其能力被發展；至於第四個論證也有其缺陷，從任何人可能有時候會陷入窘境需要幫助，並不能推得行為者現在不幫助他人是不一致的意願，因為此一行為者可能永遠不會遭遇到惡劣的處境。即使他將來可能遭遇到惡劣的處境，他也可以堅持相同原則，也就是說，他不認為別人有幫助他的道德義務，除非康德證明這樣的態度是非理性的，否則康德的論證並不成功。

二、目的原則

「不論對待自己或他人的人性，都要當成目的，絕對不能當成只是手段」（Act in such a way that you always treat humanity, whether in your own per-

son or in the person of any other, never simply as a means, but always at the same time as an end.）*25*

　　一般認為康德的普遍化原則只是一個形式原則，而目的原則使得康德的道德法則具有實質的內涵，但是對康德而言，普遍原則、目的原則和自律原則，都是定言令式的不同表達方式，彼此並無不同。無論如何，根據目的原則，任何道德上正當的行為必須將人視為目的，而不能只當成手段。康德認為人擁有理性，而這個特點使得每一個人都應該被他人當作目的來對待。譬如：郵差幫我們送信，當我們寄信的時候，我們好像把郵差當成工具，但是這樣並沒有違反目的原則，因為我們並沒有把郵差當成只是工具，我們所期待於郵差的，正符合他的意志，因為郵差知道幫我們送信是他的義務。然而如果我們面對一個郵差，把信往他身上一丟，以不屑的語氣說：「把信拿去！」這時候我們對待郵差的態度就是把他當成只是工具，而沒有尊重他也是一個人，送信只是一個尊嚴的存在者執行其職務所應盡的義務而已，因此我們的行為就是道德上不允許的。所以「把人當成只是工具」可以理解為：將人當成滿足個人喜好或達成因某一喜好所追求之目的的工具；而「把人當成目的」則可以理解為：尊敬他是一個具有理性、可以實踐道德行為的尊嚴存在者。譬如：強暴、綁票勒贖等，都是將人當成工具，強暴犯完全將受害者當成只是滿足個人性慾的工具；而綁票者則將被綁票者當成只是得到贖金的一個手段。這些行為都沒有將別人也當成目的，所以依據目的原則，這些都是道德上錯誤的行為。

　　任何意志或追求都有目的和原則，目的通常被認為是意志所要達成的結果，對康德而言，目的是決定意志和原則的基礎，我們身為一個自由行者，可以自由地追求任何目的，而這個目的就決定我們的意志和實現意志的原則，由這個任意目的所決定的原則就是準則或主觀原則。但是我們所選擇的目的也可以決定客觀原則，也就是說，無論我們選擇什麼目的，如果我們問：如果理性的行為者選擇這個目的，會採行什麼樣的手段？這時候所決定的原則就是假言令式，因此，如前面所討論，一個主觀的目的不但可以作為主觀原則的基礎，也可以作為客觀原則的基礎。然而由於主觀

目的是任意、相對的，所以只能成為假言令式而不能作為定言令式的基礎，因為定言令式不能被無常、任意的目的所決定，而是植基於客觀目的，否則人們一旦放棄相關的目的，就可以不受道德的約束。

　　由於定言令式不受主觀目的所決定，定言令式的基礎是什麼？是什麼樣的客觀目的決定定言令式？根據康德的主張，善意志呈現在行為中就是定言令式的目的，由於康德認為，每一個理性的行為者都具有此一善而且理性的意志，事實上善意志就是實踐理性（practical reason），所以每一個人，由於身為一個具有理性、可以呈現善意志的人，就必須被視為是本身就是目的的存在，因此不能只為了合理化某些主觀的目的而將人當成只是工具。此外，由於善意志是無條件的善，它具有獨一、絕對的價值，任何將它作為達成某一個較差價值的手段，都是錯誤的。因此任何一個理性存在者，當他的理性全面掌控情感時，都必然會遵守人為目的之原則。所以對康德而言，人之所以值得尊敬，就是因為人擁有善意志，也因為這個善意志，人不應該被當成只是工具。從另一個角度觀之，由於人具有從事道德行為的能力，所以無論一個人多麼墮落，他仍然具有無限的潛在價值，可以從墮落中重生，而完成自我救贖。總而言之，「人為目的」就是一個客觀目的，是所有理性人都會共同追求的目的，所以它可以成為定言令式的基礎。

三、自律原則

　　「每一個理性存在者的意志就是制訂普遍法則的意志」（The Idea of the will of every rational being as a will which makes universal law.）**26**

　　雖然道德法則規範每一個理性存在者，但是自律原則所強調的是：道德法則的強制性是源於我們自己的理性意志，也就是說，我們是道德法則的立法者。根據這個原則，我們不需要依賴上帝、國家、文化、父母等外在權威，來決定道德法則，我們自己就可以發現道德法則的本質，道德法則就是我們自己制訂的，所以遵守道德法則就是遵守自己制訂的法則，所

以理性意志不只是遵守道德，也制訂道德規範，事實上這也是人具有無限或絕對價值的根源。和自律原則相反的就是他律，如果一個人的行為是由外在權威所推動，則他的行為就是意志他律。

我們也可以從意志自律和他律的區別，進一步理解定言令式和假言令式的不同。對康德而言，定言令式和假言令式的差異可以理解成：命令的形成是「誰」要負最後的責任？是純粹意志？還是利益、興趣或喜好？由於康德認為利益、慾望、喜好的形成是由因果法則所決定，所以由這些主觀因素所決定的原則是他律，由於假言令式的基礎就是主觀目的，因此依據假言令式行動就是意志他律。而如果是善意志自身決定行為的命令，則表示這個命令不是以任何主觀目的為前提，而是理性意志自身呈現在命令之中，這就是定言令式。所以意志自律和他律的區分就是定言令式和假言令式的不同。

事實上從意志自律原則也可以進一步支持人本身具有絕對價值的主張，康德相信，由於人具有理性意志，使人具有自由能力，能自訂法則，所以人本身就是目的。對康德而言，人所具有的喜好、慾望、興趣和利益，這些因素完全受到現象界因果法則的決定，並不是人自己所能掌控，就像人的美醜、智商，並不是人自由選擇的結果，而是遺傳或環境所造成，人的慾望和興趣也是受遺傳和環境等生物法則、自然法則的限制和決定。因此，如果人的行為完全受制於這些因素，則人只具有市場價格，而沒有所謂人的尊嚴，譬如：一個美麗的女子，她的美麗是與生俱來，而不是自我選擇的結果，如果別人重視她是由於她的外貌，則等她年華老去，別人就不再在乎她，所以她的美麗只具有市場價值，因為別人所重視的是她的外表，而不是她本身，因此重視這個女子的人，並沒有將她當成本身是目的，而只是個人慾望滿足的工具。所以康德認為人的尊嚴是來自理性意志，人之所以異於低等動物，就是由於每一個人都擁有無條件善的自由、理性意志，由於這個善意志，所以人不完全受因果法則和生物法則的限制。因此意志自律從積極層面觀之，是表示善意志呈現在行為之中，行為者自我決定行為實踐的法則、自我規範；從消極層面來看，則表示人可

以實踐異於動物本能的道德行為，也就是說人的行為可以獨立於利益、慾望等因素的影響，不受生物或經驗性的決定。換另一個角度來說，意志自律不只證明人是自由的，也證明人類高於一般動物而存在。而這一切都是因為人擁有的理性，可以自我決定和從事道德行為，所以任何具有理性的存在者，就是因為這個理性，使它具有高貴、內在的價值。

第五節　對康德理論的批判

康德的道德哲學有許多困難和模糊之處，但是一般仍然認為，康德分辨定言令式和假言令式之不同，是對道德特性的一個正確分析，道德判斷不能是假言令式似乎是毫無疑問的真理，但是對於這一點芙特（Philippa Foot）卻不以為然，基本上她認為道德判斷也是一種假言令式，所以道德義務和其他規範性的規則並沒有本質上的差異。*27*

我們日常生活的道德觀點似乎肯定康德的主張，認為道德判斷是定言令式而不是假言令式，因為不論個人的利益和慾望為何，每一個人似乎都應該接受道德義務的規範。而且「應該」在我們的日常生活中有兩種用法，正好和康德的定言和假言令式相對應，事實上我們也發現道德判斷是定言令式。例如：如果我們認為一個旅行者要回家，建議他：「你應該搭九點的列車」，但是如果我們發現他決定到他處去而不是回家，則我們必須收回原來的建議，而上個句子中的「應該」也就得不到支持。同樣的，如果我們發現行為和目的之間的正確關係並不成立時，我們必須撤回所有對於他應該做什麼的陳述，因為這些「應該」都是假言令式的形式。但是「應該」一詞在道德上的用法卻相當不同，當我們作一個道德判斷「張三應該說實話」時，並不需要考慮行為者的利益或慾望，也就是說，即使張三沒有說實話的慾望，也不必撤回「應該」這樣的用法。因此行為者不能藉著證明行為無助於他的利益和慾望，而拒絕有關的道德論斷。

因此道德判斷和假言令式似乎有一個顯著的區別，即後者的「應該」是假設的使用，但是如前所述，康德並不認為二者的差別只是這種語言用

法的差異，他強調道德判斷是定言令式，是給予這些判斷一種特殊的尊嚴和必然性，這是語言用法所無法賦予的。但是芙特指出，問題在於「如何證明道德判斷的這個特點？」事實上「應該」在其他非道德判斷中，也被非假設性的使用，但是卻沒有所謂的特殊尊嚴或必然性的屬性。例如：在一般表達禮儀規則中的「應該」，也是非假設性的使用，例如：「在公共場所不應該大聲喧譁」，這個規則適用於任何人，不管個人是否認為這個禮儀無意義。同樣的在民間社團的規則中，也有這種非假設性的用法，社團的祕書告訴一個會員：「你不應該帶女士進入吸煙室」，當其他會員告知他，這個會員明天就要退會，所以不在乎他在社團內的聲譽時，這個祕書並不會說：「抱歉，我錯了！」所以這種「應該」的用法，也和行為者的慾望和利益無關，依照定義也是非假設性的。

因此如果「應該」作假設性使用產生假言令式，非假設性使用成為一定言令式，則基於禮儀、社團規則使用的「應該」就是一個定言令式，但是這個結論，康德當然不會接受，對康德而言，道德命題之外的「應該」都是假言令式。但是芙特質疑的是：禮儀中的「應該」為什麼是假言令式？芙特認為，也許因為在禮儀中，人們可以合理地問：「為什麼我們應該在乎從禮儀的觀點應該做什麼？」因此雖然人們以「禮儀規定」的事實，作為其行動的理由，但是這個事實本身並不能給予行動的理由。也就是說，如果有人問：「為什麼在餐宴上長輩沒用菜之前，晚輩不能先吃？」唯一的答案是：「這是禮貌」，但是如果有人繼續追問：「為什麼要遵守這種禮貌？」恐怕就不會有合理的解答。因此禮儀的考量並不能自動具有提供理由的力量，所以當一個人認為他沒有理由做一般禮儀要求的行為時，他可能是對的。

以上的回答涉及一個核心問題，似乎道德考量必然能夠提供任何人行動的理由，但問題是：何以道德判斷具有特殊的地位？是什麼使道德上的「應該」和其他規範性命題中的「應該」不同？有人可能認為，忽視道德上的「應該」會涉及某種非理性，但是芙特認為，這是錯誤的，一個人如果拒絕道德，因為他認為沒有理由遵守道德規則，我們可以稱這種人為惡

棍，但是他的行為不必然是非理性。非理性的行為是指一個人以某種方式挫折自己的目的，刻意做對自己不利、或破壞自己的目的之行為，所以不道德並不必然是非理性。

因此芙特認為，道德判斷的規範性格本身，並不足以保證它就能提供行為的理由，道德判斷、禮儀判斷和社團規定都是規範性的，但是為何道德判斷一般認為比較能夠提供行為的理由？根據芙特的論點，這是因為在教導每一種非假設性「應該」的用法時，都有其背景。道德規則通常比禮儀更嚴格地被執行，所以道德判斷是定言令式的想法，只是因為道德教育的相對嚴格性所造成，因此芙特的推論是，人們在從事禮儀教育時比較不嚴格，這可能是我們認為禮儀規則是假言令式的一個原因。所以當人們提到道德的約束力時，指的其實就是我們「感覺」自己無法逃避，而這種不可逃避性，就是人們常將道德要求和假言令式所做的對比。但是禮儀規則也是不可逃避，兩者皆和行為者的目的無關，如果道德被認為是指一種特殊的不可逃避性，芙特認為，這只是由於道德教育的方式所造成。

綜上所述，芙特認為定言令式和假言令式的區分，並不足分別道德判斷和其他規範性判斷，道德的必然性主要是道德教育較為嚴格的結果，因此康德的定言令式並不具有獨特的地位。

註　釋

1. 此段評論參見 Roger J. Sullivan, *An Introduction to Kant's Ethics* (Cambridge: Cambridge University Press, 1994), p.15.
2. 參考 Richard Norman, *The Moral Philosophers* (Oxford: Oxford University Press, 1998), 2nd ed., pp.71.由於康德的「責任」概念和個人所從事的特殊職務無關，所以它和倫理學常用的「義務」（obligation）便無區別，因此以下我們以較常使用的「義務」一詞，來介紹康德的倫理學說。
3. 以下對康德倫理學的介紹主要是根據 H. J. Paton 翻譯的 *Groundwork of the Metaphysic of Morals* (New York: Harper & Row, 1964).

4. Ibid., pp.60-61.

5. Ibid., p.62.

6. 康德並沒有明白地陳述這個命題，只是在提到第二命題時才指明那是第二命題，所以第一命題是從上述著作的 65-67 頁，也就是有關下面四類行為的討論中歸納出來的。

7. 由於康德認為有道德價值的行為必須是基於義務，而不是基於喜好，而且在康德的倫理學中，喜好（inclination）和理性（reason）是兩個相對立的概念，所以基於義務而為的行為事實上等同於基於理性而為，這些論點在後面會有詳細的論述。在此要說明的是，康德使用「喜好」一詞是「興趣」、「利益」、「慾望」的統稱，所以這些也都和「理性」相對立。

8. Kant, 1964, pp.67-68.

9. Ibid., pp.69 的註釋一。

10. Ibid.

11. 如果準則是意志的主觀原則，則「客觀有效的準則」這個語詞似乎是一個自我矛盾語，為了避免這樣的矛盾，也許我們可以將「準則」一詞作不同意義的理解。它一方面可以被解釋成（如康德所定義）個人主觀的行動原則，另一方面則可以當成所有行動原則（不論主觀或客觀）的統稱。所以在第二命題中的準則應該是屬於第二個意義，在這樣的意義下，「客觀有效的準則」就不再是自我矛盾語。

12. Kant, 1964, p.68.

13. 這裡所謂的實踐原則，是指可以作為人類行為指引的原則，而康德將準則和實踐法則視為兩種不同的實踐原則，可見這裡的準則是意志的主觀原則。

14. 由於從個人角度選擇的主觀原則，有可能正好是所有理性人都會選擇的客觀原則，所以這裡的「主觀原則」是指不會和客觀原則恰好相同的那些主觀原則；這裡的「準則」也是指那些不具有客觀的可能性的主觀原則。至於先驗和後驗的區別，完全是基於康德特殊的形上學觀點，他認為由人類任何的喜好所決定的原則都是後驗的，所以後驗的原則是主觀的；而拋棄所有主觀目的所決定的原則，表示這樣的原則是基於理性、超出人類的經驗，所以是先驗的、客觀的。更清楚地說，康德的想法是：如果一個實踐原則可以被接受，接受的基礎不建立在任何個人偶然的興趣或利益之上，則它是被先驗地接受，也就是說它是一個形式原則；反之，如果一個實踐原則是被某人、基於他的某些利益或興趣所接

受，則這個原則便是後驗地被此人所接受，也就是說它是一個物質原則。

15. Kant, 1964, p.68.

16. 事實上認為理性可以直接推動行為是康德倫理學的重點，這也正是他和十八世紀哲學家休謨（David Hume）最大不同之處，休謨認為理性只能從事推論、分析、因果關係的判斷，卻不能影響我們的行為，而行為的推動者是情感，所以休謨認為理性是情感的奴隸。因此休謨的倫理學說最重要的概念是「同情心」（sympathy），他由此建立其以道德感（moral sense）為核心的倫理學說，而康德對道德的一些想法，有部分原因就是基於他反對休謨這樣的論點，所以「理性」不只是康德道德客觀性的保障，也是人能夠自律的根源，所以它必然可以直接推動行為，否則康德的倫理體系就會解體。有關休謨的倫理學主張，主要參見其 *An Enquiry Concerning the Principles of Morals* (Oxford: Oxford University Press, 1998), ed. by Tom Beauchamp.

17. Kant, 1964, p.69 的註釋二。

18. 這個看法出現在康德的 *The Metaphysics of Morals* (Cambridge: Cambridge University Press, 1996), translated & edited by Mary Gregor, p.162.

19. Kant, 1964, pp.80-81.

20. Ibid., p.82.

21. Ibid., p.88.

22. 有關這四個例子的闡述，出現在 Ibid., pp.89-91.

23. Ibid., p.89 的註釋。

24. 以下用論證形式表示康德四個範例，主要是參考 Feldman, 1978, pp.106-113.

25. Kant, 1964, p.96.

26. Ibid., p.98.

27. 此處有關 Philippa Foot 對康德的批判，是根據她的 "Morality as a System of Hypothetical Imperatives," *Philosophical Review*, 1972, 8: 305-316.

第六章

洛斯的直覺主義

　　本章要介紹義務論另一個重要代表人物洛斯的理論，洛斯所關心的問題是：是不是行為具有一些一般特質，使「對的行為」稱之為「對」？也就是說，我們所謂道德上對的行為，是不是因為它們都具有一個相同的性質？就像顏色一樣，當我們說：「這朵花是紅色的」、「張三的外套是紅色的」，所有我們稱為「紅色」之物，都具有相同的性質，使我們稱它們為「紅色的」，因此是不是所有道德上稱為「對的」的行為，也具有這樣的特點？道德上對的（或錯的）行為彼此之間，是不是也可以找到同樣的性質？如果答案是肯定的，那個性質是什麼？[1]

　　洛斯對這個問題採多元論的立場，他不認為決定行為的對錯，只有單一的標準，他不接受康德的普遍化原則，也否認效益主義的判斷標準，康德和效益主義的相同之處就是，它們都想為道德行為的正當性提供一個一元化的標準。[2]根據洛斯的主張，決定一個行為的對錯，不是只有一個元素，而是根據很多的特性，他的目標在於：從行為中找出哪些特性決定行為的對錯。

　　洛斯的學說一般稱為直覺主義（intuitionism），[3]他認為，任何企圖將「對」的行為以行為產生的結果（結果論）定義的主張，都一定不會成功，因為他認為一個行為的對錯，不是決定於行為所產生的結果，而是在行為本身。結果論的主張可以包括：利己主義（egoism）、享樂的效益主義（hedonistic utilitarianism）及理想的效益主義（ideal utilitarianism）三種，洛斯認為，其中以理想的效益主義最具有吸引力，因此在介紹他的理論之前，他先反駁結果論的主張。

第一節　對結果論的批判

一、對利己主義的批判

　　利己主義認為，一個行為的對錯決定於該行為是否對行為者有利，這

個主張顯然並不正確，因為我們有一部分的義務是遵守規定（如：路不拾遺）和促進他人利益，無論我們會因此付出多少代價；也就是說，日常生活中大部分所謂的義務，是在遵守某些規範，而遵守規範不一定對行為者有利，也就是說，許多道德上對的行為，未必對行為者本身有利。

當然利己主義可以採用像柏拉圖一樣的論證，認為「路不拾遺」、「遵守諾言」、「不應該說謊」等一般的道德要求，雖然遵守這些要求的結果，表面上或短期之內不見得對行為者有利，但是就長期而言，如柏拉圖所主張，行正義的人最終是比較幸福的。事實上柏拉圖的主張很難確證，洛斯認為，即使柏拉圖的說法確實成立，也就是說，從事道德的行為最後總是對行為者有利，「結果對行為者有利」這件事也與「對的行為」無關，因為如果一個人從事一個行為，是因為該行為可以提升他自己的利益，則他是從利己的觀點出發，而不是從道德上正當性的觀點行事，所以最多只是：在這種情況下，道德上對的行為正好和利己的行為一致。洛斯指出，利己主義與日常生活中太多的道德判斷不相一致，所以是一種錯誤的主張。

二、對享樂效益主義的批判

享樂效益主義的主張可以分為兩個部分：(a)產生最大量善的行為是道德上對的行為；(b)快樂是唯一具有內在價值的東西。在這兩部分主張中，前者是效益原則，而後者則是享樂主義的價值主張。由於效益主義最重要的部分是效益原則，因此洛斯批評享樂效益主義只針對享樂主義的價值主張這部分，至於對效益原則的批判，則在討論理想效益主義時才處理。洛斯認為，享樂效益主義比利己主義佳，因為利己主義總是把自己看得最重要，而享樂效益主義則考慮到整體利益，沒有把任何一個人看得特別重要，因而在計算一個行為的效益時，把每一個人所受到的影響都考慮進去，所以是一個比較合理的理論，因為行為者的快樂沒有理由比他人的快樂應該被優先考慮。但是享樂效益主義一個明顯的錯誤是：將快樂當成

是唯一具有內在價值的東西，洛斯認為還有許多東西，如：擁有一個良好的品格、對世界具有知性的理解等，都是本身就是有價值的，所以享樂效益主義是一個錯誤的理論。

三、對理想效益主義的批判

　　理想效益主義是享樂效益主義為真的必要條件，因為享樂效益主義認為，道德上對的行為就是能產生最大量快樂的行為，如果這個主張成立，則理想效益主義也成立，因為理想效益主義和享樂效益主義唯一的不同是：前者將較多的事物都視為本身就是善，因此如果「對的行為是達成最大量的快樂」的理論是正確的，則「對的行為是達成最大量善」（此處「善」包括快樂及其他）也是正確的。反之，如果理想的效益主義不成立，則享樂的效益主義不可能成立，也就是說，如果理想效益主義是假的，則所有企圖以結果定義道德正當性的理論將無法成立，所以理想效益主義是享樂效益主義的必要條件。因此洛斯的策略是，只要能證明理想效益主義為假，則等於是證明任何效益主義的主張都不成立。

　　洛斯對理想的效益主義的批評如下：

　　1. 理想效益主義是錯誤的，因為它無法解釋許多我們日常生活中的道德要求，例如：當一個人履行他的諾言時，他認為這是他應做的事，顯然他並沒想過他應該這樣做的理由是為了達成最佳的結果，實際上他想的是過去而非未來，他認為「這是他應該做的」的理由是因為他過去有過承諾，所以最佳可能結果並非他認為「他應該做」的原因。事實上類似承諾、報恩這樣的道德義務，我們在考慮它們的道德正當性時，根本沒有想過會有什麼樣的結果，因為「結果」都是指未來發生的事務狀態，而這些行為都是因為過去某一個特殊事件或行為所形成的道德義務，因此把行為對錯的判斷完全建立在行為的結果之上，根本無法解釋這類行為之道德要求的基礎。

　　2. 如果理想效益主義是正確的，假設 A 、 B 帶來等量的善， A 是履

行諾言，Ｂ是幫助別人，但是並不是基於承諾的助人，則根據效益原則，從事Ａ或Ｂ都是道德上被允許的行為，然而依據我們一般的道德直覺，顯然Ａ才是我們的義務，即使Ｂ多一單位的善，我們似乎還是應該選擇Ａ，因為Ａ是允諾過的行為，Ｂ是沒有允諾過的行為。可見考慮一個行為在道德上是否應該實踐時，不只考慮其結果，還要考慮行為本身。*4*

3. 理想效益主義簡化人與人之間的關係，所以是不正確的道德理論。洛斯強調，一個理論是否符合事實比一個理論是否簡潔更重要，從人際關係的角度來看，我和他人的關係並不是如效益主義所描述的，他人和我只存在受益者和施惠者這樣的關係，也就是說，根據效益主義的理論，人和人之間唯一的關聯，就是透過行為所產生的「行為者和可能受益人」這樣的關係。然而這樣的論點，似乎忽視人際間許多其他的特殊關係，譬如他人可能是我的承諾者、債權人、朋友、配偶、子女，這些關係在道德上有其特殊的意義，會構成個人的道德義務。例如：如果在火災現場，有許多人包括張三的女兒都身陷火窟、等待救援，當張三只能救一個人的時候，他根本不會考慮效益最大化的問題，他和他女兒的特殊關係，就足以構成張三有特殊的義務應該優先救他的女兒。如果張三在這種情況下，考慮應該救誰才能提升最大效益，沒有人會認為張三是一個道德人，反而認為他是邪惡的。所以洛斯指出，理想效益主義的主要缺陷是：忽視或沒有公平對待義務所涉及的個人特性（personal character），如果我們唯一的義務是提升最大效益，則「誰享受這些效益」就毫無關係，但事實上行為與行為的承受者之間所存在的特殊關係，會使得「誰享受這些效益」成為重要的道德考量。因此洛斯的結論是：效益主義雖然簡潔，但卻是一個錯誤的理論。

第二節　洛斯的理論

洛斯認為一個行為通常是一個複雜體，具有許多的特性，以一個例子說明，例如：張三在赴朋友約會途中遇到一件車禍，張三決定將受傷的摩

托車騎士送往醫院，而不顧友人的約會。以張三的行為為例，我們可以將行為的特性歸為三類：①道德上中性的（morally neutral），如：張三送病人到醫院是開自己的車，還是攔一部計程車前往，這個部分的行為就是道德上中性的；或者張三是用右手還是左手扶病人上車，也是道德上中性的，因為這些特性和決定一個行為是否對錯並不相關。②使成為道德上對的（morally right making），如：張三對陌生人伸出援手這個部分，就是一個行為中使成為道德上對的部分；又如：張三親自送病人到醫院這個情節，也是使成為道德上對的部分。因為這些特性是構成我們判斷該行為是道德上對的行為之依據。③使成為道德上錯的（morally wrong making），在張三救人的行為中，張三不顧友人的約會這個部分，就是這個行為中使成為道德上錯的部分。因為它是構成我們判斷該行為是道德上錯誤的行為之依據。以上三個部分構成「張三救人」這個行為的整體，因此根據洛斯的理論，張三的救人行為到底是不是道德上正當行為，必須經由這些特性的綜合考量，才能決定。

　　針對這樣的分析，洛斯提出一個倫理學上極為創新的概念，也就是所謂的表面義務（*prima facie* duty），表面義務指的就是上述行為的特性中的第二種特性，此特性使一個行為具有成為道德義務的<u>傾向</u>，所以洛斯也稱之為條件義務，因為<u>在滿足一定的條件之後</u>，具有這些特性的行為會成為我們的道德義務，也就是說，如果 X 是使 A 行為成為道德上對的特性，則 X 被稱為是一個表面義務。

　　為了避免誤會，洛斯對表面義務的概念作了幾點澄清：

　　1. 表面義務所指的並不是看起來是義務，而實際上卻不是，而是指行為實際擁有的某些特性，所以是有關行為的客觀事實，而不是表象。

　　2. 表面義務和實際義務（actual duty）不同，也就是說，表面義務並不是我們實際上應該實踐的義務，它是否成為我們應該實踐的義務，必須滿足某些必要的條件，而一旦我們應該實踐某一個表面義務時，它已經不再是表面義務，而是我們的實際義務。

　　3. 如果 X 是表面義務，並非指 X 是義務的某一個特殊種類，因為一個

具有 X 特性的行為可能是錯的。例如，A 是一個屬於「幫助別人」之類
的行為，即使我們不知道其他有關 A 的事實，也就是說，即使我們只知
道 A 是幫助他人的行為，至於 A 到底是給予他人什麼樣的幫助？或者幫
助了什麼樣的人？我們都一無所知，然而只從它是「幫助別人」這個特
點，我們就會認為在道德上有理由支持 A 這個行為。但是 A 行為是否在
道德上是對的，並不是只由「幫助別人」這個特性可以決定，「幫助別人」
這個特性只是使 A 傾向於成為道德上對的行為，所以幫助別人只是表面
義務，它可以提供我們一個執行 A 的道德理由，但是如果我們進一步了
解 A 這個行為，發現 A 是幫助殺人嫌犯逃亡，則顯然 A 這個行為是道德
上錯誤的行為，而「幫助別人」這個特點，也無法構成執行 A 的道德要求。

　　事實上對表面義務這個概念的理解，有必要對它和實際義務的差別作
一補充說明，我們可以從三方面加以討論：

　　1.如前所述，表面義務不是實際義務，而且也不是另一種義務，它只
是使行為具有可能成為義務的傾向。一個表面義務有可能成為一個實際義
務，條件是：在一個行為所有的特性當中，如果沒有其他表面義務比這個
表面義務更重要時，則這個表面義務就成為實際義務。

　　2.表面義務的性質是一種部分結果的性質（parti-resultant property），它
屬於行為本性中的某一成分，所以我們只要知道行為部分本性，就可以知
道它是否具有表面義務。實際義務的性質則是一種全部結果的性質（toti-
resultant property），也就是說，我們必須知道行為的全部特性，才能決定
一個行為是否成為我們的實際義務。*5*

　　3.一個行為的表面義務是自明的（self-evident），也就是說，一個行為
是否具有表面義務的特性是一看即知的，但一個行為是否為實際義務則非
自明的，換句話說，判斷個別行為在道德上該不該實踐，由於必須評估該
行為的整體特性，所以並不是自明的。

　　洛斯提出七種表面義務：

　　1.忠誠（duties of fidelity）：一旦我們過去對他人有所承諾，我們就有
遵守諾言的表面義務；

2. 補償（duties of reparation）：這是基於對過去錯誤行為的回應，如果我們曾經傷害過別人，就會產生補償他人的表面義務。

以上這兩類都是基於過去從事的行為所產生的義務，這類表面義務是效益主義無法解釋的。

3. 感恩（duties of gratitude）：這是因為他人以前對我所做的行為，譬如：他人曾經對我有所幫助，因此我對施恩者具有感恩的表面義務。

4. 正義（duties of justice）：對於不依功勞分配幸福的事實或可能性，譬如：有人不勞而獲，我們有正義的表面義務破壞或阻止這類行為，也就是說，我們有表面義務要實踐正義。

5. 慈善（duties of beneficence）：這個表面義務的產生，是基於他人的生存條件可以藉由我們的德行、智力，而能夠得到改善的事實，也就是說，如果對我們的損失不是很大，在道德上我們有表面義務應該助人，這個表面義務顯示，道德要求每一個人都要有起碼的慈善表現。

6. 自我改善（duties of self-improvement）：每一個人都可以藉由自己的德行和智力改善自我條件的事實，構成這一個表面義務。

7. 不傷害別人（duties of not injuring others）：由於我們不希望自己被別人傷害，所以也會有不應該去傷害別人的表面義務。洛斯認為，「不傷害他人」這個表面義務比「慈善」或「幫助他人」的表面義務更為嚴格，也就是說當5.和7.發生衝突時，7.應該優先。

透過表面義務種類的羅列，可以作為我們判斷行為對或錯的依據，也就是說，當我們要判斷一個行為的道德正當性時，就看該行為中是否具有上述的這些特性。如果該行為具有其中的任何一種特性，這個行為就有可能成為道德上對的行為，也就是說，如果該行為除了具有上述的某一個表面義務的性質之外，並沒有其他與道德對錯判斷相關的特性存在，則這個表面義務就成為實際義務，而這個行為也就是道德上對的行為；如果除了上述的表面特性外，還有一些特性和道德對錯的判斷相關，就要在考量所有特性之後，才能決定該行為的對錯。

但是洛斯所列的七種表面義務，它們之間並不是具有一個固定的優先

順序，雖然洛斯認為不傷害他人的表面義務，比幫助他人的表面義務嚴格，但是這種嚴格性並不是絕對的。譬如：如果李四拿著一把刀子正要殺人，我們為了救被害者，拿起磚塊將李四擊昏。在一般情況下，這樣的行為是道德上對的行為，所以儘管「不傷害他人」的表面義務比「幫助別人」的表面義務嚴格，但是在某些特殊的情況下，為助人而傷人，也有可能是道德上允許的。因此，根據洛斯的理論，判斷一個行為是否具有道德上的正當性，並不是由單一原則所決定，至少上述七種表面義務，就代表決定行為對錯的七個相關原則。

如果以上述車禍為例，「張三救人」合乎 5. 這個表面義務，但是張三在從事救人的行為時，他同時違反 1. 的表面義務，所以張三的救人行為，不但具有「使成為道德上對的」的特性，也具有「使成為道德上錯的」的特性。至於張三的行為到底是否為道德上該做的行為，則是必須同時考慮這兩種特性之後，才能做決定。而由於表面義務之間並沒有固定的優先順序，所以我們從張三行為所符合和違反的表面義務種類，並不能立即判斷張三救人的行為是否正確。如果張三的違反諾言，所涉及的是重大的後果，則張三的救人行為可能是道德上錯誤的行為。譬如：張三如果是一名消防隊員，正在趕往一場大火災的現場途中，為了救一個摔傷腳踝的摩托車騎士，則張三的救人行為很可能就是錯的。

所以洛斯認為，我們對個別、特殊的義務（particular duties）的判斷既非自明的，也不是從自明的前提導得，原因有二：①一個行為可能同時具有使其成為對和成為錯的特性，至於哪一種特性對行為是否合乎道德的決定力較強，則會因不同的情境而有所不同，所以無法歸納出一個一般性原則；②有時候我們不能確定一個行為是否具有這兩個相反的特性，所以永遠不能確定它的對錯。

從以上的論述我們可以得到的結論是：由於行為是否為表面義務是自明的，所以我們知道一個行為是否具有道德上實踐的表面理由，但是由於實際義務並不是自明的，所以我們必須了解該行為的所有特性才能決定該行為是否就是我們的實際義務。但問題是：我們如何決定一個行為是否為

我們的道德義務？

　　洛斯認為，儘管實際的個別義務並不是自明的，但是這並不意味我們能否執行道德義務純粹靠機運，因為我們具有直覺的能力，所以當一個行為具有兩種以上決定道德對錯的衝突特性時，也就是說，當兩個表面義務衝突時，我們可以決定何種特性構成我們的義務。當然根據洛斯的主張，解決表面義務衝突的方式，不能以效益最大化為考量的標準，否則和效益主義就沒有區別，而是以一個行為所具有之特性的嚴格性（stringency）作為考量的依據，也就是說，判斷一個行為的道德對錯，是以這個行為所具有的「表面上對」和「表面上錯」這兩類特性的嚴格性，取其最大均衡，所以一個對的行為，就是表面上對的特性超越（outweigh）表面上錯的特性，或者是說，表面上對的特性比表面上錯的特性更為嚴格的行為。6譬如上述張三救人的例子，如果張三救人的結果，只是違反一個不太重要的約會，此時救人的嚴格性就大於遵守諾言，所以在嚴格性的均衡考量之下，張三違約救人的行為是道德上對的行為；如果張三是在前往火災現場途中，放棄救災而幫助一個受傷甚輕的騎士，則這時候張三的救人行為和另一個表面義務相比較，救人的嚴格性較小，所以這種情況下的救人行為就是道德上錯誤的行為。所以要判斷一個行為的對錯，並沒有普遍的規則可循，洛斯認為只能靠直觀和領悟。因此，根據洛斯的理論，一個行為是道德上正當的，其充分而且必要條件是：它是一個表面義務，而且沒有其他的表面義務比它更嚴格。7

第三節　洛斯理論的困難

　　洛斯的理論確實掌握到我們一般道德判斷的某些特點，在一般生活中的道德判斷，似乎如洛斯所主張，並不是一元的道德標準，我們既不是完全採用康德的普遍化原則，也不是只用計算效益的方式，作為我們決定一個行為對錯的標準。在面臨道德衝突的時候，我們既不會像效益主義那麼樂觀，認為實質的衝突並不存在，或者所有的衝突都只是次要原則的衝

突；也不會像康德一樣，認為理性可以作為最後的裁決。所以洛斯的表面義務概念，似乎非常接近我們實際面臨的道德處境。但是洛斯的理論也存在一些困難，以下就針對洛斯的理論作幾點評論：

1. 洛斯的學說第一個所面臨的挑戰是：將道德對錯的判斷訴諸直覺，其結果是對於行為的對錯沒有單一的標準，使一般人對道德規則缺乏系統性的理解。洛斯的回答如前所述，他認為忠於事實，比一個理論的簡化或系統化更重要。但是無論如何，洛斯的直覺主義似乎無法避免所謂直覺判斷衝突的困難，換句話說，當兩個人對同一個行為的對錯判斷，產生不同的直覺時，洛斯的理論似乎不能給我們任何指引。

根據羅爾斯（John Rawls）的分析，直覺主義有兩個特點：①道德第一原則的多元性，這些原則彼此之間可能產生衝突；②不存在優先性原則評價這些第一原則，當這些原則產生衝突時，只能依賴直覺決定哪一個原則應該優先，所以直覺主義的道德觀念在理論上無法確立一個「正確」的均衡點，不同的人對於不同的原則之間應如何均衡，可能會達到不同的結論。*8* 一般認為，這種不確定性就是直覺主義最大的缺點，所以儘管效益主義單一原則的構想值得懷疑，但是這並不證明直覺主義缺乏優先原則的多元觀點是可取的，除非直覺主義者能夠證明：每一個人的道德直覺會產生相同的結論，否則直覺主義作為一個道德理論，不但無法提供必要的行為指引，也有可能使道德落入主觀主義的危險。

2. 儘管洛斯認為行為特性的嚴格性並不相同，但是他並不認為這個嚴格性是由個人主觀意志決定的，因為行為特性是行為的客觀事實，所以直覺判斷似乎不同於主觀判斷。但問題是洛斯並沒有告訴我們：以什麼方法決定表面義務的嚴格性、用什麼評量方式決定一個行為表面上對的特性超越表面上錯的特性。雖然他認為具有反省能力的成人，可以「直覺」到表面義務的存在，但是他也承認這個直覺能力，並不能使我們「知道」哪一個表面義務比較嚴格，所以如果洛斯的主張是正確的，則表示我們永遠不「知道」什麼是我們該做的，但是洛斯強調，這個結論並不代表我們無論做什麼都不必在乎，反而是提示我們在面臨困難的道德選擇時，要小心的

反省、深思熟慮。可是問題是深思熟慮什麼？有沒有一個方向可以告訴我們該如何深思熟慮？如果我們永遠「不知道」什麼是我們的義務，深思熟慮與否有何差別？直覺難道也有不正當的直覺和正當的直覺之別？

3. 洛斯認為我們的義務就是「最嚴格的表面義務」，但是什麼是「最嚴格的表面義務」？由於洛斯並沒有定義「嚴格性」，所以實質上我們很難理解表面義務的重要性，應該用什麼樣的標準來衡量，從上述所討論的例子中，所謂的「嚴格性」似乎和行為所產生的結果相同，也就是說，能產生較佳結果的行為特質較具有嚴格性，所以張三不能為了一個小小的車禍而不去救人，但是他卻可以為了救人，而不去理會一個不會有太嚴重惡果的約會。如果表面義務的嚴格性可以化約成結果的優劣，則洛斯的理論和效益主義的考量又有何區別？

4. 洛斯認為當兩個表面義務衝突時，比較嚴格的表面義務才是我們的實際義務，但是如果表面義務的嚴格性不能化約成結果的好壞，什麼是「比較嚴格的表面義務」？如果它的意思是：「比較具有使行為成為道德上為對的特性」，則這等於是說：當兩個表面義務衝突時，我們實際上應該從事的行為是：比其他可能選擇的行為更具有道德上對的特性的行為。如果洛斯對表面義務的闡述真的會得到這樣的結論，他的理論似乎是一個沒有多大用處的理論，因為我們不需要知道他的理論，就可以知道「對的行為就是沒有其他可能的行為比它更對」。*9*

5. 根據洛斯表面義務的概念，前述例子中，張三違約救人在道德上是正當的，因為遵守諾言只是張三的表面義務，而救人才是張三在當時的情境下的實際義務。如果洛斯的論述是正確的，表面義務並不是實際義務，則張三對於他的違約行為不應該產生任何的歉意，所以如果張三隔天遇到他的朋友，當他的朋友責備張三昨天爽約，張三應該理直氣壯的說：「我沒有做錯任何事情，以我昨天所身處的情境，準時赴約只是我的表面義務，救人才是我的實際義務，所以我昨天本來就不應該赴約。」張三的答復似乎合乎洛斯的理論，但是卻違反我們一般的道德直覺，雖然我們也會認為，張三當時確實應該違約救人，但是我們同時也認為，張三應該向他

的朋友說明並道歉，因為遵守諾言仍然是張三應該盡的一個實際義務。

註　釋

1. 本章對洛斯倫理學的介紹，主要是根據其 *The Right and the Good* (Oxford: Oxford University Press, 1930).
2. 這個說法參見 Feldman, 1978, p.149.
3. 一般認為近代直覺主義有三位主要的代表人物，即穆爾、洛斯和普里查（H. A. Prichard），他們的理論之所以被稱為直覺主義，是因為他們都認為某一個或某些道德概念是根本的、直接的，因為這一個或這些概念是不可被定義的，也就是說，我們對它或它們的掌握是靠直覺。雖然他們都被稱為直覺主義者，但是他們的道德主張並不相同。穆爾認為「善」是不可被定義的，而「對」則是由「善」來定義，所以他的規範倫理學主張是屬於效益主義式的，有關穆爾對「善」的主張，在本書的第八章有詳細的介紹。普里查和洛斯的規範理論比較接近，都是屬於義務論的想法，所以本書只介紹洛斯的理論。
4. 這一點在本書第四章批評效益主義過於簡化時曾經提到過。
5. Ross, 1930, p.28.
6. Ibid., p.46.
7. 有關這部分的分析，可以參見 Feldman, 1978, pp.152-156.
8. John Rawls, 1971, pp.34-40.
9. 對於這一點，Fledman 有更詳細的分析和討論，參見 Feldman, 1978, pp.157-159.

第七章

德行倫理學

第一節　當代倫理學理論的困境

　　當代規範倫理學的重要理論幾乎可以歸類為目的論或義務論兩種，但是由於這兩類理論在道德問題上都產生一些困難，使得許多倫理學者從這兩種理論的處理方式，轉移到對德行（virtue）的關注，希望能從這個新的角度切入，解決當代倫理學理論所面臨的困境。[1] 這些年來，越來越多的學者對德行倫理學產生興趣，因此這方面的研究取向，已經在義務論和目的論之外，形成另一種處理道德問題的重要觀點，由於德行倫理學在當代的發展，主要是對目的論和義務論的不滿，所以在介紹德行倫理學之前，必須先說明當代倫理學理論所面臨的問題。

　　義務論和目的論的主張雖然並不相同，所面臨的挑戰也互異，但是從德行倫理學的觀點來看，這兩種理論有其相同的特點，而這些共同特點就是德行倫理學批評的對象。也就是說，從德行倫理學的角度觀之，義務論和目的論相同之處比相異之處還多，而這些相似點使這兩種理論和以德行為中心的理論成為兩種不同的倫理學進路，前者形成責任或義務倫理學（ethics of duty），有時候也稱為原則倫理學（an ethics of principles）、規則倫理學（rules ethics）或行為倫理學（act-ethics）；後者則成為德行倫理學，或有時候也稱為行為者倫理學（agent-ethics）。[2] 在義務倫理學的論述當中，不論是目的論或義務論，都是將義務或責任視為道德的核心概念，道德推理就是如何運用道德原則，至於德行則是由對或善的概念導出，德行在義務倫理學中的定義是：從事對的行為的氣質傾向，所以是由道德原則或對的概念所衍生。換句話說，目的論和義務論的差異只是在於道德義務是先於或後於善概念的論點不同，至於德行是次要的、必須預設對或善概念則是它們共同的主張。

　　德行倫理學在最近一、二十年來再度受到重視，主要是因為對規則或行為取向的倫理學體系的不滿，後者只重視道德規則，重視人應該做什麼，只在乎外顯的行為與規則是否相符合，卻不在乎行為的動機是什麼；

即使康德強調基於善意志的行為才有道德價值，但在定義道德上對的行為時，仍然強調行為所依據的準則是否能普遍化、是否把人當成只是手段。根據學者的分析，我們可以將義務倫理學所面臨的困難分述如下：

一、理由和動機

史達克（Michael Stocker）認為美好生活的一個指標是：行為者的動機（motive）和證成其行為的理由（reason）之間的一個和諧。換句話說，可以使行為者產生行為動機的東西，就是該行為者認為有價值者。而由於當代倫理學理論不處理行為的動機、動機結構及其對倫理生活的限制，它們要求行為者從事的行為，往往和行為者認為有價值者無關、甚至產生衝突，所以史達克批評當代的倫理學理論犯了道德上的精神分裂症（moral schizophrenia）。[3] 根據史達克的論證，不論利己主義、效益主義或義務論，都不能允許人類美好生活中一些有價值的東西，譬如愛、友誼、感情、同胞情感和社群，因為在這些理論中缺乏「人」。史達克認為，以上所提的這些東西之所以有價值，主要就是由「人」的價值所構成。以「愛」為例，我們所重視的是那個被愛的人，而不是那個人的一般價值，或者是他所產生的一般價值。而當代倫理學理論的缺陷不是因為它們不重視愛，而是它們不重視被愛的那個人，所以如果將當代倫理學理論內化成個人行為的動機，對待他人會成為表面化（只在乎他達成的效益，或這樣對待他是否合乎道德規則），而排除愛、友誼、社群等價值的可能性。[4]

假設你是一位當代倫理學理論的支持者，如果你知道一位多年不見的朋友生病了，基於道德義務你前往探視，你的朋友看到你來的時候，以充滿感激的心情對你說：「謝謝你來看我，難得我們這份友誼，這麼久了你還惦著我。」如果你的回答是：「沒什麼，這是我應盡的義務。」你的朋友有一點迷惑，進一步問你這是什麼意思，如果你的回答是：「因為這樣做可以達成整體最大效益」（效益主義的說法）或者「我這樣做是為義務而為，不為其他原因」（康德學說的擁護者），這顯示你去探視友人的動機

不是基於友誼，而是友誼所造成的結果，或者是因為友誼是一種義務，無論如何你只是「盡義務」，探視這位朋友只是實踐你的道德義務，你並不是真正地關心他。而你這樣的行為動機，顯然不是一般人所謂的「友誼」，更進一步說，事實上以這樣動機行事的人，根本不可能和他人建立真正的友誼，這也就是史達克對當代倫理學理論的批評。[5]

二、義務和原則

如果我們追根究柢，事實上造成上述困難的原因是：當代倫理學理論只重視義務和道德原則，似乎道德生活的主要工作就是應用原則，主要的問題就是「我應該做什麼？」。當人們面臨道德處境時，先決定哪一個道德原則可以指引「我應該做什麼？」，如果出現衝突的道德原則時，就尋找更高一階的原則來解決。但是事實證明當代倫理學理論所提供的道德原則，並不能解決實際的道德難題，因為許多應用倫理學者在實際應用這些原則時，發現這些道德原則不是過於抽象就是模糊不清，而無法從事實際生活的道德決定。[6]

事實上只問道德規則是什麼、人應該做什麼，不但不足以反應道德生活的全貌，而且也不容易使行為者產生相關的行為動力。在日常生活的道德實踐中，更重要的是行為者在從事任何行為時，應該具有良善的動機，也就是說，行為者除了知道自己「應該做什麼」之外，還應該擁有必要的氣質傾向、動機和情感，這也就是德行倫理學的要旨。德行倫理學所重視的不只是行為，而且重視情感、人格以及道德習慣，所以它是以理想的人格典範作為道德核心，而不是只要求行為合乎義務。我們以康德的倫理學為例，說明義務傾向的倫理學和德行倫理學的差異。

雖然康德強調善意志，認為具有道德價值的行為必須是出自於善意志，換句話說，康德認為有道德價值的行為，其行為的動機必須是善的，但是康德所謂善的道德動機，和德行倫理學所強調的適當的氣質傾向或人格特質並不相同。德行倫理學首重道德人格的養成，認為一個人如果具有

仁慈的德行，他在日常生活中就會「習慣」地從事仁慈的行為，所以義務、規則並不重要，而培養習慣性的行為傾向，才是道德教育的首要目標。但是康德所謂的善意志，是「為義務而為」的意志，也就是說，一個意志是否為善，是以其是否基於義務而行動加以定義，因此在康德的倫理學中，義務仍然是最核心的概念，因為只有在確立「什麼是義務」之後，才可能知道一個意志是否為善。

　　在第五章中，我們介紹康德在闡述善意志時，特別分辨四種類型的行為，強調一個行為即使是合乎義務，但是如果不是因義務而為，則該行為仍然不具有道德價值。對康德而言，如果一個人生來就「喜歡」幫助別人，雖然助人的行為合乎道德要求，但是由於這個人是基於個人的特殊喜好助人，而不是基於「助人是我的義務」而助人，所以康德仍然認為這類的行為不具有道德價值。譬如：張三和李四是一家銀行的職員，兩個人都有許多次機會可以侵占公款而不易被發現，張三由於家裡急需要錢，所以他有強烈的慾望要從事這個不法的行為，但是基於道德良心，他費了很大的努力將這個慾望克制住。而李四則從來沒有想過侵占公款這回事，所以他的內心不存在張三那樣「天人交戰」的衝突，也就是說，李四一向就沒有貪念，所以他不必和貪念搏鬥。在這個例子中，張三和李四哪一個比較有道德呢？

　　根據康德的理論，張三的行為似乎比較具有道德價值，因為張三沒有侵占公款，完全是基於道德義務的要求，以康德的說法是：張三的理性完全控制慾望。而李四雖然一樣沒有侵占公款，但是李四是基於個人的人格特質，他並不是因為「侵占公款是錯的」，所以不去侵占公款，因此對康德而言，李四的行為並不具有道德價值。對德行倫理學而言，康德的說法是荒謬的，李四的人格和氣質，使李四自然不會去從事侵占公款的行為，李四顯然具有優越的品格，所以「發而中節」；而張三的人格則仍然充滿物慾、貪婪，所以張三的品格顯然有待陶冶。因此根據德行倫理學的主張，李四才是我們道德學習的榜樣，但是依據康德倫理學的主張，我們應該向張三學習。如果康德的說法是正確的，一個每天都努力設法克服犯罪

行為的人，反而比一個「習慣」於安分守法的人，或者一個明知有時候違反道德不會被覺察、卻仍然恪守道德規則的人，值得我們尊敬和學習。但是這樣的結果似乎不近常理，因此德行倫理學認為以規則、行為、義務取向的倫理學是有缺陷的。

至於目的論的主張，由於完全不處理道德動機，所以更可能達成令人無法接受的結論，譬如：張三是一個駐守銀行的警察，在公餘之暇熱衷於投資股票，但是由於缺乏足夠的知識，每次投資都幾乎血本無歸，以債養債的結果，背負了很多債務，在走投無路的狀況下，決定利用自己的職權，搶劫自己的銀行。於是有一天張三假裝生病向銀行請假，選擇銀行現金最多的時刻，帶著預先準備好的面罩，荷槍實彈前往銀行，當張三走到銀行門口時，正好發現有一名歹徒正從銀行搶到錢，準備離去，由於張三的槍已經上膛，所以立即將歹徒擊倒。本來張三打算「黑吃黑」，但是因為銀行職員報警，警車的聲音已經嗚嗚作響，因此張三只好打消原來的念頭，而以擒匪英雄的姿態出現。如果依據目的論的道德標準，張三的行為是道德上正當的，因為其行為的結果是好的，可是這樣的結論似乎是荒謬的，而這個荒謬的結論，正是由於不處理道德動機的結果。

第二節　德行倫理學的意義

德行倫理學這個傳統可以追溯到希臘哲學家柏拉圖和亞里斯多德，這個理論在當代似乎已經成為另一個主要的倫理學派，我們可以將它和當代倫理學理論作一個簡單的對比。義務論和目的論主要是以行為的傾向為主題，所以強調行為者應該「做」（doing）的部分，行為者所問的問題是：「我應該做什麼？」（what shall I do?）所以不論目的論或義務論的主張，都認為倫理學的核心是道德規則和義務。而德行倫理學所重視的是：我們要成為什麼樣的人，行為者所問的問題是：「我應該是什麼樣的人？」（what shall I be?）所以強調的不是「做」什麼，而是「是」（being）什麼，根據德行倫理學，一個人是什麼樣的人會呈現在其行為之中。和目的

論或義務論相較，德行倫理學強調道德應該重視人的性格特點、氣質，而非行為的規則，應該重視人的德行，而非應履行的義務，也就是說，以德行為本，對行為者的判斷為主，而對行為的評價則次之，因為一個人是什麼樣的人，自然會呈顯在其動靜舉止之中，而不必由外在的規則要求他去「做什麼」。

　　因此按照學者的歸納，德行倫理學有兩個主張：①至少有些德行的判斷可以單獨地確認其有效性，不必訴諸於有關行為正當性的判斷；②一個對的行為最終之所以為對，是因為它以善的性格為其前提。[7]以柏拉圖《理想國》中的論述為例，柏拉圖的主要論點是企圖證明道德和利益一致、正義的人比不正義的幸福，或者以現代語言來說，柏拉圖想要證明的是：有道德的人比沒有道德的人最後的結果為佳。這樣的立場似乎有點像目的論的主張，但事實上並非如此，因為柏拉圖並不以最佳結果來定義對的行為，對柏拉圖而言，一個道德上對的行為就是正義者會實踐的行為，而並不是正義者所做的每一個行為都會帶來好結果。換句話說，道德之所以產生好的結果，不是基於個別行為，而是基於「正義」這樣的品格。根據柏拉圖的主張，一個靈魂三部分達到和諧的人就是正義者，如果正義者所做的行為就是正義的，顯然柏拉圖是從人的品格定義道德的對錯，所以柏拉圖的理論完全合乎上述德行倫理學的定義。

　　對於德行的闡述，最重要的當然是亞里斯多德，事實上德行概念是他倫理學主張建立的基礎。亞里斯多德認為，德行是一種習慣養成的氣質傾向（disposition），形容一個人慷慨、大方、仁慈，是指他行為上具有這些傾向，德行不只是天生的特質或氣質，而是經學習而得來，是性格的特性（traits of characters），而不是指心理學上：害羞、迷人、內向、樂觀等人格特質，（traits of personality）它是在某種情況中會從事某一種行為的特殊傾向，而不只是以某種方式思考或感覺。以慷慨為例，一個慷慨的人和朋友出去吃飯，會自然地樂於付帳，碰到他人有難，會勇於捐輸。所以慷慨是指一個人行事的某種傾向，我們在某些情境下，甚至可以預測一個具有慷慨這種德行的人，會有什麼樣的行為表現。此外，德行也和能力、技術

不同，有些人具有某種能力，可是他可能從來都不表現他的能力；而我們卻不能說：一個人很慷慨，可是他卻從來不表現和「慷慨」這個德行相關的行為。

德行倫理學所要探討的主題是：如何培養德行卓越的人，也就是說，如何使人成就聖賢人格，因為具有這種人格的人，不但其行動會完全基於良善的動機，而且也可以作為他人效法的對象，譬如中國的孔子、孟子，西方的蘇格拉底、耶穌基督、印度的釋迦牟尼、甘地等，都是德行倫理學所要追求的人格典範。因此德行倫理學者認為，如果道德教育的重點方向，是在塑造每一個人都具有優越的德行，或者具體地說，使每一個人都具有慷慨、大方、仁慈、忠誠的行為傾向，則一個有道德的人，並不是緊守著某些道德教條，而是具有善的動機傾向，因為如果一個人具有這些傾向，表現在行為上就會是道德的行為。所以如果強調人格的德行養成，道德規則的重要性顯然會降低。

但是德行倫理學也不是完全否認道德規則，有時候道德規則確實可以作為行為的適當指引，只是德行倫理學認為，規則並不是道德的本質，因為我們常常處在一個沒有規則可以適用的情境，這時候不論是創造新的規則，或者是直接判斷決定該如何行動，必然會和「我到底要成為一個什麼樣的人？」這個問題的答案，具有相當密切的關聯，也就是說，道德規則常常是希望自己要成為什麼樣的人而產生，因此德行的概念比道德規則重要。

根據德行倫理學的觀點，如果一個人知道自己應該成為什麼樣的人、知道理想的人格應該如何，則不論在任何情境下，他都會知道應該如何行動，因此也就不需依賴道德教條。事實上透過道德規則學習的道德生活是支離的，因為規則彼此之間並不相連屬，但是如果以人格、德行、整體人的概念角度來考慮，則道德規則會成為一個完整的體系。所以德行倫理學重視理想的人格典型、重視正確的道德模範，道德教育的焦點是模仿這些理想人格，以這些人鮮活的生活言行，作為個人道德涵養具體的學習對象，希望透過這種學徒式的訓練而形成德行，使個人能自然地從事該做的

行為。

第三節　麥肯泰爾(Alasdair MacIntyre)的德行論 [8]

　　當代最重要的德行論主張者首推麥肯泰爾。根據麥肯泰爾的分析，傳統上對「德行」的主張有幾個特點：①不同時代的思想家對德行有不同的看法，在西方傳統內似乎很難找到單一的核心德行觀念，譬如荷馬（Homer）將體力（physical strength）視為一個德行，這似乎不會被當代人所接受；而亞里斯多德對智力的重視也和我們不同。②不只是不同思想家對德目的看法不同，而且對於哪些德目比較重要，也有不同的優先順序。③德行和社會秩序的關係也因時代而有所改變，對荷馬而言，人類最卓越的表現（human excellence）就是勇士，所以他認為體力是一個德行；對亞里斯多德而言，理想的人格類型是雅典的紳士，而有些德行則是有錢人的專利，如寬大；至於新約中的信、望、愛，則全部不在亞里斯多德的德目之中，而亞里斯多德所重視的明智（prudence），在新約中也未曾出現，而且新約視謙卑為美德，在亞里斯多德的德行觀中可能是惡。

　　如果上述的觀察是正確的，則表示西方文化中並不存在共享的德行觀念，從每一個文化階段不同的德目內容，似乎表達對何謂德行的不同理解，麥肯泰爾在審視西方各個時代的德行理論之後，將德行觀歸納為三類：

　　1. 德行是一種品質，可使人執行社會角色。在荷馬時期，社會上主要的角色是戰士，因此能使人在競爭中獲勝的品質，最能執行個人的社會角色，所以荷馬認為體力是一個德行，就是從社會功能的角度所作的定義。

　　2. 德行可使人完成特殊的人生目的，不論是自然的或超自然的。亞里斯多德就是屬於這類的觀念。亞里斯多德是以人類的目的作為標準，藉以決定哪些品質是德行，而不是以社會角色界定，他將德行的獲得和運用，視為達成人類目的的手段。由於亞里斯多德認為人生的目的是追求幸福，所以德行是人類幸福生活的重要成分，因此亞里斯多德將幸福定義為：依

據德行而為的生活。新約也是屬於這類的德行觀，和亞里斯多德不同的是，新約所定義的人生目的是超自然的，所以在新約中，所謂具有德行，就是能得到上帝眷愛而上天堂。

3. 德行是實現成功的手段，也就是說德行是一種效益。

從這三種不同的主張，可不可以找出一個核心的德行觀念？麥肯泰爾的答案是肯定的，他認為我們可以發現一個統合性的核心觀念。從上述的主張中，可以呈現德行觀的一個特色，即德行的應用必須先接受道德或社會生活的某些樣貌，德行就是依據這些樣貌定義和解釋。麥肯泰爾所提出的德行理論，也需要這一個必要的背景，而這個背景就是他所謂「實作」（practice）的概念，他的德行理論就是透過「實作」這個概念，對德行加以定義和理解，他同時認為，我們也可以透過這個概念，了解德行觀的核心觀念。

何謂「實作」？根據麥肯泰爾的定義，任何經由人類社會合作所建構的複雜、一貫的活動形式，就是一種實作。麥肯泰爾指出，實作具有幾個特點：(a)它是社會建構之合作性的人類活動；(b)透過追求這個活動的最佳標準，可以實現其內在善；(c)這個最佳標準就是此活動的部分定義。根據這個定義，實作所包括的範圍很廣，包括藝術、科學、遊戲。

何謂一個實作的內在善？舉一個例子加以說明：張三要求一個小孩子陪他下棋，他告訴這個小孩子，如果答應陪他下棋，張三會給他一顆巧克力糖，如果小孩子下贏了，他會給他兩顆巧克力糖。這個小孩子本來是不會下棋的，但是為了有糖吃，他答應了張三。在這個情形下，小孩子不論是下棋或贏棋，他的動機都是為了糖，這個糖就是外在的善。但是總有一天這個小孩子會發現，下棋本身也可以產生許多樂趣，譬如在下棋過程中，思考如何透過某種特殊的分析技巧達到贏棋的目的、各種策略或戰略所需要運用的想像力以及競爭的強度等，都可能使他擁有新的理由和動力去追求卓越，也就是說，這個小孩子在學會下棋之後，久而久之，他會對下棋本身產生興趣，這時候他不只是為了贏某一盤棋，而是依棋藝之要求和規定，希望自己的技術精進。所以下棋有兩種善：①外在偶然的善，它

是因社會情境的偶然而附屬於下棋這個實作上，譬如上述的巧克力糖就是一種外在善，或者成年人為了聲望、地位、金錢等事物的追求而下棋，聲望、地位、金錢也都是外在善。但是外在善的實現可以透過其他方法達成，不一定要從事某一種特殊的實作，譬如小孩如果要得到巧克力糖，不一定要陪張三下棋，他也可以回家要求父母買給他。②內在於實作的善，這種善的實現只有透過某一個實作才能達成，而且缺乏相關經驗的人無法判斷內在善。譬如以上述下棋為例，那個小孩子在剛開始學下棋的時候，由於缺乏經驗，根本無法說出下棋的內在善，但是經過一段時間的練習和體悟之後，他對於每一步棋所展現的思考、分析和技術，比較能夠判斷其優劣，所以一個越會下棋的人，越知道哪一步棋是好棋，哪一步棋是敗著。此外，一個人如果要享受下棋本身的樂趣，他必須實際上去下棋，因此下棋的內在善的實現，只有透過下棋這個實作才能達成。

　　上述的討論有兩點值得補充：①一個實作包含卓越的標準、遵守規則以及善的實現，因此進入一個實作，就是接受一個標準，並且尊重這個標準所具有的權威性。此外，麥肯泰爾認為，任何的實作都有其歷史，而在歷史的進程中，原來的標準會受到批判而漸漸轉變，譬如：打籃球是一個實作，籃球本身有一套標準決定「什麼樣的球員是好球員」、「什麼樣的動作稱為好動作」，一個剛加入打籃球行列的人，他必須完全接受並遵守已經具有的權威標準。但是在經過一段時間之後，由於不斷有人依據這個實作的標準在追求卓越，在追求過程中可能會發現某些標準的不適當性，因此透過對標準的修正，也改變了「什麼是好動作」的概念。②內在於實作和外在於實作之善有一個重大區別：後者之實現往往是某人的財產或所有物。某人得到越多，他人就越少，所以外在善是競爭的目標。雖然前者也是為追求卓越而競爭，但內在善是有益於參與實作的整個社群。

　　麥肯泰爾定義了實作之後，他透過實作的概念定義德行，所謂德行，就是人類所獲得的品質，擁有和運用這種品質，可以使我們達成內在於實作的善，而缺乏這種品質我們則會無法追求任何的內在善。麥肯泰爾認為，任何實作都需要正義、勇氣、誠實三種德行，否則會使我們無法實現

內在善的最優標準，換句話說，這三種德行是充分達成任何實作之內在善的必要條件，如果一個實作只能追求外在善，則這個實作會變得毫無意義。何以任何實作都需要上述三種德行？麥肯泰爾的解釋是：因為任何實作都必須要求參與者間具某種關係，而前述三種德行則是定義參與者共享目的和標準之關係。譬如：A、B、C、D四個人是朋友，他們追求某一個共同善。如果D在不明情境下死亡，A發現D死亡的原因，他將真相告訴B，但是卻對C說謊，由這個「說實話」和「說謊話」的差別，可以顯示A和B、C之間存在不同的關係，即使A是為避免C痛苦而說謊，也足以證明他和C的關係和B不同。所以只要我們分享共同目的和標準（這是實作的一個重要特點，譬如：兩個人下棋不能各有各的標準），彼此就必須誠實，我們是以誠實定義彼此之間的關係。

據此類推，在同一實作中的成員，也是以正義和勇氣定義彼此的關係。譬如正義，假設A、B、C、D四個人是師生關係，其中A是教授，其餘都是學生，如果A給B和C的分數都是該得的分數，卻因D外貌較美而多加幾分（或較醜而多扣幾分），則A對D是不正義的，因為A並沒有依據D應得的分數給分，其結果會破壞實作中成員間的關係，這個實作就失去其意義，所以如果要維持真正的師生關係，就必須維持正義。至於勇敢則表現在對成員、社群的關懷，也就是說，同一實作中的成員有時候願意為了其他成員的利益而犧牲自己，麥肯泰爾認為這種關懷對任何實作都非常重要，所以有勇氣去面臨危險，才是真正關懷他人的表現，因此勇氣也是所有實作都應該具有的德行。

綜上所述，誠實、正義、勇敢是定義成員間關係所必要的，是共同實現實作的內在善所不可缺少的德行。一個實作要能持續、體現內在善、並且達到卓越的標準，就需要成員彼此之間具有信賴的關係、正義和勇氣。

為了進一步了解德行在實作中的定位，麥肯泰爾作了兩點說明：

1.實作不只是一組技藝（technical skills），它的特色在於技藝所要促成的善和所要達成的目標，但是它卻沒有一個固定的目的。例如下棋，下棋這個實作的重點不只是棋藝本身，還有下棋的過程中所要達成的目標。此

外，歷史的面向與德行之間也有相當大的關係，任何一個實作的目標會隨變動的歷史而改變，而由於德行是實作中能夠實現內在善的東西，所以一旦實作的目標隨歷史的改變而有所改變，則何謂德行就會不同，而且所重視的德目也會不一樣。換句話說，過去強調的德行，現在未必強調，過去德行的內容也不會和現在一樣，因此在考慮德行的重要性時，必須注意其歷史面向。由於實作具有歷史面向，因此它不只是技藝，所以進入一個實作，不是只和現在的參與者產生關係，也和傳統發生關係。

2. 實作不是制度，下棋、物理是實作，而俱樂部、實驗室則是制度，制度的特徵在於它所關心的是外在善，但是實作並非全與制度無關。有些實作的理想與活動的完成必須靠制度來維繫；而有些制度反而會挫傷了實作本身的理想，由於制度追求的是外在善，而實作要完成的則是內在善，過分追求外在善的結果，有可能抵消了內在善。換句話說，制度和實作之間是一個因果次序，所以實作的理想和活動及實作之創造性，很容易受到「貪婪」制度的傷害，也就是說，實作的合作性關懷所追求之共同善，很容易受制度的競爭性的傷害，換句話說，外在善和內在善之間也有密切關係。因此德行的功能很顯然是：抵抗制度的腐化力，一個實作要能保持其完整性，必須有人在活動中實現德行、運用德行。同樣的德行不但會因為某些制度而茁壯，也會受到某些制度的威脅。有學者認為，現代商業社會制度對某些傳統的德行有害，例如職棒，制度化可以帶動風氣、促進棒球運動的發展，但是以高薪賄賂的方式挖角，或以賭博的方式支持比賽，對從事職棒這個實作所應該具有的德行，就是一個嚴重的考驗。

由於麥肯泰爾認為，缺乏德行就無法認知一個實作的內在善，只能認知其外在善，所以一個只認知外在善的社會，「競爭」是唯一最具宰制性的特點。麥肯泰爾同時也指出，雖然擁有德行是造成內在善的必要條件，但是它可能也會阻礙我們得到外在善。在一個充滿競爭的社會，努力爭取外在善的結果，會使德行受到摧殘，甚至於完全消滅，只有偽善充斥。

根據以上的討論，麥肯泰爾認為德行是維繫實作的必要條件，任何一個實作如果從未有人展現出其卓越的標準，則這個實作可能會崩解。而每

一個人都生活在許多實作當中,這些實作基於歷史傳統,早已存在其特有的權威性標準,作為其成員行為的指引。因此當一個人問:「我應該做什麼?」時,實作中已經具有應該如何行動才能表現卓越的最佳標準,而在每一個實作中的卓越表現,就是展現該實作的德行、實現內在善。所以根據麥肯泰爾論述,德行的養成就像一個善於下棋的人,由於他已經具有卓越表現的品質,他每下一步棋自然就會展現棋局的精妙之處,因此德行的陶冶顯然是比規則的遵守重要。

第四節　對德行倫理學的評估

如前所述,德行倫理學者認為,道德所要強調的核心論點是「我們到底要成為一個怎樣的人」,而不需要考慮道德規則,因為道德規則是從「我們要成為怎樣的人」這個觀點才衍生的。但是反對德行倫理學主張的人,則有以下的批評:

1. 由於德行是一種既得的品質,是一種習慣和氣質傾向,但是我們怎麼知道哪一種習慣或氣質傾向才是正確的德行?一個人如果習慣隨地亂丟紙屑,他是不是擁有正確的德行?答案當然不是,因為這是壞習慣,是我們不應該做的行為。但是什麼樣的習慣是好習慣?誰決定哪一種習慣是好習慣、哪一種是壞習慣?哪些行為是應該做、哪些不應該做?如果我們是以理想的人格典範作為標準,他們的習慣就是好習慣,他們的氣質傾向就是德行,他們所做的行為就是道德上該做的行為,但問題是:誰是理想的人格?哪一種人可以稱為擁有德行的人?如果答案是:「那些從事道德上正當行為的人,就是有德之人。」然而這樣的答案顯然犯了循環論證的謬誤,因為當我們問「什麼樣的行為是道德上正當的?」時,唯一的解答似乎是:「有德之人所做的行為就是道德上正當的。」所以法蘭克納認為,強調德行而完全拋棄道德規則是盲目的,因為我們似乎需要道德規則,以作為評價一個人是否有德的標準。 **9**

2. 根據麥肯泰爾的論述,德行會隨歷史和時代而轉變,所以亞里斯多

德認為的德行和基督徒的認定並不相同，農業社會認為節儉是一種美德，商業社會則鼓勵消費。果真如此，隨著時代的變遷，什麼樣的人格品質可以稱為德行？一個社會的德行是不是相對於其所屬的社會？這就是所謂德行相對論的問題。 *10*

3. 德行倫理學認為道德的核心是問：「要成為什麼樣的人？」而不是重視行為、規則，所以以理想人格的作為範例是道德教育的重點。但是這種道德教育方式，應該如何在日常生活中實現？難道不需要透過道德規則？當我們在教育下一代的時候，告訴他們孔子做了什麼，所以我們應該怎麼做，譬如，孔子說：「己所不欲，勿施於人」，所以我們也應該「己所不欲，勿施於人」。但是「己所不欲，勿施於人」難道不會因此而成為一個道德規則？所以反對德行倫理學的人認為，「我們要成為什麼樣的人」是從「我們應該怎麼做」開始，而我們應該怎麼做，就必須涉及規則，所以德行的養成，是透過日常生活中從事「應該做」的行為而產生的，換句話說，由於德行是一種習性，是經由後天的學習和陶冶所形成的，而這個陶冶的過程似乎必須透過對道德規則的遵守。因此德行的角色似乎如當代倫理學理論的支持者所說的，它只具有工具性的價值，因為德行只不過是養成遵守道德規則的習慣而已。

4. 德行倫理學者強調德行養成的重要性，因為他們不只是希望一個人的行為合乎某些道德規定，而且希望行為者除了合乎規定之外，還能將從事道德的行為內化為一種傾向。反對者則認為，這樣的主張還是要透過道德規則，才能使人養成從事道德行為的習慣。事實上，「要成為一個什麼樣的人」的理想，一定要經由實踐道德規則之要求的過程，所以以道德規則為主的倫理學，仍然可以養成德行，因此德行倫理學是多餘的。

基於以上幾點對德行倫理學的批評，有些學者認為，德行倫理學和以行為為主的倫理學並不是互斥、而是互補。 *11* 以行為為主的倫理學強調行為者的義務、責任，應該做什麼與不應該做什麼，焦點集中在行為，而不重視行為者要成為什麼樣的人。德行倫理學強調行為者「要成為一個什麼樣的人」，強調一個人應該具有的品格、氣質，重點在人，而不在行

為，所以需要理想的人格典範，而不是行為規則，在乎的不是行為是否合規則。

事實上這兩種取向都注意到道德的一些重要特點，但是也同時忽略了某些道德面向。譬如以普遍化原則為例，重視義務、行為的倫理學主張，由於重視道德規則，所以強調行為可普遍化的特質，即適用於張三的道德規範，在同樣的處境下，也必須適用於李四。但是普遍化原則有其困難，因為有些道德行為不能變成規則來要求所有的人，也就是說，有些道德行為不能普遍化，所以不是所有的道德規則都適用於每一個人。譬如：在一個手榴彈練習場，一名士兵不小心將一枚即將引爆的手榴彈掉在行伍中，張三眼看這枚手榴彈即將引爆，立即飛身撲到手榴彈上面，以拯救其他人免於死亡。在這個例子當中，張三的行為是值得我們讚許的，我們會認為張三是一個有德之人，但是我們卻不會以張三的行為，要求所有人都必須這樣做。因為有德之人所表現的行為，不只是遵循一般的道德要求，事實上張三的行為已經是一種超義務的行為，如果道德要求是對每一個人都有效，則我們似乎必須要求所有人在張三的處境下，都「應該」實踐相同的行為，所以如果除了張三之外，李四也發現手榴彈快要爆炸，李四也要同時撲到手榴彈上面，否則就是道德上錯誤的，但是這樣的道德要求顯然違反我們的道德直覺。因此普遍化原則似乎只能規定一般的道德要求，而這只是盡應盡的義務，至於在應盡的義務之外，還有許多道德實踐和發展的可能性，所以當有些人除了盡其應盡的義務之外，額外所從事的某些行為，才可能仍然是「道德的」行為，而且受到道德上的讚許和鼓勵。所以德行倫理學正可以解釋這種超義務行為，因為在德行的領域，我們不只從事道德規則所要求的行為，而且某些有德之人會更進一步，展現更高的道德情操和人格。

從以上分析看來，兩種倫理學有其互補之處，以規則為主的倫理學重視的是一種要求、束縛，這些要求適用於每一個人，使每一個人不能從事一些侵犯他人、破壞社會秩序，以及危及社會合作關係的行為，這種普遍的義務和要求，可以使人人各定其位、各安其分；而德行倫理學要求人具

有理想的情操、高遠的氣質，以人格典範作為追求的目標。由於我們不能人人都成為聖人，所以德行倫理學的要求不如義務倫理學務實，但是社會不能不具有典範人格，我們需要聖人作為提升人格的理想標竿。因此義務倫理學使社會安定，而德行倫理學的強調則可以標示社會的理想，使社會更臻完美，所以這兩種理論是相輔相成的。所以法蘭克納除了說：「只有人格特質而沒有原則是盲目的」之外，他也說：「只有原則而沒有人格特質是無能的」。*12*

註　釋

1. 德行是亞里斯多德（Aristotle）倫理學最重要的概念，一般認為當代對德行的重新重視是始於 G. E. M. Anscombe 在 1958 年發表的"Modern Moral Philosophy,"（*Philosophy,* 33: 1-19），而 Alasdair MacIntyre 則對德行倫理學做進一步的發展。他們的基本理念都是承續亞里斯多德倫理學的傳統，取代以義務為核心的當代倫理學理論。

2. 這些名詞參考 Daniel Statman (ed.), *Virtue Ethics* (Washington D. C.: Georgetown University Press, 1997), p.3.

3. Michael Stocker, "The Schizophrenia of Modern Ethical Theories," in Roger Crisp & Michael Slote (ed.), *Virtue Ethics* (Oxford: Oxford University Press, 1998), p.66.

4. Ibid., pp.71-73.

5. 類似這樣的例子和討論，參見 Lawrence Blum, *Friendship, Altruism, and Morality* (London: Routledge & Kegan Paul, 1980).

6. 這一點參見 Statman, 1997, p.6.

7. Gregory Velazcoy Trianosky, "What Is Virtue Ethics All About?" in Daniel Statman (ed.), *Virtue Ethics* (Washington D. C.: Georgetown University Press, 1997), p.44.

8. 本節對麥肯泰爾的討論出自其"The Nature of the Virtues," in Alasdair MacIntyre, *After Virtue* (Notre Dame, Indiana: University of Notre Dame Press, 1981), Chapter 14.

9. William Frankena, "A Critique of Virtue-Based Ethical System," in Louis

Pojman (ed.), *Ethical Theory* (Belmont, California: Wadsworth Publishing Company, 1989), p.307.

10. 上述對德行倫理學的兩點批評，波宜曼稱為「知識論的問題」（epistemological problems），參見 Pojman, 1995, pp.171-172.

11. 波宜曼將稱種互補性的主張為多元的倫理學（pluralistic ethics），詳見 Ibid., pp.177-180.

12. Frankena, 1989, p.307.

第 3 篇

後 設 倫 理 學

　　二十世紀初倫理學受到分析哲學（analytic philosophy）的衝擊，所以重視道德語言的使用、道德的本質，以及道德的證成等問題，這種以思考倫理學本身為題材的學說，一般稱之為後設倫理學。如果從倫理判斷是否和事實判斷一樣具有真假值的爭議點來看，後設倫理學的理論可以分為兩大陣營：認知主義（cognitivism）和非認知主義（non-cognitivism）。認知主義的基本觀點是：道德主張或判斷和一般的信念和判斷一樣具有真假值（truth value），認知主義者認為，任何一個道德主張或信念都是一個命題（proposition），有其認知的內涵（cognitive content），所以如果道德命題所論斷的是真的，則具有這樣的道德信念就是正確的；反之，如果道德命題所論斷的為假，則具有該道德信念就是不正確的。譬如「濫殺無辜是道德上錯誤的行為」這個道德陳述，對認知主義者而言就像是一般的命題一樣，可能是一個真的命題，也可能是假的命題，如果這個命題為真，則相信這個命題為真的人，他的道德信念就是正確的。非認知主義則反對認知主義的主張，所以它否認道德陳述和一般命題一樣，也否認其具有認知的內涵，因此道德判斷或主張沒有真假值，因為它們並不是真假判斷適用的對象，換句話說，非認知主義認為道德主張或判斷無所謂真或假。譬如一個人被石頭打到，嘴裡說出：「哎唷！」。我們可以問「哎唷！」這句話是真還是假嗎？答案當然是否定的，因為這樣的語句根本不是一個命題，也不是對某一個事實的論斷，所以不適合用「真」或「假」加以評價，也就是說它無所謂真或假。對非認知主義者而言，道德判斷和上述的驚嘆句一樣，都不屬於真假評斷的範疇，所以認知主義的主張是錯誤的。

　　如果從倫理語句和道德信念的屬性加以區分，後設倫理學理論也可以分為兩大派，一派是自然主義（naturalism）；一派是非自然主義（non naturalism）。自然主義主張倫理語詞和道德信仰可以由自然性質（natural properties）或具經驗意義的語詞加以定義，非自然主義則否認倫理語詞可以用經驗語詞定義，而倫理的結論也不能從經驗性的語句中導出，倫理性質也不同於自然性質。第八章對於自然主義有較詳細的討論。

　　由於自然主義認為倫理信念確實是描述自然世界的一個面向，所以自

然主義是認知主義，但是並不是所有認知主義都是自然主義，穆爾就是最
重要的非自然主義的認知主義者。

穆爾的非自然主義

穆爾是二十世紀最重要的思想家之一，分析哲學成為二十世紀的主要思潮，而他就是這個思潮的先行者。穆爾在其《倫理學原理》（*Principia Ethica*）一書中表示，在整個倫理學發展的歷史中，充滿了困難和歧見，根本的原因是：倫理學學者在回答問題時，並沒有察覺到他們真正要回答的問題是什麼。根據穆爾的觀察，如果哲學家們能先試著分析一下，他們所要問的問題為何，許多哲學上最顯著的難題和歧見，將會因此而消失。基於這樣的觀點，穆爾認為，如果要解決倫理學上的困難和爭議，首要之務就是釐清倫理學上的基本語詞的意義，因為倫理學的一切判斷，譬如：說謊是錯誤的行為、仁慈是善的、違反諾言是不應該的，都是使用倫理學的語詞對行為加以評估，因此許多倫理學上的爭議，都是由於未能澄清這些語詞的意義和用法所致。因此穆爾希望能透過對倫理學語詞的定義，解決倫理學上的問題和爭議，由於他認為倫理學語詞中最基本的概念是「善」或「好」，所以他要探討「善」的定義。 *1*

第一節　善的定義

穆爾在《倫理學原理》第一章開宗明義的問題是：「善」是什麼？這個問題的提出，並不是因為一般人不知道如何運用「善的」這個詞語，也不是因為一般人在使用這個語詞時彼此不能了解，而是因為穆爾認為一般人無法對「善」下一個合適、精確的定義。但是如果我們不能澄清「善」的正確定義，許多倫理學上的討論就會失去重心，道德上的爭議也會缺乏焦點，因此穆爾認為處理「善」的定義是處理倫理問題的先決條件。在討論穆爾對「善」的定義之前，我們先分別三種不同的定義：

1.約定定義 (stipulative definition)

約定定義的目的，不是陳述一個關於字義的預先存在事實，而是為了創造一個方便的縮寫，例如，俚語或行話，只在某一個特定的人群、特定情境中被使用。對於這種意義的定義無所謂反對或贊成的問題，因為它不

是報導事實，而在創造一個方便的同義詞，個人對這個詞可以因為不容易記、不方便或有誤導而反對，但不能因定義本身而反對。例如：現在的年輕人常常形容一個人很差勁為「遜斃了」，這個用法就是一種約定定義。如果一個出國一、二十年才又回到國內的人，一定無法理解這句話的意思，當別人解釋給他聽之後，如果他的反應是：「你們根本不懂中文，『遜』怎麼能解釋成那樣的意思！」，我們會認為他搞不清楚狀況，因為這是同儕團體約定的術語，他根本沒有理由反對這樣的用法，就像稱警察為「條子」、女生為「馬子」，類似這樣的用語，只要同儕團體接受即可，和語詞的實際意義無關。

2.字典上的或口頭上的定義（lexical definition or verbal definition）

這個定義指的是字典上所界定，關於一般人對於字義的正確用法。例如根據《國語日報字典》「馬」的定義是：「奇蹄類哺乳動物，頭頸長而有鬃，吃草、能跑、力氣大，馴養成家畜可以載重，走遠路，作農工動力或供軍用，皮可以製革。」這就是一般人在使用「馬」這個字時的用法。我們可以從人們在日常生活中對「馬」這個字的使用，理解這個字口頭上的定義，也因為如此，所以我們知道中文的「馬」，可以翻成英文的「horse」。

3.分析定義（analytical definition）

這個定義是藉由分析的方法，列舉一個事物所具有的性質和特點，呈現事物整體的組成部分，以及解析部分和部分之間的關係，藉以陳述事物的真正本質。例如「馬」的分析定義是：「一個事物以某種方式組成，它有四隻腳、一個頭、一個心臟、長尾巴……等等，而且這些部分之間，是由某一種特定關係所組成。」此外，一個適當的分析定義必須滿足兩項要求：不會產生反例（immunity from counter-examples）、明確性（enlighteningness），例如我們將「光棍」下定義：

x 是光棍＝ x 是沒有結婚的成年男子

在上述的定義中 x 是變數，「＝」左邊是被定義項（definiendum），右邊是定義項（definiens），所謂滿足「不會產生反例」的要求是：當我們用任何名詞取代 x，其產生的結果如果在「＝」左邊為真（true），右邊也要是真，反之亦然。例如如果 x 是「李登輝」，由於「李登輝是光棍」為假（false），所以「李登輝是沒有結婚的成年男子」也是假；如果 x 是「柏拉圖」，則由於「柏拉圖是光棍」為真，所以「柏拉圖是沒有結婚的成年男子」也是真。以上對「光棍」的定義可以滿足一個適當分析定義的第一項要求，因為在任何事物取代 x 之後，都不可能產生定義項和被定義項真假值相反的情況。又例如我們將「人」定義如下：

x 是一個人＝ x 是兩足能站立的理性動物

上述的定義並不是一個適當的分析定義，因為它會產生反例：當 x 是「李登輝」時，定義項和被定義項都為真；但是有些人由於肢體不健全無法站立，如果 x 是代表這樣的人，則被定義項為真，定義項為假，等號兩邊的真假值不同，這就表示這樣的定義會產生反例，無法滿足一個適當分析定義的要求。

至於「明確性」的要求主要是希望定義能夠明確，不能在定義項中出現被定義項的語詞，例如：

x 是好車＝ x 是一部車子，而且它的各種性能都很好

上述對「好車」的定義就不能滿足明確性的要求，因為定義項中出現所要定義的語詞「好」。這是循環定義，我們無法從這個定義中對「好車」的特點有進一步的了解，因此它不是一個適當的分析定義。 *2*

《倫理學原理》第一章穆爾討論有關「善」的定義，他心目中所謂的

定義是上述的第三種意義。穆爾認為在這種意義下，只有複雜的事物才可以被分析，也才可能對之加以定義，因此穆爾認為「善的」是不可被定義的，因為它是一個簡單的概念，所以無法被分析成許多部分，正如「黃色的」一樣，「黃色的」也是一個簡單的概念，所以不可被定義。穆爾認為，如果有任何一個人，他不知道什麼是黃色，你不可能以任何方式對他解釋什麼是黃色的，同樣的道理，你也不可能對任何一個不知道什麼是善的人，解釋善是什麼。根據穆爾的主張，簡單概念本身是可定義事物所依賴的究極語詞，也就是說，所有的複雜概念都是透過簡單概念加以定義，而簡單概念則是我們思考、知覺的對象，對那些無法思考、知覺這些概念的人，你不可能經由定義，使他們知道這些概念的本質。例如：張三天生盲目，無法知覺任何顏色，不論你對「黃色的」這個概念作什麼樣的解釋，張三最多只能背誦字面上的定義，卻永遠無法真正知道什麼是黃色。

　　在此必須先說明的是，在穆爾的論述中，形容詞的「善」不同於名詞的「善之物」（the good），他所謂善是不可定義，指的是前者而不是後者，他認為「善」作為一個性質是不可定義的，因為它是簡單的，但是具有「善的」這個性質的東西，是可以被定義的，因為「善之物」除了具有「善」這個性質之外，還有其他的性質，所以是複雜的東西，因此也可以被定義。例如稱一本書為「好書」，是因為這本書有趣、提供很多有用的常識、印刷精良或資料豐富等，因此一本好書是由許多個性質組成。又例如我們稱一輛車為「好車」，一定是因為這輛車座位舒適、內部寬敞、省油、馬力足、零件耐用或者傳動系統設計完善等。所以任何「善之物」都是因為它是由許多複雜的部分組成，所以我們可以經由分析其組成成分而對它下定義，但是分析到最後，一定會存在不能再分析的基本單位，這些基本單位是用來定義這個事物，它本身由於不能再加以分析，所以不能對它下定義。而穆爾心目中的「善」就是一個根本的性質，它是描述事物的究極、不能再被分解的單位，換句話說，它是所有「善之物」的一個基本性質，因此它是用來定義「善之物」，而本身不能被定義。

第二節　自然主義的謬誤

　　穆爾認為，一般人在定義何謂「善」的時候，最容易犯的錯誤是把「善」定義成其他性質，他稱這類的定義都犯了自然主義的謬誤（naturalistic fallacy）。所謂謬誤就是錯誤的推論方式，在解釋所謂自然主義謬誤之前，我們有必要先對自然主義（naturalism）這個理論作一個簡單介紹。

一、自然主義

　　自然主義主張倫理語詞可以化約成經驗語詞，因為倫理語詞所指涉的是自然性質，因此道德判斷是對自然世界所做的評價，如果一個道德判斷是真的，表示它所涉及的道德屬性，也是自然世界的一個性質。如果以「殺害無辜是邪惡的行為」這個倫理信念為例，其中「殺害無辜的行為」是一個有關事實的描述，所以是自然世界的一部分，而「邪惡的」則是一個道德評價，自然主義認為，由於這個道德信念是正確的，所以「邪惡的」也是自然世界的一個屬性。譬如有些自然主義者將「邪惡的」定義為「令人厭惡的情感」，換句話說，「殺害無辜是邪惡的行為」等於是「殺害無辜的行為是令人厭惡的」，而由於「厭惡」是人類的真實情感，所以是自然世界的一部分，因此「邪惡的」也就成為自然世界的一個屬性。

　　從自然主義的觀點，一般的評價語句如：「夕陽是美的」是指太陽有美的性質，正如描述語句：「岩石是圓的」是指岩石具有圓的性質一樣，真的價值語句是正確地描述這個世界的價值性質，而假的則是不正確地描述。根據學者的看法，這樣的主張要有意義，必須假設價值是人類可以觀察到的性質，所以自然主義主張價值是客觀性質，以某種意義自然地存在這個世界。[3] 換句話說，自然主義者相信有倫理事實，這些事實是有關自然秩序，而且和心理學、生物學、人類學事實一樣，可以開放給經驗探討。如果倫理信念正確地呈現自然秩序的這些面向，則這些信念就是真

的。*4*總而言之，自然主義認為我們可以建立真的道德結論，而且這些結論可以從有關人性、心理學和人的社會生活的事實中推得。*5*

　　基於上述的觀點，自然主義對「善」這個概念的看法和穆爾不同，自然主義認為「善」是可以被定義的，而且我們可以只利用一些自然語詞的組合，就可以對「善」作正當的定義，也就是說，「善」可以純粹透過某些自然性質的組合加以分析，因此對自然主義而言，「善」這個性質的存在，是可以利用經驗或科學的方法觀察，而不是一個不能用經驗觀察、神祕的性質。自然主義者認為，一個性質的存在不可能完全不可偵測，更何況在日常生活中大家對什麼東西具有善的性質，擁有許多不同的意見和爭論，如果「善」這個性質是不可偵測、而且又不能定義，人們怎麼知道「善」的意義？又怎麼可能在生活中為了「棒球賽好看」還是「籃球賽精彩」而爭議不休？此外，我們又如何知道別人所謂的「善」和我所謂的「善」是同義？所以自然主義者主張，「善的」這個性質，一定是在我們所能觀察、知覺的事物之列，他們認為，「善」的定義可以用一些語詞加以解釋，而每一個語詞都是可觀察的性質。

　　但是對於哪些語詞可以定義「善」，不同的自然主義學者有不同的主張，最常見的定義是：所謂一個事物是「善的」，就是因為這個事物是「人們贊成、喜歡、希望得到或尊敬的」，而所謂「惡的」事物則是「人們不贊成、痛恨、不喜歡、厭惡的」東西，所以所謂「善之物」就是人們希望能夠得到或促其實現之物。換句話說，所謂「善」就是具有引發人們興趣的一個性質。

　　由於自然主義者認為「善的」是一個自然性質，是屬於自然世界的一部分，所以定義「善」最適當的方法，當然和定義一般自然性質一樣，就是在所有我們稱為「善」的東西之中，尋找其共同的性質，而所有善之物的這個共同性質，就是「善」的最佳定義。例如我們要告訴小朋友「堅硬的」這個性質是什麼，最好的方法就是將所有堅硬的東西聚在一起，讓小朋友觀察和感覺，當一個小朋友摸一塊石頭時，我們說：「它是硬的」，另一個小朋友摸一塊鋼板時，我們也說：「它是硬的」，經由對這些具有

「堅硬」性質的事物之觀察和知覺，小朋友就能掌握「堅硬的」這個語詞的意義。這種作法之所以是定義「堅硬的」這個性質的適當方法，主要是因為「堅硬的」這個性質是自然性質，它存在於自然物之中，因此從對自然物的觀察就可以理解其意義。由於自然主義者認為「善」也是一個自然性質，所以不但經由對善之物的經驗研究、觀察、知覺，可以充分掌握「善」的意義，而且善也是一個可觀察、知覺的性質。

二、自然主義的困難

穆爾認為，自然主義對於「善」的定義是錯誤的，他先以類比的方式說明這個謬誤。穆爾認為「黃色的」這個性質也是簡單、無法定義的，也許我們可以透過「黃色的」在物理上等值的（physical equivalent）命題加以定義，例如物理學家可能作如下的定義：「黃色的就是波長為 Y 之物」，但是穆爾認為，即使所有波長為 Y 之物都是黃色的，「波長為 Y」也不是「黃色的」之定義。因為「所有黃色的事物都具有 Y 的波長」這是一個事實，可是這個事實只是在我們所生存的物理世界是如此，換句話說，只有在我們的世界中，所有黃色的事物才具有波長 Y，至於在其他可能的世界，我們可以想像黃色的事物不具有 Y 的波長，因此「所有黃色事物波長都是 Y」只是一個偶然而不是必然的事實，如果我們可以想像一個黃色的事物，而且它的波長不是 Y，表示「黃色的」和「波長不是 Y」並不是相互矛盾，因此穆爾認為，「黃色的」之定義並不是「波長為 Y」。此外，如果「黃色的」之正確定義確實是「波長為 Y」，則告訴某人某物產生波長 Y，他就應該知道這就是黃色，但是如果我們告訴一個盲人說：「能產生波長 Y 的東西就是黃色的」，這個盲人仍然無法知道什麼是黃色。所以波長 Y 只是黃色的一種物理特性，不等於它的定義。

同樣的，如果有人以某些自然性質定義善，例如將善定義為快樂（享樂主義的主張）也會犯相同的錯誤。也就是說，如果我們可以想像一樣好東西卻不會產生快樂，則表示「善的是不快樂的」並不是一個矛盾句，所

以「善」的定義並不是「快樂」。更何況如果有兩個人對善的定義有不同的意見，自然主義無法證明哪一個主張正確。例如，根據張三的主張，「善」的定義是：善是慾望的對象；而李四的定義則是：善是快樂。張三和李四如果對彼此不同的定義展開辯論，最後可能會產生兩個結果：

　　1. 如果張三證明快樂不等於慾望的對象，他並沒有證明李四是錯的。這種情形就像張三主張：三角形是圓；李四主張：三角形是直線，即使張三證明直線不是圓，也不能證明李四是錯的。因此自然主義者對於彼此不同的定義，無法找到一個合理的解決。

　　2. 如果這個爭論最後訴諸於群眾，也就是說，「善」的正確定義到底是什麼，就看人們如何使用這個字，但是這種方法使「善」的定義成為只是口頭上的爭論，而倫理學所關心的並不是人們如何使用這個詞語，倫理學者所要探討的問題是「什麼是善」，而非「大部分人認為什麼是善」。

三、開放問題論證（open-question argument）

　　穆爾的主要目的是證明「善」是不能定義的，但如果善是不可以被定義的，則有兩種可能：①善是複雜的，只是人們不能一致的同意其正確的分析是什麼；②善是無意義的，所以根本不存在倫理學這一個課題。穆爾認為，第二種可能很明顯是錯誤的，因為在日常生活中，任何人都知道「這是一個好的事物」這句話的意義。當一個人問另一個人說：「這是不是一輛好車？」或「『亂世佳人』是不是一部好電影？」對方大概不會回答他說：「你在說什麼？你的問題根本沒有意義，因為好不好是沒有意義的。」也就是說，我們無法對「善」這個概念下定義，並不影響我們對善概念的認知，就像快樂不可定義並不會影響我們對快樂的認知一般，事實上人們經常意識到善的概念，所以善是有意義的。

　　至於①也是錯的，穆爾用開放問題論證的方法，企圖證明所有自然主義對「善」的定義都是錯誤的。例如有人將「是善的」定義為「x 是我們所希望追求（desire to desire）之物」，這是一個自然主義的定義，因為它

是以一個複雜的心理性質定義「善」。這個定義的優點是：有些人所追求的東西是惡的，而有些善的東西卻不被追求，所以如果我們反省一下：我們到底希望追求什麼？答案似乎是：我們希望追求好的事物、停止追求不好的事物，因此將善定義為「所希望追求」似乎是合理的。穆爾企圖證明這個定義是錯的，他的策略如下：

如果「x 是善的」的意義完全等同於「x 是我們所希望追求之物」，則我們可以問兩個問題：

(a) 希望追求 x 是善的嗎？
(b) 希望追求 x 是<u>我們希望追求的</u>嗎？

穆爾的想法是，如果我們思考一下這兩個問題，我們會發現第一個問題比較簡單，而第二個問題卻比較複雜，這表示乍看之下，第一個問題和第二個問題對一般人而言並不是相同的問題，所以我們會認為它們的意義並不相同。可是如果我們注意一下這兩個問題中劃線的部分，根據上述「善」的定義，「善的」等於是「我們希望追求的」，因此(a)和(b)根本就是同樣的問題。所以如果對一般人而言(a)和(b)的意義不同，可是根據上述定義使得(a)和(b)成為相同的問題，可見上述對「善」的定義是錯的。

穆爾對於自然主義者對「善」所下的各種定義，都採用相同的論證方法加以反駁，這就是所謂的「開放問題」論證。何以稱為「開放問題論證」？所謂一個問題是「開放的」是指：如果有可能一個人能完全理解這個問題的意義，但卻不知道其答案時，我們就稱這個問題是開放問題，換句話說，開放問題是指其解答仍然未定，具有討論或爭議的空間，譬如：「上帝是不是存在？」「到底有沒有外星人？」「輪迴轉世之說是真的嗎？」這些都是開放問題。穆爾又舉了另外一個例子，藉以否定自然主義對「善」的定義，這也是自然主義對「善」最典型的定義，即將「x 是善的」定義為「x 是愉悅的」，而穆爾的推論如下：

如果「x 是善的」＝「x 是愉悅的」，則我們可以問以下兩個問題：

(c) 愉悅是<u>愉悅的</u>嗎？

(d) 愉悅是<u>善的</u>嗎？

　　這個論證在形式上和上一個論證相似，但是(c)顯然不是一個開放問題，因為一個人只要懂得這個問題的意義，他不可能不知道它的答案，而且事實上(c)是一個沒有意義的問題。然而(d)卻是一個有意義的問題，因為我們對「愉悅的」是否就是「好的」，可能會存在不同的爭議，因此(c)和(d)是不同的問題，它們所包含的意義也不相同。但是如果依據自然主義者的定義，由於(c)和(d)劃線的部分是可以互相轉換，因為「善的」就是「愉悅的」，所以(c)和(d)便是相同的問題。因此穆爾認為，如果(c)不是一個開放問題，而(d)則是一個開放問題，也就是說，(c)不同於(d)，則自然主義將「善的」定義為「愉悅的」就是錯誤的。

　　例如，「光棍」的性質和「沒有結婚的成年男子」的性質完全相同，因此如果張三是成年男子而且還沒有結婚，當我們說「張三是一個光棍」和「張三是一個沒有結婚的成年男子」，事實上所表達的是完全一樣的意思。所以對於任何知道「光棍」這個語句的意義的人，「光棍是沒有結婚的成年男子嗎？」這樣的問句並不是一個開放問題，因為答案是確定而無可爭議。但是對於「善」的定義，穆爾認為任何以自然性質所下的定義，都永遠是一個開放問題。也許有些自然主義者會認為，如果張三在經驗和資訊完全充分的情況下會想要某物，則該物對他而言當然是好的，但是在日常生活中，即使某物具有張三想要的性質，我們仍然可以問：「這對他是好的嗎？」因為一個人「想要」（would want）的東西並不完全等於他「應該要」（should want）的東西。*6*

四、穆爾對「善」的看法

　　總結前面的討論，我們可以將穆爾對「善」的主張歸納如下：「善」是簡單而不具有任何組成成分，由於沒有組成成分所以不能分析，因此是

不可定義的，所以任何自然主義的語詞都不是「善」的同義詞。事實上在穆爾心目中，「善」並不是一個自然性質，而是非自然性質（non-natural property），因此自然主義的謬誤似乎是將「善」當成是一個自然性質。儘管穆爾的結論相當具有說服力，但是他對於「善」的論斷似乎都是否定的，而我們仍然想要知道：在穆爾的觀念中，究竟「善」是什麼？事實上除了簡單、不可被定義之外，也許穆爾對「善」的看法可以被認為「善」是一種附加性質（supervenient property）。何謂附加性質？

　　附加性質不同於內在性質（intrinsic property）。任何存在於世界上的東西都具有某些性質，構成某一個事物本身的性質就稱為內在性質，例如手錶是由長針、短針、錶帶、內部的機器等構成，這些事物所具有的性質，是使手錶成為手錶的必要性質，所以它們是事物本身的一部分，是構成某一個特定事物的元素，所以也可以稱為構成性質（constitutive properties）。例如一件黃色的、全棉的襯衫，它是由「黃色的」、「全棉的」、「可供人穿著的」等性質組成，如果缺乏「黃色的」這個性質，它就一定不是黃襯衫；如果這件襯衫的質料具有其他成分，它就不是一件全棉的襯衫；如果沒有「可供人穿著的」這個性質，則它一定也不是一件襯衫。所以這些性質都是構成「一件黃色的、全棉的襯衫」的必要元素，我們稱事物所具有的這類的性質為內在性質。

　　從以上對內在性質的定義，可見「善」並不是一個內在性質，因為「善」並不是構成任何自然物所必要的性質。當我們說「這是一輛好車」時，在這部車之「內」根本無法找到「好的」這個性質，事實上對於任何我們稱為「善」或「好」的事物之內，我們都無法發現「善」這個性質。此外，對於所有我們稱為「善」或「好」的事物，即使我們不稱它們為「善」，也不會改變這些事物既有的性質，例如一輛停放在路邊的勞斯萊斯（Rolls-Royce）轎車，不會因為我們說它是「好車」，而增加或減少它原有的性質，所以「好的」這個性質是我們評價事物之後所附加上去的，它並不是這輛車子新發現的一個性質，也就是說，「善」這個性質不屬於這部車子。事實上「善」也不屬於任何自然物，因此，穆爾認為，任何企圖從

善之物的內在性質中尋找「善」的做法，都注定是失敗的。

　　當我們稱自然物為「善的」或「好的」時，是因為這些自然物具有其他的性質，而我們對這些其他性質進行綜合評估的結果，稱這些事物為善。例如，我們稱張三的車子為「好車」，是因為這輛車子具有省油、平穩舒適、零件持久耐用、安全設施周全等性質，我們綜合評估這些性質，認為這是一部好車。如果李四也有一部車子，也同樣具有省油、平穩舒適、零件持久耐用、安全設施周全等性質，但是如果我們發現李四的車子多了一個特性，就是在車速超過六十公里以後的碰撞，會造成油箱起火。這時候雖然李四的車子和張三的車子性質大致相同，但是我們會認為李四的車子不是好車。所以「善」或「好」這個性質是附加的，是評估事物的所有性質之後的一個總結性質（consequential property），因此是對自然性質進行評價的一個性質，是「性質的性質」。

　　因此如果以上的論述是正確的，則自然主義企圖從自然性質中定義「善」，是將「善」當成是一個和「黃色的」、「愉悅的」等性質同一個層次，而實際上「善」是屬於另一個層次的性質，是一個評價性、總結性、附加性的性質，因此自然主義的錯誤是必然的。

第三節　　對穆爾理論的批評

　　穆爾的理論對二十世紀的倫理學理論產生重大的影響，尤其他對「善」的討論更是當代倫理學最重要的文獻之一，在當前西方有關倫理學的選集當中，幾乎都會將穆爾的《倫理學原理》第一章收錄其中。然而儘管穆爾的理論引發當代後設倫理學的激烈討論，他的論點本身也有許多值得爭議之處。

一、什麼是非自然性質？

　　穆爾主張「善」是非自然性質，而自然主義的謬誤就是將它當成自然

性質，但是何謂自然性質？它和非自然性質如何區別？穆爾有時候似乎是以「可否獨立存在於時空中」，作為自然性質和非自然性質之區分，由於「善」並不能獨立存在於時空中，所以它不是一個自然性質。但是這個標準會使許多自然性質也變成非自然性質，例如顏色，「黃色的」這個性質也不可能獨立存在於時空之中，每當我們想到「黃色的」這個概念時，都必須附著在黃色之物之上，沒有黃色之物，我們根本無法在時空中發現「黃色的」這個性質，換句話說，我們不可能想像一個「黃色的」，它完全不附著在任何事物之上。然而沒有人會認為（即使是穆爾也不願意承認）「黃色」是一個非自然性質。

也許穆爾可以辯稱，他所謂的自然性質是可以被感官知覺到的性質，但是這樣的說法似乎也有困難，因為有些事物具有可溶性、磁性、放射性，這些性質雖然不能被感官所知覺，但是我們仍然認為這些都是自然性質。例如：磁鐵具有磁性，但是如果將一塊磁鐵擺在你面前，你無法用感官知覺到它具有磁性。也許有人會說，我們可以拿出一串鑰匙，試試看它們會不會被這塊鐵所吸引，這樣我們就可以觀察到它是否具有磁性，所以磁性是可以被感官知覺的。但是這個磁性並不是我們知覺到，而是「推論」出來的，因為一塊沒有被檢驗過卻已經被銷毀的磁鐵，在沒有被銷毀之前仍然具有磁性。如果對於一塊已經被銷毀的磁鐵，我們仍然認為：其磁性在理論上是可以被知覺的，那麼由於我們常說：「我開過這部賓士轎車，我感覺到它是一部好車」這類的判斷，這是不是也表示「善」是可以被知覺的？我們是否也可以說：由於「善」是可以被知覺的，所以它也是一個自然性質？ 7

如果將「知覺」作廣泛的解釋，「善」當然也可被知覺，否則世界上沒有人會知道什麼是「善的」，因此也不會有善之物。事實上穆爾認為，我們可以透過直覺直接掌握善的概念，也就是說，一個具有善的性質之事物，我們一看就知道它是善的。在穆爾的觀念中，儘管「善」是不能被定義的，但是我們都知道什麼是善，也因此穆爾在善的定義上，被認為是一個直覺主義者。也因為如此，所以有學者指出，穆爾對善性質的說法顯然

是神祕且無法解釋。*8*

二、類比的謬誤

　　穆爾定義「善」以「黃色的」作為類比，而且強調唯一的不同是前者為非自然性質，而後者為自然性質。這樣的推論除了無法解釋自然性質和非自然性質的區別之外，威廉士認為它也會產生邏輯上的困難。根據威廉士的分析，「善的」或「好的」這樣的語詞具有一個重要的面向，即它的功能是作為一個歸屬性的形容詞（attributive adjective），而不是修飾的形容詞（predicative adjective），而「黃色的」則是一個修飾的形容詞。這兩者的區別可以用以下的例子來說明，譬如「那是一隻黃色的鳥」可以分解為「那是一隻鳥而且它是黃色的」；同樣的，從「那是一隻黃色的鳥」和「鳥是一種動物」這兩句話，我們可以推得「那是一種黃色的動物」的結論。但是「他是一個好的籃球員」這句話，卻不能分解為「他是一個籃球員而且他是好的」；同樣的，我們也不能從「他是一個好的籃球員」和「籃球員是人」這兩句話，推出「他是一個好人」的結論。

　　從上面的例子可以得知，歸屬性的形容詞和其所修飾的東西，在邏輯上是連在一起的，而修飾形容詞則沒有這個特點，因此「善的」和「黃色的」不止是性質不同，而且用法上也不一樣，因此威廉士認為，穆爾強調「善的」和「黃色的」相似的說法，是一種誤導。*9*

三、開放問題論證的挑戰

　　從上一節對開放問題論證所做的討論，似乎穆爾心目中一個正確的定義必須是：定義項和被定義項必須是意義相同的同義詞，因為這樣才能通過開放問題的測試。穆爾這種對定義的要求，自然主義者並不同意。他們論稱，兩個不一定是同義詞的語句，卻可以指涉相同的性質。例如：晨星（morning star）和昏星（evening star）在意義上顯然並不相同，可是指的卻

是同一顆星。在人類天文知識不夠充分的時候，日出之前看到的那顆星星和日落後在西方天空所看到的星星，當然不是同一顆星，所以晨星和昏星的意義不同。但是後來的天文學知識證明，其實晨星和昏星都是金星（Venus），換句話說，它們的意義雖然不同，可是指的卻是同一顆星。因此在天文知識尚未發現晨星和昏星是同一顆星之前，如果用開放問題論證加以測試：「x 是早上日出前看到的星星，y 是日落後在西方天空所看到的星星，但是 x 是 y 嗎？」這無疑是一個開放問題，如果根據穆爾的論點，晨星所具有的性質不能用昏星所具有的性質加以定義，因為它們不具有相同的意義。然而根據今日的天文知識，上述的問題並不是一個開放問題，因為 x 確實是 y，x 所具有的性質就是 y 所具有的性質。因此自然主義者可以回駁穆爾的是：開放問題並不是否定自然主義對「善」定義的有效推論，因為即使「愉悅是善的嗎？」是一個開放問題，也不能因此證明「愉悅的」不是「善的」之正確定義，正如「晨星是昏星嗎？」在天文知識尚未充足之前雖然是一個開放問題，但是今天的科學證明這個問題的答案是肯定的。

　　事實上許多事物的化學名詞並不是一般所熟悉的，例如：「鹽」和「NaCl」指的是同樣東西，但是如果有人問：「鹽是 NaCl 嗎？」這個問題對許多人而言，是一個有意義的問題，因此根據穆爾的推論，二者不能互相定義。當然在此最大的爭議點是：一個適當的定義是否只能用同義詞？如果穆爾心目中合格的定義必須是同義詞，那麼從語意學的（semantic）的角度，「晨星」不等於「昏星」，「水」不是「H_2O」，「鹽」也不是「NaCl」，因為它們彼此雖然是指相同的事物，但是其內涵不同，對這點自然主義者和穆爾應該不會有歧見。然而對自然主義者而言，儘管「善」和任何自然性質都不是同義詞，並不因此導得「善」的性質不等於某一自然性質，正如「水」不是「H_2O」的同義詞，可是二者的性質卻完全相同，因此穆爾並不能從對「善」的定義的討論，排除從經驗研究中證明「善」的性質等於某自然性質的可能性。換句話說，「善」所意指的（what "good" means）可能和自然語詞所意指的不同，但是自然主義者仍然可以

主張：「善」作為一個性質，它有可能完全等同於某一個自然性質。

　　從前面的分析我們可以得到的結論是：如果一個正確的定義必須是定義項和被定義項是同義詞，則穆爾的開放問題論證，似乎可以完全否決各種自然主義對「善」的定義。但是穆爾這種對「定義」的主張，事實上不論自然主義或非自然主義者，任何對「善」所下的定義，似乎都無法逃避開放問題論證的挑戰，也就是說，透過開放問題論證，穆爾確實可以證明：所有對「善」的定義都是錯的，因此「善」是不可定義的。這樣的論證雖然可以完全否定自然主義以自然語詞取代「善」的可能性，但是它也會產生一些意想不到的問題，因為如果我們以穆爾的開放問題論證的方式，檢驗所有具消息性的（informative）定義，幾乎所有這類的定義都不成立。因為在這種定義中，定義項提供給我們的是對於被定義項的一些新訊息，使我們對被定義項有所新的認知和了解，例如如果有人不知道什麼是「水車」，我們回答他說：「水車是以前灌溉設施不良時，農人以腳踩的方式，從溝渠或河川中汲水到農田的一種工具」，這種定義提供給不知道什麼是「水車」的人一些新的資訊，使他們對「水車」的內涵有所了解。但是如果依照穆爾上述的論證，由於「水車是農人從溝渠或河川中汲水到農田的一種灌溉工具嗎？」是一個有意義的問題，所以「水車」不能被定義為「農人從溝渠或河川中汲水到農田的一種灌溉工具」，但是這樣的結論顯然是不恰當的。

　　從上述的討論，穆爾似乎只允許已經熟知定義項和被定義項是相同意義的那種定義，但是如此一來所有具有提供訊息功能的定義，都似乎不可能成立，因為穆爾的開放問題論證會造成許多定義會有如下的情形：在人們熟知定義項和被定義項是相同意義以前，是一個不合格的定義，然而在熟知兩者確實是相同之物之後，原來不合格的定義卻成為合格的定義。這樣的謬誤似乎是穆爾開放問題論證所造成的結果。此外，自然主義也可以反駁說：「愉悅的是善的嗎？」也不是一個開放問題，穆爾之所以認為它是一個開放問題，是因為他對「善」的意義不夠了解所致，就像不知道「水車」是什麼的人，會把「水車是農人從溝渠或河川中汲水到農田的一

種灌溉工具嗎？」當成是一個開放問題一般。因此當我們充分了解「善」的意義之後，「愉悅的是善的嗎？」這個問題的答案不但是明確的，而且是肯定的、不具任何爭議性。換句話說，即使從語意學上對定義的要求，穆爾也沒有完全否定「善」是可以被定義的可能性。

註　釋

1. 在此所要討論的是「善的」或「好的」（good）這個概念，它是一種性質（property），就像「堅硬的」、「寒冷的」、「白色的」是描述事物性質或特點的一個形容詞，但是在使用中文時，如果一直用形容詞的表達方式，有時候會顯得怪異，所以以下在討論這個概念時，大部分都是用「善」這個看似名詞的語詞來表達。

2. 有關這三種定義的討論，詳見 Feldman, 1978, pp.175-179。

3. Cooper, 1993, p.57.

4. Stephen Darwall, *Philosophical Ethics* (Boulder, Colorado: Westview Press, 1998), p.28.

5. Norman, 1998, p.158.

6. Stephen Darwall 認為，主張一個人在充分經驗和知識引導下所想要的東西，並不是他應該要的東西，這樣的想法並沒有前後矛盾，所以「這對他是好的嗎？」仍然是一個有意義的問題，參見 Darwall, 1998, p.35。

7. 從以上的討論，可見理論上我們很難嚴格區分自然性質和非自然性質，因此穆爾所謂自然主義的謬誤，應該被理解為：把兩個不同的性質當成相同性質的錯誤推論，也就是說，穆爾認為把「善」定義成其他任何性質，都犯了把兩種不同性質視為同一的謬誤，也就是犯了自然主義的謬誤。

8. Bernard Williams, *Morality: An Introduction to Ethics* (New York: Harper & Row, 1972), p.41.

9. Ibid., pp.41-42.

第九章

情 緒 論

穆爾對「善」定義的討論以及對自然主義的批評，衍生當代倫理學理論研究的兩個重大議題：一個是對道德語言意義的探討，一個則是區別「事實」和「價值」的爭論。許多倫理學者接受穆爾的論點，認為價值語詞不能化約成經驗語言，價值判斷不同於事實判斷，道德性質也不同於自然性質，因此任何形式的自然主義都是錯誤的，所以「善」不能用任何自然語言的組合加以定義。然而他們雖然接受穆爾開放問題論證的有效性，但是卻不能接受穆爾將「善」描述成一個神祕、直覺的性質，因此在這種情形下，這些學者試圖從倫理學語詞尋找一個新的詮釋，其中最重要的理論是情緒論和規約論。本章先探討情緒論，下一章則處理規約論的論點。

第一節　倫理語詞的定義和檢證原則

由於不滿穆爾對「善」的主張，有些學者進一步思考道德語言，發現道德語句的表達有兩個重要事實，一個是道德表達常常和人們的情感聯結在一起，當人們在表達他們的道德意見或主張時，都是充滿了強烈的情感。譬如一個反對同性戀的人，當他說：「同性戀是道德上不正當的行為」時，他的心情並不是心平氣和，而是滿懷憤怒或不屑的情緒；又譬如當我們看到一個捨己救人的行為，我們會以相當敬佩和稱許的心情說：「這真是一個具有崇高道德情操的行為」。除此之外，道德語言還有另外一個事實，即道德判斷常會產生行動，換句話說，當我們表示某一個行為是否合乎道德要求時，實際上會產生鼓勵或禁止該行為的情感取向。譬如當一個人認為「同性戀是道德上不正當的行為」時，這表示他自己不會發生同性戀的行為，也希望他所關心的人不要有這樣的行為，所以「同性戀是錯的」這個道德判斷，和「不要發生同性戀行為！」這個命令句，具有相同的功能。主張道德語言具有上述特點的後設倫理學理論，就是一般所謂的情緒論。*1*

情緒論是一種非認知主義，主張倫理判斷是表達判斷者的情感或態度，換句話說，情緒論主張倫理判斷並不是命題，所以倫理語句既非真也

非假，因為它不具有真假值。情緒論主要代表人物是艾耳（A. J. Ayer），艾耳在維也納大學研究邏輯實證論（logical positivism），他聲稱其哲學著作深受羅素（Bertrand Russell）、維根斯坦（Ludwig Wittgenstein）和休謨（David Hume）等影響。由於艾耳接受邏輯實證論的基本信念，認為只有兩種命題可以傳達知識、判定真偽，一種是分析命題（analytic proposition），這種命題的真假，完全由語詞的定義就可以決定，所以我們不需要任命經驗證據的幫助，就可以知道這類命題的真假值，譬如：二加二等於四；另一種是綜合命題（synthetic proposition），這類命題具有經驗的內涵和指涉，所以它們的真假必須基於觀察檢證，由經驗證據來決定，譬如：地球是圓的。

　　由於邏輯實證論主張有意義的命題必須具有真假值，分析命題的真假具有必然性，因為它是有關語詞的定義。而所有的綜合命題都是關於世界事實的描述，都是基於知覺或相關於某些實際或可能的經驗，因此綜合命題可以透過經驗加以檢證。所以一個命題要具有意義，它必然是一個分析命題，或者是一個可以透過經驗檢證的綜合命題。根據邏輯實證論的檢證主義的意義標準：非分析命題只有可被經驗檢證才有意義，所謂一個命題是可以被經驗檢證，是指我們可以透過經驗證據證明或否定這個命題，譬如對「陽明山今年的冬天不會下雪」這個命題，我們可以在今年冬天實際觀察陽明山是否下雪加以驗證，又如：「公元 2118 年 7 月 26 日太陽星系會失常」，雖然要檢證這個命題的真假必須在一百多年之後，但是這個命題仍然是一個有意義的綜合命題，因為在理論上它是一個可以被經驗檢證的命題。

　　基於這種檢證原則的意義主張，艾耳認為倫理語句和判斷是沒有意義的，因為倫理判斷既不是分析命題，又不是能以經驗檢證的綜合命題。譬如「說謊是道德上錯誤的行為」，我們要如何檢證？我們可以理解「說謊」這個語詞的意義，因為一個人口中所說的是否和他心中所相信的事實相符，理論上是可以透過經驗事實檢證；但是對於「說謊是道德上錯的」這樣的命題，則無法從經驗事實中加以檢證，因為除了「一般人都認為說謊

是錯的」之外，任何經驗觀察都無法讓我們證明「說謊是錯的」，然而「一般人都認為說謊是錯的」，並不足以證明「說謊是錯的」，這不只是由於一般人的判斷可能有誤，而且由於這樣的解答立即會產生的另一個問題：「為什麼一般人會認為說謊是錯的？」而要從根本上回答這個問題，我們必須要證明「說謊是錯的」，所以一切又回到原點。因此根據艾耳的主張，這類的判斷是沒有意義的。

艾耳將倫理學的內容分為四類：①表達倫理學語詞定義的命題；②描述道德經驗現象及其原因的命題；③有關道德價值之勸誡；④實際的道德判斷。根據艾耳的主張，在這四類命題中，只有第一個類別才是道德哲學的內容，也就是說，倫理學研究的對象，應該只限於對倫理學語詞的定義；第二類命題是有關道德動機，譬如：推動我們從事道德行為的動機是什麼？是基於自利或因為行為本身的正當性？這些是心理學或社會學探討的問題；第三類則根本不是命題，只是命令或規定，其目的是要激發聽者去實踐某種行為，如：要誠實、不要偷竊；至於第四類，艾耳尚未決定如何分類，但是由於它與倫理學語詞的定義無關，所以它不屬於道德哲學研究的範圍。

艾耳雖然將道德哲學的研究局限於倫理語詞的定義，但是他並不是要去發現哪一個倫理語詞較為根本，就這一點而言，他和穆爾不同。穆爾主張「善」是倫理學中最基本的語詞，因此企圖透過「善」的定義，藉以界定其他的倫理語詞；艾耳所要證明的，並不是所有倫理學語詞是否都可以化約成某一個基本語詞，而是要探討倫理學語詞化約成非倫理學語詞的可能性，也就是說，艾耳所關心的問題是：是否可以把所有的道德命題都翻譯成有關經驗事實的命題。

事實上效益主義和傳統主觀主義（subjectivism），*2* 就是基於這樣的理念定義倫理語詞，傳統主觀主義以「贊成」或「不贊成」的情感，享樂的效益主義則以快樂、幸福或滿足，藉以定義行為的對或錯，這些都是企圖利用經驗事實，藉以理解倫理的語詞。但艾耳認為這兩種主張都是錯誤的。主觀主義的錯誤在於：一個行為可以是道德上錯的，但是卻是一個受

到贊成的行為。譬如張三說：「a 行為是錯的，但是我贊成 a」，艾耳認為這樣的說法並不矛盾。如果一個連續犯下強姦罪的嫌犯被警察抓到，其中一名受害者要求警察在將這名嫌犯送交司法處置之前，讓她揍他幾拳，以泄心中怨氣，這名警察可能會說：「這樣做是錯的，但是我贊成。」，可見贊成的情感並不能定義「對」。

同樣的論證也可以用來否證享樂的效益主義，因為當我們說「提升最大量幸福的行為有時候是錯的」或「有些快樂的事物並不是好的」，並沒有矛盾。譬如：將所有唐氏症兒童都殺掉可能合乎效益主義的道德標準，但是這樣的做法是錯的。因此艾耳認為傳統主觀主義和享樂的效益主義的主張是站不住腳的，因為它們將倫理學語言化約成經驗事實的方式，和我們實際的語言不一致。根據艾耳的論述，在我們的語言中，規範性的倫理符號和經驗性的命題並不等同，換句話說，艾耳認為規範性的倫理語言，不能透過有關事實的語詞加以定義。

「倫理語詞不能用事實語詞定義」這個結論，似乎和穆爾的直覺主義 3 主張一致，直覺主義也認為倫理命題不是經驗命題，所以不能透過經驗觀察驗證倫理判斷，只能藉智性直覺加以掌握。但是艾耳也反對直覺主義的觀點，因為如果倫理判斷是由直覺掌握，由於人的直覺並不相同，除非對於不同的道德直覺，直覺主義能提出一個解決之道，否則訴諸直覺的結果，會變成另一種主觀主義的形式。艾耳認為，在直覺主義的理論中缺乏經驗證據，可以用來測試倫理學的命題，所以倫理命題是不能檢證的。因此直覺主義的困難是：一方面主張倫理命題是具有真假值的綜合命題；一方面倫理命題根據直覺主義的觀點又無法檢證。而根據艾耳的邏輯實證論觀點，上述的立場是矛盾的，因為只有在經驗上可檢證的綜合命題才有意義，所以無法檢證的倫理命題，顯然不是綜合命題。

由於艾耳反對將倫理語詞化約成事實或經驗性語詞，也認為直覺主義的論述不合乎檢證原則，所以他認為要解釋倫理學命題，需要第三種理論，因此他提出他的情緒論。

第二節　艾耳的情緒論 [4]

　　情緒論是對穆爾直覺主義的一個反省。根據穆爾的主張，「善」不是自然性質而是非自然性質，而且只能由直覺所認知。如前章所述，穆爾認為對於「善」的定義有三種可能性：①「善」是一個複雜的自然性質；②「善」是簡單、不可分析的非自然性質；③「善」根本不是一個性質，所以倫理學並不存在。由於穆爾認為倫理學真實存在，所以他排除第三種可能性，並以開放問題論證證明第一種可能性是錯誤的，因此他認為「善」是簡單、不可定義。但是許多接受穆爾的開放問題證論者，卻不能接受「善」是一種非自然性質的主張，因此接受上述之第三種可能的定義，就是情緒論的基本論點。情緒論和直覺主義相同的是，主張基本倫理學概念是不可分析，也不能透過自然性質加以定義，但是不同於直覺主義的是，情緒論認為倫理的概念只是擬似概念（pseudo-concept），也就是說，倫理概念並不是真正的概念，所以並沒有倫理學的真理，倫理學只是有關情緒的討論。

　　根據波宜曼的分析，穆爾的直覺主義是由四個論點所組成：

　　1. 實然命題不能推出應然命題。

　　2. 基本的價值語詞，包括道德命題，所指涉的對象是非自然性質。

　　3. 道德命題不是真就是假，即道德命題是對可知真實的客觀描述。

　　4. 道德真理是由直覺所發現，是自明的（self-evident）。

　　情緒論接受第一個論點，卻反對第三和第四個論點，至於第二個論點，情緒論認為由於無法確定是否存在一個非自然世界，所以無法知道價值命題所指涉的是何物，換句話說，直覺主義聲稱道德命題所指涉的非自然性質，根本無法透過經驗檢證，所以情緒論認為道德命題無意義，或者只具有非認知的意義。[5] 換句話說，如果根據一般的「意義」理論，由於道德判斷無法通過檢證原則的考驗，所以是認知上的無意義（cognitive meaninglessness），因此有些情緒論者認為道德判斷只具有情緒的意義

（emotive meaning）。**6**

　　艾耳否定倫理判斷的意義，但是日常生活中的倫理判斷和描述所指為何？艾耳認為倫理判斷只是情緒的表達，譬如「張三偷人家的錢是錯誤的行為」這個道德判斷，如果和「張三偷人家的錢」這個事實判斷作比較，前者所增加的「錯誤的行為」這部分的論斷，並沒有增加任何事實內容。當我們論斷某一個行為是錯的，並沒有對這個行為作任何進一步的描述，我們只是表達對這個行為道德上不贊成而已。所以當你說：「張三偷人家的錢是錯誤的行為」時，你等於是以一種極端厭惡的語調說：「張三偷人家的錢」。如果以文字的方式表達道德判斷「張三偷人家的錢是錯誤的行為」，等於「張三偷人家的錢!!」由於後一個句子所增加的兩個驚嘆號，並沒有增加「張三偷人家錢」這個句子的實質意義，因此一個道德判斷等於言說者在陳述一個事實判斷時，加上言說者的情緒表達而已。

　　根據艾耳這樣的主張，一個道德上錯誤的行為，其錯誤的嚴重性決定在對此一行為厭惡程度的情緒表達，在文字上則呈現在驚嘆號的多寡。因此由於「偷錢是錯的」等於「偷錢!!」，所以道德判斷並不具有命題的形式和內涵，也就是說道德判斷既非真也非假。既然道德判斷只是判斷者某種情緒的表達，無所謂真或假，所以不可能產生道德上的矛盾。譬如對偷竊這個行為的不正當性，李四和王五可能會有不同的看法，李四認為張三偷錢是錯的，王五則不認為張三偷錢是錯的，但是李四和王五的判斷並不是矛盾，因為李四和王五的判斷只是各自表達對張三偷錢這個行為的情緒，情緒表達無所謂真假，所以也沒有所謂矛盾，因為不同的情緒並不是矛盾。

　　艾耳認為，就是因為倫理判斷是表達判斷者的情緒，所以倫理判斷並不具有客觀的有效性，因此我們無法找到一個標準，決定倫理判斷是否有效。換句話說，倫理判斷不是命題、不是描述事實，所以沒有真假值、不能檢證。此外，根據情緒論的主張，倫理學語詞不只表達情感，而且也激發情感、推動行為，所以倫理判斷的功能就像是命令，以「你應該說實話」、「說實話是你的責任」、「說實話是一件好事」這三個倫理判斷為

例，艾耳認為，這三個命題中所出現的不同倫理語詞，是表達對「說實話」這個行為的情感強度，「應該」、「責任」、「好」分別對應不同的情感：「責任」所表達的情感和命令的強度大於「應該」，而「說實話是一件好事」是建議他人從事「說實話」的行為。因此艾耳認為倫理學語詞的「意義」，可以透過不同的情感來理解。

綜上所述，艾耳的情緒論主張也是一種主觀主義的理論，但是艾耳認為他的理論和正統的主觀主義有兩點不同：

1. 正統主觀主義不否認道德判斷是真正的命題，換句話說，正統主觀主義主張道德判斷具有真假值。為了闡述情緒論和正統主觀主義的不同，艾耳分別兩個概念，即「表達情感」（the expression of feeling）和「論斷情感」（the assertion of feeling）或「描述情感」（the description of feeling）。情緒論主張倫理判斷是情感的表達，而正統主觀主義則主張倫理判斷是描述判斷者的情感，或者是對判斷者所具有之情感的論斷。譬如以前述「張三偷人家的錢是錯誤的行為」為例，正統主觀主義認為，這個判斷代表判斷者心中對張三的行為產生不贊成的情感，因此當李四說：「張三偷人家的錢是錯誤的行為」時，原則上我們可以在李四心中，檢驗一下他是否真的具有不贊成的情感。如果李四確實在說出「張三偷人家的錢是錯誤的行為」時，心中有不高興的情緒，則李四所做的判斷是真的；如果李四心中根本就贊成張三偷錢，則李四的判斷是假的。換句話說，如果正統主觀主義認為道德判斷是描述或論斷判斷者的情感，則原則上道德判斷是可以檢證的，所以道德判斷不是真就是假，也就是說，決定一個道德判斷真假的標準在於：檢證判斷者是否具有相對應的情感。

艾耳深知，由於論斷某一個人具有某種情感時，常常也伴隨著此一情感的表達，所以有時候對論斷情感和表達情感很難加以區分。譬如當我說：「我好無聊」的時候，我可能同時表達和描述我心中的無聊。但是表達無聊和描述無聊仍然不同，因為我可以不用說「我好無聊」，卻充分表達出我的無聊，譬如當我們看到趙六一個人坐在那兒，一會兒看看自己的手，一會兒撿起地上的一根稻草玩玩，一會兒又東張西望、伸伸懶腰，在

觀察他一陣子之後，我們會認定「趙六很無聊」，不論這樣的論斷是否正確，表示一個人的無聊可以不必用言說表達。如果我們的論斷正確，表示趙六真的很無聊，而他的舉止正在表達他的無聊，顯然我們不能說他這個表達無聊本身是真還是假，因為情感的表達無所謂真假。

　　而且當一個人說：「我好無聊」時，並不一定表示他心中真的感到無聊，他可能在說謊，事實上他心中並沒有相對應於「無聊」這個論斷的情感，他可能只是要引起聽者的關注，心中並沒有真的感到無聊。所以描述或論斷某人無聊，具有真假值，原則上我們可以檢證是否存在與此論斷相對應的情感，如果真的具有此一情感，則這個論斷是真，否則則是假。

　　可見表達情感和論斷情感是不相同的，前者不具有真假，而後者則是對某種事實所做的論斷，所以是一個真正的命題，因此不是真就是假。基於表達情感和論斷情感的區別，艾耳認為其情緒論和正統主觀主義並不相同。

　　2. 根據正統主觀主義的主張，倫理判斷之間是可能產生實質的矛盾，而艾耳的情緒論則不會產生倫理判斷互相矛盾的情形。如果李四說：「謙虛是一種美德」，而王五卻回答他說：「但是你並不贊成謙虛」，根據正統主觀主義的論點，道德判斷是論斷情感，因此這兩個判斷是矛盾的，因為如果李四不是說謊，李四的判斷代表李四贊成謙虛，因此王五的判斷就和李四的判斷矛盾。但是根據情緒論的主張，李四的判斷只是表達情感，並不是一個真正的命題，所以無所謂真假，所以也不會和王五的判斷產生矛盾。就像前述的例子，趙六的舉止表達他無聊的感覺，這時候如果王五對正在「表達無聊」的趙六說：「你不是真的無聊」，這和趙六的「表達無聊」當然不是矛盾，因為表達無聊並不是論斷無聊，表達無聊無所謂真假，所以也不可能產生矛盾。

　　基於以上的不同，艾耳認為情緒論可以避免正統主觀主義所要面對的一個挑戰。一般對正統主觀主義的反駁是：倫理判斷的有效性不是建立在判斷者的情感特性之上。情緒論對於這個反駁的答辯非常簡單：倫理判斷根本就無所謂有效性的問題，因為倫理判斷不是真正的命題。

　　但是不論是正統主觀主義或艾耳的情緒論，由於都是主觀主義的主張，所以都認為道德上的爭論是不可能的，因為不論道德判斷是表達情感或者描述情感，兩個不同的道德判斷，代表兩個人對同一個行為產生不同的情感，因此道德上的爭論是無意義的。就像李四吃了一個日本蘋果，說：「這個蘋果真好吃」，於是他讓他的好友王五也嘗一口，王五卻說：「沒有很好吃嘛」。這時候如果李四要證明蘋果確實很好吃，所以和王五展開爭辯，這樣的爭論事實上並不會產生多大的作用，結果不是李四堅持主張蘋果好吃，王五還是認為並不怎麼樣，不然就是王五為了不傷害友情，假裝同意李四的判斷。因此從主觀主義的立場解釋道德判斷必然會面臨一個相同的質疑，即：在我們日常生活中確實存在道德上的爭辯，而且這種爭辯並不像爭論日本蘋果是否好吃一樣的無意義，因此主觀主義的道德主張，似乎和我們日常生活的道德認知不一致。

　　艾耳同意根據情緒論的主張，道德上的爭論是無意義的，但是他指出，在我們日常生活中從來就沒有真正爭辯過有關價值的問題。艾耳論稱，事實上我們日常生活中的爭論，並不是有關價值問題，而是對於事實問題的爭論。當我們對某一個行為的道德判斷有所歧見時，雖然我們會利用論證企圖說服對方，但是我們這樣做的目的並不是要證明對方所擁有的情感是「錯誤的」，而是要證明對方對這個事情的事實認知有誤，因為對方可能在以下幾個方面犯了錯誤：

1.誤會行為者的動機

　　譬如，李四判斷張三偷趙六的錢是錯誤的行為，而王五則不認為如此，這兩個判斷之間的差異在於：李四認為張三偷竊是基於利己而不惜損人的不良動機，王五則認為張三是基於善意。王五可能指出：張三知道趙六將要用這筆錢拿去購買毒品吸食，由於張三屢勸趙六戒毒，趙六完全置之不理，所以基於對朋友的關愛，張三只好出此下策，因此王五認為張三的行為並無不妥。如果李四接受王五的說明，可能會承認自己的判斷失當，因為他誤解了張三的動機，因此李四和王五一開始因判斷差異所產生

的爭論，並不是源於價值問題的爭論，而是有關行為者動機的認知差異所造成。

2.誤判行為的結果

有時候道德判斷會有出入，是因為不同的判斷者對行為結果的判斷不同所造成。譬如在前述的例子中，李四聽了王五的解釋之後，知道張三偷錢是基於善意，但是他仍然認為張三的行為是錯的，因為王五錯估了趙六錢被偷以後的結果。王五可能認為，趙六購買毒品的錢如果被偷，趙六就不會再吸毒了，可是李四卻論稱，根據他對趙六這個人的了解，一旦毒癮發作，身邊又沒錢購買，趙六很可能會鋌而走險，從事搶劫或綁票的罪行，所以張三的善意偷竊，可能造成更差的結果。因此對張三的偷竊行為是否正當的爭辯，事實上是由於李四和王五對這個行為的結果看法不同所引發。

3.沒有考慮行為者的特殊處境

在一般的狀況下，張三偷錢的行為當然是道德上錯誤的，但是如果張三的家境非常貧困，他的父親重病在身，而且已經好多天沒有吃飽飯，張三為了他的老父，不但到處向親友告貸，最後甚至在路旁行乞，可是親友紛紛走避，行乞也是常常一無所獲。這天張三回到家，聽到他重病的父親知道自己已經不久於人世，希望能夠在臨死之前飽餐一頓，張三在無計可施的狀況下，只好去偷竊。如果我們知道張三的這種特殊處境，有人可能會認為張三的行為是孝行，而不是道德上錯誤的。因此有些道德爭論常常是因為忽略行為者的特殊處境，一旦我們充分認知行為者的特殊情境之後，道德上的爭議就不再存在。

4.對某些因果關係的無知

人世間一個行為所會產生的各種結果極為複雜，我們永遠無法掌握或預知所有的因果關係，有時候我們可能認為某一個行為會有好結果，但是

事後才發現並非如此。譬如張三偷趙六打算要購買毒品的錢以後，趙六會去綁票、搶劫？還是就乾脆不吸毒？事實上我們對於這個因果關係只能猜測，沒有人能確知趙六會如何反應。因此道德爭辯也常常是由於對因果關係的無知而產生。

　　艾耳所要強調的是，由於消息、知識、因果關係的不充分或不一致，常會導致道德判斷的偏差，所以道德上的爭論常因此而起，道德辯論的目的就是要改變他人對這些經驗事實的道德態度。所以艾耳認為，日常生活中道德爭論的核心並不是價值，而是事實，因此如果一個和你道德見解不同的人，他從小所受的道德教育過程和你完全不同，即使他接受你所提出之所有的道德事實，可能還是不同意你的道德判斷。在這種情況下，道德判斷的差異就和事實無關，而純粹是有關價值問題的爭論，艾耳認為你不可能和這種人論辯，換句話說，根據情緒論的主張，你不可能以論證的方式證明你的價值體系比他好，因為你認為你的價值體系比他佳，這本身就是一個價值判斷，而價值判斷是情緒的表達，無法用論證方式改變或說服對方，就像當王五認為日本蘋果並不好吃，李四無法透過論證，說服王五接受日本蘋果確很好吃這樣的判斷。因此艾耳認為，如果我們所爭論的是純價值的問題，則論證是無用的。

　　艾耳的結論是：只有在預設某些價值體系的前提下，道德問題才可能透過論證的方式處理，因為論證是用來處理經驗事實或邏輯，所以我們不能爭論道德原則的有效性，我們只能藉由自己的情感稱讚或譴責道德原則。

第三節　對情緒論的批判

　　綜合以上的討論，情緒論有幾個優點：①它優於傳統主觀主義，可以解釋道德判斷產生衝突的方式。根據傳統主觀主義的理論，道德判斷只是反應個人的情感，所以並沒有道德衝突的問題，情緒論則可以分別信念的衝突和態度的衝突，[7]而主張並沒有道德信念的衝突，一般所謂的道德衝

突是一種態度上的衝突，因此情緒論似乎比傳統主觀主義更能夠解釋日常生活的道德處境，因為日常生活中確實存在道德衝突。②它可以解釋道德判斷和行為動機之間的密切關係。由於情緒論將倫理判斷解釋為判斷者的情感表達，所以當一個判斷者真實地說：「我應該做 x 時」，他必然是有從事 x 的動機，因此情緒論似乎可以充分說明道德判斷所具有的實踐性。*8* 但是情緒論的主張也會面臨以下的困難：

1. 艾耳情緒論所奠基的檢證原則本身就有問題。檢證理論主張有意義的命題不是分析命題，就是可檢證的綜合命題，但是這個理論本身並無法加以檢證，所以根據其自身的標準，是一個沒有意義的主張，因此我們沒有理由將有意義的命題只局限於可觀察的經驗命題或分析命題。*9* 此外，以命題可否被檢證決定其是否有意義是一個相當有問題的標準，譬如，所有的全稱命題都不能透過可觀察的經驗加以檢證，但是有些全稱命題顯然是具有經驗意義，以「所有的人都會死」這個命題為例，嚴格地說，我們只知道所有在二百五十年前出生的人，現在都死了，但是我們不知道現在還活著的人是不是都會死。當然理論上我們可以在二百五十年後檢證現在活著的人是不是都死了，可是這樣仍然沒有證明「所有人都會死」是可以被檢證的，因為以後還有人會出生，所以我們無法在經驗上檢證是否以後出生的每一個人都會死，即使我們知道如何檢證張三、李四、王五等任何一個個體是否會死，但是我們無法檢證「所有人」是否會死。依據檢證理論的意義原則，由於「所有人都會死」並不是一個分析命題，而是一個不可檢證的綜合命題，因此這個命題是無意義的，但是一般會認為這個命題是有意義，所以以可否檢證作為是否有意義的標準，顯然是值得懷疑的。

2. 情緒論混淆了造成某事的原因（cause）和從事某事的理由（reason）。根據情緒論的主張，道德上的爭議基本上是態度的差別，因此可以用消弭態度差異的方式解決道德爭議，但是一般我們認為，促成我們去從事某一個行為的理由，和造成我們態度改變的原因是不一樣的。*10* 譬如，如果你得了輕微的感冒，你認為沒有必要去看醫生，只要吃一點成藥就可以了，當你到一家西藥房買感冒藥的時候，你會選擇哪一種感冒藥？

由於你在電視上常常看到「感冒用斯斯」的廣告，所以當藥房老闆拿了一種你聽都沒聽過的感冒藥給你時，你會懷疑它是否有效；但是如果老闆一開始就拿「斯斯」給你，你可能會立即接受。這是因為你的態度已經受到廣告的影響，所以廣告是造成你毫不猶豫接受「斯斯」的原因，但是這並不是你應該接受它的理由。有些產品雖然廣告非常多，但是並不一定真正如廣告詞所描述的那麼好，你傾向於接受廣告所推薦的產品，不表示廣告推薦是你接受這些產品的最佳理由。

在日常生活中，我們常徵詢他人有關道德方面的建議，譬如「我是不是應該把年老的父母留在家裡，自己遠赴美國求學？」這時候我們所需要得自於他人的是：我應該怎麼做？也就是說，我希望他人的意見能對我的行為有所指引，我是希望得到該如何行動的最佳理由，而不是希望別人影響我，使我能產生從事某一個行為的態度。又譬如在生理上改變一個人的荷爾蒙分泌，可能會影響他對性行為的態度，以前他對同性戀可能極端厭惡，認為在道德上同性戀是變態的行為，但是現在他卻認為同性戀是一種生理需求，所以和道德無關。然而這種經由生理改變而造成道德態度改變，和我們基於對同性戀的理解和認知，因而認為一般人譴責同性戀的理由並不正當，這兩者對同性戀的態度雖然一樣，但是卻不能視為相同。前者是透過生理改變因果關係，造成道德態度的改變；而後者則是經由相關於道德判斷的理由而產生的態度。但是依據情緒論的主張，無法解釋這兩者之間的差別，因為所謂應該做的行為，就是具有做此一行為的態度，因此促成這個行為的原因，和從事這個行為的理由並沒有區別的必要，而由情緒論所導致的這種結果，顯然和我們一般的看法有所出入。

3. 和上一點相關，由於情緒論主張道德判斷是表達情感，因此所有的道德規勸或訓誡變成只是希望對他人造成影響，如果你知道你的朋友肺部不好，當你對他說：「你不應該抽煙」時，根據情緒論的分析，你是要影響你的朋友，而事實上你是在提供他不抽煙的理由。因此情緒論的一個重要缺失是：將道德當成只是情緒反應，而忽視理性的思辨和推論在道德中所扮演的角色。

4. 有時候我們在從事道德判斷時，並沒有產生任何情感，*11* 或者對同一個行為、在不同時間，我們對它進行道德評價時，會有不同的情緒反應。譬如：當你親眼目睹一個身強體壯的父親，不斷用皮鞭抽打他三歲的兒子，而他的兒子被打得嚎啕大哭、跪地求饒，而這個父親卻仍然無動於衷，皮鞭繼續無情地落在他兒子的身上時，心中一定會充滿了憤怒，這時候如果你指責這個父親說：「你這樣做是不對的」，這個道德判斷確實具有情緒論所陳述的那種特性：你一定是以激動的語氣，表達心中極為憤怒的感覺。當你事後幾天向友人描述這個情境時，雖然你還是會說：「這樣的行為是錯的」，但是那時候你的心情一定不會像當時那麼憤怒。如果再過幾年回想起這件事情，你仍然會說：「這樣做是錯的」，然而你在說這句話時的情緒，一定比以前更為溫和。這樣的情緒變化是道德生活中一個不爭的事實，然而如果情緒論的主張是正確的，則上述三個階段所作的道德判斷具有不同的意義，因為雖然同樣是「這樣的行為是錯的」，但是由於道德判斷不具有認知的意義，頂多只有情緒性意義，由於當表達這句話時的情緒不同，所以這句話在不同的時間表達了不同的意義。這樣的結論顯然違反一般的道德直覺，所以情緒論的主張似乎難以立足。

註　釋

1. 這個論點參見 Feldman, 1978, pp.212-213.

2. 根據 Stephen Darwall 的定義，主觀主義主張倫理性質就是觀察者之判斷或反應的特點，譬如張三認為「殺人是邪惡的」，「殺人」這個行為所具有的「邪惡的」這個倫理性質，就是張三對「殺人」這個行為的反應。換句話說，該行為所具有的這個倫理性質是張三所賦予的，所以張三對這個行為的判斷，決定這個行為的倫理性質。參見 Darwall, 1998, p.57.

3. 本章所謂的「直覺主義」都是指後設倫理學上的主張，以穆爾的理論為代表，所以和洛斯規範倫理學上的直覺主義意義不同。

4. 本節的論點出自艾耳的"Emotivism," in Louis Pojman (ed.), *Ethical Theory*

(Belmont, California: Wadsworth Publishing Company, 1989), pp.364-369.

5. Pojmon, 1995, pp.194-195.

6. 這是 C. L. Stevenson 的主張，Stevenson 是另一位重要的情緒論者。他主張道德對話有三個特點：(1)道德對話中會產生意見相同和意見不同的情形；(2)道德語詞具有「磁性」（magnetism）；(3)科學或經驗的檢證方法不足以處理倫理學。所謂道德語詞具有「磁性」是指：當某人說「x 是好的」時，他不只在表達對 x 的信念，而且在引發別人對 x 的態度，也就是說，Stevenson 認為道德語詞不只表達信念，也創造影響（influence）。因此他主張道德語詞是兩種意義的組合，一種是描述性意義，一種是情緒性意義，前者對應於信念的表達，而後者則對應於態度的表達。Stevenson 對「意義」的看法顯然和艾耳不同，他認為道德語詞是有意義的，而艾耳則否定道德語詞的意義，因此 Feldmam 稱艾耳的主張為激進的情緒論（radical emotivism），而 Stevenson 的學說則是溫和的情緒論（moderate emotivism）。本書只介紹艾耳的情緒論主張，有關 Stevenson 的論述參見其 *Ethics and Language* (New Haven: Yale University Press, 1972, first published in 1944)，至於這兩種情緒論的差別可以參考 Feldman, 1978, pp.212-231.

7. Feldman, 1978, p.220.

8. Darwall, 1998, pp.72-73.

9. Pojman, 1995, p.198.

10. Ibid.

11. Feldman 關於這一點有比較清楚的討論，參見 Feldman, 1978, pp.220-221.

第十章

規 約 論 [1]

　　情緒論之外，另一個重要的非認知主義的倫理學說，就是黑爾的普遍規約論（universal prescriptivism），簡稱規約論。規約論接受穆爾的看法，反對自然主義，區分「價值」和「事實」的不同，同時它也同意情緒論的主張，認為道德判斷無所謂真或假，但是不同於情緒論的是，規約論認為道德判斷並不是判斷者對某一個行為所作的情感反應，道德判斷就是判斷者的一種心理狀態。譬如當一個人說：「任意殺人是錯的」時，這句話並不是表達判斷者對「任意殺人」這種行為的負面的情感，而是像一個命令一樣，顯示出判斷者不願意這樣的行為發生，自己也有不去從事這樣行為的意願，所以學者認為，規約論認為倫理判斷和意志（will）之間的關係，比情緒論所主張的還要密切。 2 所以根據規約論的主張，評價性語言（evaluative language）的功能，主要就是「指引選擇」，也就是說，當我們使用道德語言時，目的就是要告訴人們應該從事什麼樣的行為，因此道德判斷就像是命令句，具有指引和規範行為的作用。

第一節　道德語詞的意義 3

　　根據黑爾的分析，在我們日常生活常常使用的語言當中，有些語詞是描述性的（descriptive），這些語詞的主要功能是表達事實或傳遞消息，例如：汽車、樹林、河流、飛機、玫瑰花、教室、學校等，都是描述性的語詞。在使用這些描述性的語詞時，必然會涉及規則，也就是說，當我們使用同一個描述性語詞時，所有被這個語詞指稱的事物，一定是具有某些相同的特質，譬如：我們稱岸邊的楊柳為「樹」，也稱溪頭的紅檜為「樹」，而校園裡的白千層也是「樹」，這些東西之所以都被稱為「樹」，是因為它們都具有一個共同的性質，而這個共同性質就形成我們在使用「樹」這個描述性語詞時，所必須遵守的規則，因此我們不能指著路邊的電線杆說：「這是一棵樹」。所以任何描述性語詞的使用，都是依照該語詞相關的規則，因此這個規則也決定該語詞的意義，我們將描述性語詞這種和規則相關的意義，稱為描述性意義（descriptive meaning）。

　　雖然描述性語詞的使用是依據規則，但這並不是否定語言所特有的開放性格（open texture），和維根斯坦所謂「家族相似性」（family resemblance）的特點，也就是說，描述性語詞必須遵守規則，並不表示語言本身具有固定不變的內容。事實上，任何一個字詞的適用對象，並沒有明顯的界限，譬如：「紅色」和「粉紅色」這兩個語詞，什麼樣的顏色可以稱為紅色，而什麼樣的顏色稱為粉紅色，似乎無法找到一個明確的界限。我們一般人都知道，紅色的顏色較粉紅色為深，所以中華民國國旗上的顏色，大家都同意是紅色的，但是酒酣耳熱的人，他們臉上的顏色真的是滿面通「紅」嗎？紅色要淡化到什麼程度才是粉紅色？這兩種顏色的分界點在哪裡？事實上語詞的使用具有「家族相似性」，一個語詞所描述的對象之間，具有某種程度的相似性，但是彼此之間也不完全相同，譬如：楊柳、紅檜、白千層我們都稱為「樹」，這三種事物雖然具有相似之處，使我們能使用相同的語詞描述它們，但是它們之間也存在差異，譬如：如果以外形而言，楊柳和椰子樹的差別很大，而椰子樹和電線杆反而很相似，但是我們稱楊柳和椰子樹為「樹」，而電線杆卻不是「樹」。因此什麼樣的事物可以稱為「樹」？有些花草的枝葉（譬如向日葵）長得和低矮的樹木一樣高，為什麼前者不是「樹」而後者卻可以稱為「樹」？

　　從以上的分析，可見一個語詞適用的對象，並不是具有一個明確的界限，而黑爾所謂描述性語詞的使用涉及規則，其基本的概念是語詞使用的一致性，也就是說，雖然每一個語詞適用的對象並不明確，因此所涉及的規則無法用文字明確陳述出來，但是如果我們稱 x 是紅色的，而且如果 y 和 x 在相關的部分都相似，則 y 也是紅色的。如果張三說：「中華民國國旗下半部的顏色是紅的」，但是卻說：「日本國旗上的大太陽不是紅色的」時，除非張三根本不知道中華民國國旗和日本國旗是什麼樣子，或者他故意開玩笑，否則我們會認為他不知道「紅色」的意義。就像如果李四說：「椰子是紅色的」，我們會認為李四可能將蘋果當成是椰子，不然就是他故意說謊，否則就是李四根本不知道什麼是「紅色」。根據黑爾的主張，規則和描述性語詞的意義之間具有關聯性，因此為什麼電線杆不可以稱為

「樹」，是因為「樹」這個字所具有的特殊意義，使得我們在使用它時，必須遵守和這個意義相關的規則，而這個規則使得電線杆不能稱為「樹」。

黑爾討論描述性語詞的目的，是因為他認為描述性語詞的描述性意義和道德判斷的意義相關。黑爾稱具有描述性語詞的直說式（indicative）判斷為描述性判斷，由於描述性語詞的使用具有規則性，所以由描述性語詞所構成的描述性判斷就具有普遍性（universalizability），也就是說，如果任何一個描述性判斷成立，則其普遍化形式也可以成立，譬如如果「x 是紅色的」為真，則我們可以推得「任何一個 y，如果 y 和 x 相關部分相似，則 y 是紅色的」。當然有人可能會對「相關部分相似」這個概念提出質疑，什麼叫作「相似」？因為世界上沒有任何兩樣事物是完全相似。但是這個困難和上述精確使用「紅色的」這個語詞的困難是一樣的，只要使用者（不論精確或模糊地）說明什麼是相關部分、為何稱 x 為紅色，我們就可以根據他的說明，得到這樣的結論：任何和他說明相似之物是紅色的。所以描述性判斷所具有之普遍性，是因為它包含描述性語詞，而且是這個語詞的規則性使用所造成的結果。

黑爾認為，價值或道德判斷也具有描述性意義，所以價值或道德判斷也具有普遍性。也就是說，如果一個價值判斷是「x 是善的」，則任何相似於 x 之物也是善的。就這一點而言，道德判斷和描述性判斷沒有兩樣，但是二者並非完全相同，因為黑爾認為，道德判斷不只具有描述性意義。由於自然主義者認為，道德判斷只具有描述性意義，所以決定如何使用價值語詞的規則，就是決定描述性語詞意義的規則，所以價值語詞只是一種描述性語詞。

雖然有些非自然主義者也認為，道德語詞就是描述語詞，但是他們同時也認為，某些特性只能用某些特定的價值語詞描述。因此黑爾分別兩種非自然主義：

1. 特殊主義（particularism）：此一主張強調價值語詞，如「善」，雖然也是描述性的，但是它的意義規則不同於非價值語詞的意義規則，因此根據這個主張，當我們判斷「x 是善的」，即使 x 和 y 在其他方面都相似，

我們仍然可以否定「y是善的」這樣的判斷，因為y不具有「善」這個獨特的非自然性質。換句話說，特殊主義認為，價值語詞使用的對象具有某一種獨特的非自然性質，所以即使兩個事物在所有其他方面完全相似，如果其中之一缺少「善」這個獨特的性質，也不能稱之為「善」。因為支持「x是善的」並不是某些自然的性質，而是獨立存在的非自然性質，所以如果y也具有這種非自然性質，y當然也是善的；但是如果y所具有的是與x相似的自然性質，而不共享「善」的非自然性質，則稱「x是善的」，卻不能稱「y是善的」。因此對一個特殊主義者而言，他可以承認道德判斷是描述性判斷，所以道德判斷也是可以普遍化，但是這種普遍化並沒有太大的意義。

2. 第二種非自然主義可以以穆爾為代表，如第八章所討論的，穆爾雖然反對「善」是可以被定義的，因為「善」不是自然性質而是非自然性質，但是他認為道德性質不是完全獨立於自然性質，而是依賴於自然性質，是一種附加在自然性質之上的性質，或者是總結評價自然性質的一個性質。這一派和自然主義一樣，強調普遍化的重要，黑爾認為這種非自然主義在普遍化的規則下，與自然主義會產生相同的結果。因為既然使用價值語詞時，價值語詞不是獨立存在，而是根據自然性質的變化而變化，則不論自然性質或非自然性質有何不同，也不論其評價一物為「善」的標準是什麼，非自然主義所謂的「善」，都是自然性質的函數。也就是說，「善」既然是評價自然性質的性質，所以是自然性質決定一物是否為「善」，所以如果「x是善的」，因為x具有a、b、c的自然性質，則任何一個事物y，如果y也具有a、b、c的性質，則y也是善的。因此黑爾認為，這一派雖然稱為非自然主義，但是由於必須承認普遍化原則，所以這種立場其實和自然主義的結果一樣。

黑爾既不能接受特殊主義，也不認為自然主義是正確的，他認為道德判斷不只具有描述性意義，還有規約性（prescriptive）意義，所謂規約性，就是對人的行為構成類似命令的作用，使人的行為受到規定和約束，所以具有促進或禁止行為被實踐的力量。他稱其道德理論為普遍的規約論

（universal prescriptivism），這個主張和自然主義有相同的地方，他同意自然主義的論點是：對一個事件所做的道德判斷，完全是基於這個事件所具有的非道德性質；和自然主義不同的地方在於：自然主義認為描述性意義已經窮盡道德語詞的意義，所以可以從「實然」（is）推得「應然」（ought），但是黑爾不認為從實然可以導得應然，因為根據黑爾的主張，道德語詞不只具有描述性意義，而且還具有規約性意義，所以自然主義的主張無法正確地解釋道德判斷。

　　何以黑爾稱其理論為普遍的規約論？因為由於道德語詞和描述性語詞同樣具有描述性意義，所以道德判斷具有普遍性；而且由於道德語詞也具有規約性意義，所以道德判斷不只是有普遍性，還具有推薦、讚賞、禁止、責備的意義。例如當我們說：「張三是一個好人」時，我們不只是描述張三的人格和操守，而且還包含對張三言行給予讚賞、推薦、以及鼓勵他人仿效的意義在內。所以黑爾認為，接受一個道德判斷，不只是接受其描述性的內涵，而且表示願意依照這樣的標準，在日常生活中實踐。

　　黑爾指出，對於「好人」的描述性意義，可能會因時間而改變其內容和標準，譬如在中國古代社會，一個女人能遵守三從四德，才是良家婦女，但是現代社會則認為，一個具有獨立自主能力的女性，才是值得肯定的現代女性。儘管道德判斷的描述性意義會因時空而改變，但是道德判斷的規約性意義卻不會改變，因為只要是一個事物所得到的評價是「好的」，則一定是具有推薦、讚賞的正面意義。所以對於「善」、「惡」、「對」、「錯」等倫理學上最重要的語詞，黑爾認為都是以規約性意義為主、描述性意義為輔。但是還是有一些價值語詞，其規約性意義是次要的，而描述性意義才是主要的。例如「勤勉」，這個語詞的描述性意義是：努力、辛勤的工作，但是有可能在某些社會，勤勉的人並不受到社會的歡迎，所以在這樣的社會勤勉的人不會被稱為「好人」，也就是說，「勤勉」的描述性意義不變，而規約性意義則會因社會而不同。又例如「誠實」，其描述性意義也不會因社會而改變，但是它的規約性意義卻會因不同社會而不同。根據人類學者的田野研究證實：在大部分的社會中，誠

實的行為是被讚許的，但是確實存在某些社會，誠實是不被歡迎的行為。

黑爾認為，由於道德判斷具有兩種不同的意義，所以道德上的差異，不是只從字義的釐清就可以解決，這是道德判斷和描述性判斷不同之處。一般人如果對描述性語詞有所爭議時，譬如對「灌木」和「喬木」如何區分的爭議，只要大家都同意「不滿某一個高度的樹木」就稱為「灌木」，這個爭議就可以得到解決。但是道德上的爭議並不是這麼簡單，即使大家對某一個行為是什麼樣的行為並沒有爭議，但是對這個行為是對或錯的判斷可能會有不同。譬如：高速公路大塞車，張三有點「內急」，他估計到達休息站可能需要三十分鐘，於是他就把車停在路邊，就地解決。這樣的行為在道德上是否可以被允許？有人可能會認為，張三的「內急」到底有多急，必須先澄清，否則無法進行道德判斷。但是如果以黑爾的觀點，即使這個問題得到解決，仍然有些人會認為：這種行為是道德上可以容許的；而有些人則會認為：有時候道德上允許我們違反一般的道德要求，但是張三這個行為卻不是這種情況，因為無論多麼急，隨地「方便」都是不道德的行為。又譬如有些合法節稅的行為，即使大家對行為的內容並沒有爭議，但是有些人可能認為這個行為是錯的，而有些則認為這是道德上所允許的。因此黑爾認為，這種道德上的差異，並不是釐清內容就可以解決的，因為它牽涉的不只是語言用法的出入，還包括道德原則的歧異，所以道德判斷不只是描述性判斷。

第二節　道德推論 [4]

由於黑爾認為，道德語詞具有描述性意義和規約性意義，所以道德判斷具有兩個特徵：普遍性和規約性，而由這兩個特性，可以衍生道德推論的兩個邏輯規則。黑爾以債權人和債務人的關係為例，說明普遍性和規約性在道德推論中所扮演的角色。

假設 A 欠 B 錢，B 欠 C 錢，而且在他們所處的社會，債權人為了討回債務將債務人關進監牢是合法的，也就是說，在法律上債權人可以將債

務人關起來。現在 B 考慮在<u>道德</u>上他<u>應不應該</u>將 A 關起來，也就是說，B所考慮的並不是法律上的理由，而是在道德上他有沒有理由可以將 A 關起來？

　　根據黑爾的論述，如果沒有普遍性、規約性兩個原則，毫無疑問的 B當然希望而且願意他能將 A 關進監獄，所以他會立刻接受「讓我把 A 關進監獄」的簡單令式。但是如果他想將這個令式變成一個道德判斷，即「我應該將 A 關起來，因為 A 欠我錢而不還」時，情形就不一樣，因為當B 在思考他應不應該將 A 關進監獄時，如果「我應該把 A 關進監獄，因為他不還錢」是正當的道德判斷，則由於道德判斷具有普遍性，所以經由普遍性原則，B 必須接受「任何一個和我具有相同處境者，如果他的債務人不還錢，他應該將其債務人關進監獄」，而一旦 B 接受上述的判斷，透過簡單的邏輯推論，他又必須接受「C 應該把我關進監獄」的判斷，由於道德判斷也具有規約性，所以再經由規約性原則，B 必須再接受「讓 C把我關進監獄」的結論。

　　我們可以將整個推論寫成如下的論證形式：

　　①我應該把 A 關進監獄，因為他不還錢。
　　②任何一個和我具有相同處境者，如果他的債務人不還錢，
　　　他應該將其債務人關進監獄。
　　③C 應該把我關進監獄。
　　④讓 C 把我關進監獄！

　　在上面這四個句子中，①是假設，如果①成立，則透過普遍化原則可以推得②，從②到③是簡單的邏輯推論：全稱命題的特例化，而從③推到④則是利用道德判斷的規約性原則。這個論證的意義是，如果 B 確實具有道德理由將 A 關起來，則 B 也必須接受 C 也有道德理由將他自己也關起來的結論。根據黑爾的論述，由於 B 不能接受④，所以他不能接受①，其結果是：「讓我把 A 關進監獄」這個令式得不到支持。

根據黑爾的分析，道德推論必須具備四個要素：

1. 事件之事實（facts）
2. 由「應該」這個道德語詞之意義所提供的邏輯架構（即普遍性和規約性）
3. 性向、慾望、偏好（inclinations）
4. 想像力（imagination）

所謂事實，在上例中所指的就是「A 欠 B 錢」、「B 欠 C 錢」，以及關進監牢是怎麼一回事，任何道德推論必須預設這些事實，否則無法進行。譬如：「張三沒有參加小學同學的同學會是錯的」，如果不是基於「張三曾經答應要出席這次聚會」的事實，我們很難得到上述的結論，因為僅僅由「張三沒有參加小學同學會」這個事實，並不能直接推出「張三是錯的」這樣的結論，因為小學同學聚會的時候，張三可能有別的更重要的事要做，但是如果有人指出：「可是張三曾經答應要參加」，則「張三的行為是錯的」這個判斷，就可以得到充分的支持。所以黑爾認為事實是道德推論的必要元素。

至於第二個要素，黑爾認為在道德推論中扮演極為關鍵的角色，上述的例證中，從①推到②、從③推到④，都是基於道德語詞所具有的特殊邏輯結構，如果道德語詞不具有普遍性，則從「B 應該把 A 關起來」，無法推得「所有債權人都應該將其債務人關起來」的結論。如果道德語詞不具有規約性，則即使 B 接受「C 應該把我關起來」，但是由於「應該」並不具有規定行動的力量，所以「讓 C 把 B 關起來」的令式，得不到「C 應該把我關起來」這個道德判斷的支持。譬如，如果我們接受「我們應該遵守交通規則」這個道德判斷，一般會認為我們就必須付諸行動，但是如果道德判斷不具有規約性，則即使我們接受「我們應該遵守交通規則」，我們也可以不遵守交通規則，因為「我們應該遵守交通規則」這個判斷，並不能支持「遵守交通規則！」這樣的令式。所以黑爾認為，道德語詞所提供

的邏輯架構是道德推論的必要元素。

　　道德推論也必須假設某些慾望和偏好，在債權人和債務人的例子中，B雖然可以將A關起來，可是他的行為得不到道德理由的支持，關鍵在於他不能接受「讓C把我關起來」這個結論，而B之所以不能接受這個結論的原因，當然是因為我們假設B不願意失去自由，也就是說，如果不是假設B具有不願被關起來的慾望或喜好，則黑爾的論證將完全失去效力。

　　而所謂想像力，指的是：在上述的論證中，我們可以不必假設B欠C錢，只要B可以想像「如果我欠C錢」這樣的情況即可。也就是說，只要B能夠想像他自己也欠人家錢的情境，B不需要實際上欠C錢，上述的推論就可以成立。因此黑爾認為假設的事件和真實事件一樣具有作用，即使C不存在，上述的論證仍然有效，因為這個論證核心觀念是：B在進行道德推論時，不能基於自己在這個情境中的特殊角色（即B是以債權人而不是債務人的身分呈現在論證中），而應該考慮的是人們在這種情境中的喜好。換句話說，如果B想像他和A的身分互相對調，或者不必把B實際上換成A的處境，只要B有足夠想像力，知道A的處境是怎麼一回事，上述的推論就能進行。黑爾認為，道德推論和自私精明的推論（prudential reasoning）之間最大的不同在於：推論者能把他人的欲求當成是自己的，因此C不一定要存在。

　　黑爾認為，上述四項要件如果缺少其一，就會造成其他要素也失去其效用，譬如，如果B是一個不管自己的特殊角色、對事情無動於衷（冷漠無情）、不在乎自己或他人利益的人，則他可能會接受④；如果一個人缺乏想像力，當他運用或接受某些規則的時候，卻不知道他人也會將同樣的原則用在他的身上，則他可能會認為①是正確的，因為他實際上並沒有欠別人錢；如果一個人對事實無知，對關進監牢是怎麼一回事毫無概念，他可能會接受整個論證，也願意被關起來。

第三節　對黑爾道德推論的檢討

　　對於上述債權人的道德論證，黑爾認為 B 可以有兩種策略逃避，但是每一種都必須付出代價。

一、語言的策略，即以不同方法使用道德語言

　　如果 B 所使用的「應該」不具有規約性或普遍性，他就可以逃避上述論證的束縛力，但是果真如此，則黑爾的論證和 B 之間所產生的差異，並不是真正的爭辯，因為這種差異只是表象而非實質，黑爾的論證仍然有效。黑爾認為，這個結果只是證明：上述論證不能說服那些對「應該」有不同用法的人，例如有人用「打」指的是「11」，當我們說「11 不是一打」，他說「11 確實是一打，因為我是這麼用的」，這個爭論只是各說各話。如果 B 採用語言策略，又可以有兩個方式：

1. B 把「應該」當成具有規約性但不具普遍性

　　如果 B 對「應該」的用法和黑爾不同，結果會造成兩種不同的結論。根據 B 的想法，他應該把其債務人關起來，但他不同意其債權人應該把他關起來，因為 B 認為「應該」不具有普遍性。但是根據黑爾的推論，由於黑爾不打算接受其債權人應該把他關起來，所以他也不能主張，他應該把其債務人關起來，因為黑爾所使用的「應該」，是具有規約性和普遍性。

　　這個結果是否表示 B 和黑爾的道德判斷存在實質的爭議？（B：他應該關其債務人，黑爾：B 不是應該這樣做）純粹從規約性的角度來看，這兩個結論確實是實質的爭議，但是從道德的角度來看則無，因為道德爭論不能只建立在某一特例之上，而必須涉及普遍原則，也就是說，道德要求人們在某一種情境下應該如何做，不能因人而有所差異。例如：「隨便

打人是錯的，但是我可以例外，因為我父親是大官」，黑爾認為這不是道德判斷。也就是說，儘管 B 在使用「應該」的時候，可以認為它只具規約性而沒有普遍性，所以 B 可以得到「把 A 關起來」這樣的結論，卻不讓 C 將自己關起來，但是他的用法並不是道德上的用法，因此他的行為在道德上找不到支持的理由。

2. B 所使用的「應該」具有普遍性但不具有規約性

基於這個用法，B 接受「C 應該把我關起來」，但是不接受「讓 C 把我關起來」，所以 B 可以主張「我應該把 A 關起來」而且同時化為行動。但是黑爾認為 B 這樣做，也是得不到道德上的支持，因為如果「應該」不具有規約性，則從「我應該把 A 關起來」也無法推出「我把 A 關起來」。黑爾強調，道德語詞如果不具規約性，道德判斷和個人所選擇的行為無關，也就是說，道德判斷的結果並不能作為行為的指引，所以即使我們接受「我們應該遵守諾言」，但是實際上要不要遵守諾言，和這個判斷無關，因為道德判斷不具規約力。所以 B 雖然可以將 A 關起來，但是這個行為並不是由道德理由所支持。

二、非語言之逃避策略

除了語言的逃避策略之外，即使 B 接受「應該」具有規約性和普遍性，但是 B 仍然可以逃避黑爾的論證，此種策略可以有三種方式：

1. 拒絕做正面的道德判斷

B 可以採取(a)無道德主義（amoralism）的態度，完全拒絕作道德判斷，或根本不在乎道德上如何，也就是說，他可以完全保持道德沈默，或者說：「在道德上沒有任何重要的事」，因為上述的道德論證只強迫他否定「他應該把 A 關起來」的道德判斷，但並沒有強迫他接受任何道德判斷。（「他應該把 A 關起來」的否定，不是「他不應該把 A 關起來」）此

外B也可以採取(b)對其他人的行動採用一般的道德標準，但對自己的行動則採取無道德主義的立場；或者(c)對自己的某些行為採無道德主義，而對他人則使用一般的道德標準。

　　黑爾認為，對於(a)我們是無計可施，但也不必困擾我們，因為這樣的人完全在道德爭論領域之外，但是他自己也被迫放棄接受道德的保護。關於(b)和(c)，我們可以追問：到底他依據何種原則，可以對相同的例子做出不同的判斷？或者迫使他承認他不是在從事道德判斷。

2.道德理想主義

　　假設B堅信財產權和契約的重要性，認為欠債不還就應該被關，這樣才能維護契約的尊嚴性，因此如果他自己是債務人，他願意入獄，以遵守契約原則。黑爾對這樣的逃避方法無法處置，那些全心全意支持這類理想的人，不在乎個人（包括他自己）的利益是否會因為追求這個理想而受害，所以黑爾的普遍化原則在這種情形下，完全失去效力，因為這個原則是基於普遍的利己心，所以任何道德理想的追求者不在乎個人的利益，就可以逃避黑爾的論證。黑爾稱這樣的理想主義者為狂熱分子（fanatic）。

3.訴諸事實

　　B可以說他和A之間存在道德上的差異，譬如，B可以指出：如果他被關，他的父母會餓死，而A則有親戚可以互相支助。黑爾承認，在他的例子中確實是假設B和C之間的關係，和A和B之間的關係完全相似，也就是說，這兩種關係並不存在任何的道德差異，但是由於這個例子是假設性的，所以我們永遠可以滿足這種完全相似的條件。如果在實際的道德推論中，B/C和A/B之間確實存在道德上差異，則上述的推論當然不能成立，但是這樣並沒有推翻黑爾道德推論的基本主張，因為我們永遠可以想像兩種完全沒有道德差異的關係，這樣才能進入黑爾的道德推論模式之中。

　　然而有人可能會辯稱，根本不存在兩個完全相同的情況，所以B似

乎永遠可以說：「我和 A 是不同的」。黑爾承認，任何兩個實際的情況不可能完全相同，但是並不是所有的差異都和道德判斷相關，也就是說，有些差異是合法的，有些則是不合法，譬如：B 臉上長青春痘、頭髮自然捲，而 A 則不具有這些特徵，但是這些差異似乎無法構成道德上差別對待的依據，因此困難在於如何分辨哪些差異是合法，哪些是不合法。但是黑爾認為，這個問題並不會影響他的論證，只要 B 具有足夠的想像力，能想像自己是處在和 A 完全相同的情境，他的論證就具有效力。

對於黑爾的規約論，我們可以從以下幾點加以反省：

1.道德判斷是否必須具有普遍性？

一般而言，黑爾的主張是正確的，一個有效的道德判斷通常具有普遍性，也就是說，道德判斷不能因人而異。但是並不是所有的道德判斷都可以普遍化，有些道德判斷事實上不能從普遍化的角度論斷，因為它們可能和個人特殊的處境確實相關。譬如：在某一個情境下，張三可能判斷「我應該犧牲性命拯救他人」（把身體撲在手榴彈上），而這個判斷顯然是一個道德判斷，但是張三卻不認為，別人在相同的情境下也應該這樣做，而實際上根據我們一般的道德直覺，我們也不會要求這個判斷能普遍化，也就是說，我們不認為任何人在張三的處境下，都應該犧牲自己拯救他人。事實上所有道德上值得稱讚的超義務行為，都不是可以普遍要求所有人都去實踐的行為，所以黑爾的理論似乎無法解釋「超義務」這個道德現象。 *5*

2.道德判斷是否必須具備規約性？

道德判斷會對人的行為產生規約作用，似乎是無庸置疑的，但是當我們身處於道德衝突時，譬如同時應該做 X 和 Y，但是兩者無法同時實踐時，似乎有些道德判斷就不具規約性。如果張三為了救人必須違反諾言，這時候張三面臨兩個道德判斷，一個是「張三應該救人」；另一個是「張三應該遵守諾言」，而這兩個判斷顯然都是他的道德義務，如果黑爾的理論是正確的，則我們可以推得：「張三去救人！」和「張三去履行諾言！」

這兩個令式，但是由於張三只能執行其中之一，所以「張三應該遵守諾言」無法推出「張三去履行諾言！」的令式，也就是說，在「張三應該遵守諾言」的判斷中，「應該」是非規約性的用法，但是這仍然是一個道德判斷，因為這個判斷仍然和張三選擇的行為相關，因為當張三實踐救人的行為之後，他會對沒有實踐諾言而感到抱歉。當然對於這一點黑爾可以作這樣的回應：在這種情境中，張三不是應該遵守諾言，而是應該去救人。但是如果在這種情境中遵守諾言不是張三的道德義務，他為什麼需要為了沒實踐諾言而感到抱歉呢？

　　此外，黑爾要證明道德判斷具有規約性，必須假設道德理由具有優先決定性（overridingness），也就是說，和其他任何理由相衝突時，道德理由永遠最具分量，但是在實際生活中，道德理由並不是永遠是最重要的行動理由，事實上有時候我們可以同意：「某人應該做 X」的道德判斷，但卻不接受「讓 X 被實踐」這個令式。譬如：大學聯考當天，由於張三前夜沒有睡好，所以起床太晚，為了趕時間，張三騎機車經過幾個不太重要的路口時，碰到紅燈卻不停下來，因為他知道如果遵守交通規則，他會趕不上考試，必須明年再重考，這對他而言是一個極嚴重的傷害。在這種情況下，我們一般會認為，雖然張三不應該闖紅燈，但是張三可以不理這個道德判斷的約束，因為其他理由比這個道德理由重要。

3.道德判斷需要什麼樣的想像力？

　　根據黑爾的主張，想像力是道德判斷的必要元素，在債權人的例子中，黑爾認為 C 不一定要存在，只要 B 能夠想像 C 存在，或者想像他自己是 A，他的論證就具有效力，也就是說，黑爾在道德推論中的要求是：B 必須思考「如果我是 A」，這就是一般所謂的為他人設身處地。在我們日常生活中，這樣的思考方式極為普遍，譬如我們常常反問想要對我們不利的人說：「如果我是你，你願意我對你這樣做嗎？」但是「如果我是你」這句話的意義並不是很明確，譬如在波灣戰爭美國出兵攻打伊拉克時，有人贊成布希總統的做法，有人則持保留的態度，反對布希的人會

說：「如果我是布希，我一定不出兵伊拉克」，但是也有人可以立即回應說：「如果你真的是布希，你必然會出兵伊拉克」。換句話說，「如果我是你」至少可以有兩種不同的解釋：一種是設想自己處於他人的情境，但是仍然保留自己的慾望、喜好；另一種則是和他人作全面的認同，不只設想自己處於他人的情境，也設想自己擁有和他人完全相同的利益、喜好和理想。

因此黑爾所要求的道德推論的想像力，到底是屬於哪一種解釋？當我把自己想像成他人時，黑爾是要我們和他人部分認同，還是全部認同？在他債權人和債務人的例子中，黑爾似乎要求 B 完全等同於 A，但是這樣是否合理？如果黑爾要求的是和道德判斷相關的喜好相同即可，那麼哪些喜好和道德相關，哪些不相關？黑爾在 Moral Thinking 一書中強調，道德判斷中所要考慮的喜好和慾望必須滿足兩個要求：理性（rationality）和精明（prudence）。前者排除基於錯誤的信念和推理所產生的喜好，後者認為精明的人會將其現在或未來的喜好最大化，所以黑爾認為，當我們在普遍化道德令式時，我們所要考慮的他人喜好，只包括那些合乎理性和精明要求者。6 但是這樣的說法似乎會和債權人和債務人的例子產生不一致的結果，因為在債權人和債務人的例子中，黑爾的普遍化原則要求 B 完全想像自己是A，因此不論A具有的喜好是否理性、精明，B都必須完全接受。7

4.道德語詞只具有兩種意義？

黑爾認為道德或價值語詞具有兩種意義，有些學者對這點提出質疑，認為任何言說都會產生因果效應，即心理上的反應，如果我們將這些反應都當成意義的一部分，則一個言說很容易就可以變成很多種意義。8 事實上同樣一個語句，在不同的情境下可能產生不同的言說效果，因此學者認為黑爾混淆了語詞的功能和語詞的意義，因為不管是道德語詞或價值語詞，都只有一種描述性意義，它可以在不同的情境產生不同的作用。9 譬如「誠實是一件好事」，對成人而言這句話具有鼓勵作用，對兒童則有訓誡及強迫的意味，但是如果這句話是在書本中讀到的，則可能只有陳述的

意思。所以語言在不同的情境有不同的功能，但不同的功能不能說是具有不同的意義，如果將語言的功能當成意義，則語言的意義不只黑爾所說的兩種，所以黑爾所謂道德語詞具有推薦的意義，嚴格地講似乎只能說道德語詞具有推薦的功能。

註　釋

1. 黑爾有三本重要的著作呈現其倫理學理論：*The Language of Morals* (Oxford: Oxford University Press, 1952), *Freedom and Reason* (Oxford: Oxford University Press, 1963)，以及 *Moral Thinking* (Oxford: Claredon Press, 1981)，本章的介紹主要是根據 *Freedom and Reason* 一書。

2. Darwall, 1998, p.73.

3. 本節根據 Hare, 1963, pp.7-29 有關描述性意義的討論。

4. 本節的討論出自 Hare, 1963, pp.86-111.

5. 在第四章中我們提到黑爾的兩層思考模式，根據直覺和批判兩個層次的區別，黑爾可以將「超義務」這個概念歸為直覺思考層次的概念，因為在日常生活中存在這樣的概念是合乎效益原則的。但是這樣的解釋似乎無法解決這裡的困難，因為黑爾在這裡所謂的道德推論，以他所舉的例子來看，應該是指日常生活中的道德推論，除非黑爾主張他的普遍性和規約性原則，只是批判層次的道德推論原則，但是這樣的逃避方式，似乎意味著一般生活中不存在道德上的推論，或者一般生活中的道德推論沒有特定的原則。

6. Hare, 1981, pp.104-106.

7. 有關這一點的討論參見 Williams, 1985, p.89.

8. G. C. Kerner, *The Revolution in Ethical Theory* (New York: Oxford University Press, 1966), p.147.

9. J. Austin 認為至少有三種言說行為(speech acts)：locutionary, illocutionary, perlocutionary，至於一句話到底是哪一種言說行為，則決定在言說時的情境，所以言說情境非常重要。同樣一句「這是一部好車」，在不同的情境表達，會產生不同的言說效果，參見 J. Austin, J. *How to Do Things with Words* (Cambridge, Massachusetts: Harvard University Press, 1977), p.100.

第 4 篇

道德的本質

在上一篇後設倫理學的理論中，我們探討道德語言、道德判斷的意義，本篇所關心的課題則是道德的本質。道德到底是相對還是絕對？我們這個社會所擁有的道德觀念，可以不可以適用於其他的社會？不同文化的道德規範有沒有共同的最高道德原則？這些問題是自有倫理道德產生以來，就一直爭議不絕的問題，第十一章將針對道德相對論（moral relativism）的主張，以及其可能產生的問題加以分析和討論。此外，對於道德本身有一個更根本的問題值得我們思考，就是：為什麼要有道德？我們在前面的討論中，從未懷疑道德存在的必要性和必然性，但是為什麼人類社會需要道德？道德的特質和人類的本性和處境是否相關？我們是否能為實踐道德行為提供充足的理由？這些問題將在第十二章中討論。

道德相對論和
客觀主義

　　道德相對論似乎是日常生活中最常見的主張，回教徒因為宗教的理由，認為吃豬肉是錯誤的，但是一般人則不以為意，如果我們繼續追問：到底吃豬肉是道德上對還是錯的行為？最普遍的答案是：對回教徒而言是錯的，對非回教徒而言吃豬肉和道德對錯無關，因為道德是相對的，對張三是錯的行為，對李四則可能是對的。事實上在日常生活中我們碰到許多道德上的歧見，有些歧見似乎永遠無法達成共識，譬如：同性戀、安樂死、墮胎等問題，人們對這些問題的看法不但分歧，而且似乎不可能找到一個論證，可以證明爭論雙方何者為正確，所以對這些問題的道德定位，一般人很容易做成這樣的結論：公說公有理、婆說婆有理，所以並沒有所謂誰對誰錯的問題，道德是相對的。

　　除了在一個社會之中有些無法解決的道德爭議，容易造成道德相對論的態度之外，不同社會之間，以及同一社會不同世代之間所存在的差異道德實踐，更是道德相對論強有力的證據。古代中國女子拋頭露面是違反道德的，而現代社會如果父母禁止自己的女兒出門，才是道德上錯誤的；愛斯基摩人允許老年人餓死，但是這樣的行為在我們的社會則無異殺人；有些文化允許殺人頭祭拜，這樣的行為在我們的社會不只是不道德，而且會被認為是一種變態。

　　雖然日常的道德常識傾向於支持道德相對論，但是道德是否是相對的？有沒有存在一個普遍的道德規範？則仍然是倫理學上爭議中的問題。

第一節　傳統的道德相對論

　　道德相對論的基本論點是：沒有普遍有效的道德原則，也就是說，在某一個社會認為是對的行為，在另一個社會可能是錯的。但是這個定義仍然有點模糊，必須進一步說明。當道德相對論者說：「在某一個社會認為是對的行為，在另一個社會可能是錯的」，這句話並不只是在描述一個大家都接受的事實，因為實際上已經有太多證據顯示，人類社會的道德實踐確實不同。如果將「在某一個社會認為是對的行為，在另一個社會可能是

錯的」這句話當成一個事實，這種主張稱為「文化相對論」（cultural rela-tivism）。道德相對論者不只認為<u>事實上</u>人類社會有不同的道德實踐，而且進一步認為，道德上對錯的判斷完全依賴文化而存在，也就是說，一個行為如果被其社會文化所接受，則這個行為<u>實際上</u>是道德上對的行為。更進一步說，道德相對論主張規範個人行為的標準，就是由自己所處的社會文化所決定的，社會文化的要求就是個人道德義務最終的根源。所以根據道德相對論的主張，當我們說：「偷竊是一個錯誤的行為」時，這個道德判斷的描述並不完整，完整的說法是：「在我們的社會，偷竊是一個錯誤的行為」，因此任何一個道德判斷必須具有以下的形式：「在 s 社會中，x是對的（或錯的）」。

道德相對論的主張主要是奠基於文化相對論的證據，所以人類學的研究對道德相對論有很大的影響，本節將介紹著名的人類學者潘乃德（Ruth Benedict）對道德相對論的辯護。**1**

潘乃德認為，人類學家研究原始民族的優點是，可以避免受到世界性標準化文明的影響，也可以了解一個民族地區性社會的形成。在高度發展的文化社會，譬如北美和歐洲的先進資本主義國家，由於習俗和信仰的標準化，使人們誤以為某一種當前流行的文化形式是人性之必然，好像人類文化的發展，步入歐美先進國家的模式是不可避免的趨勢。潘乃德從廣泛的文化模式研究中，否認上述的說法，她的研究發現，大部分簡單文化並不流行我們視為人性之必然的習俗，而這些不同習俗是由不同的歷史因素所造成，因此當代歐美文明，只能視為人類長期調適其所處環境，所產生的一種可能的結果，而不是人類成就的必然頂點。

潘乃德指出，任何社會不只在表現憤怒、喜悅、悲傷等細節和癖好上，甚至人類的主要驅力（drive）的表現形式，也都是為了調適，所以人類社會宗教、婚姻儀式的多樣性，比我們所經驗到的還要豐富。因此潘乃德認為，所謂行為正常或不正常的判斷也是文化的產物，換句話說，一個社會行為的正當性是由該社會所植基的文化所決定的。譬如一個人如果具有易於昏迷（trance）的特質，對現代社會而言，這是不正常的，但是這

種特質在很多民族中，不只是正常而且是可欲的，甚至被認為具有高度價值。早期臺灣的民間信仰，就認為具有這種特質的人是神靈附身，所以乩童是被一般人尊敬的對象。

此外，許多文明社會所唾棄的特點，卻為其他社會所接受，譬如，同性戀在某些社會是追求幸福人生的主要手段。潘乃德以美洲的許多印地安部落為例，這些部落就有法國人所謂的「berdache」這樣的制度，這個制度允許男人著女裝、擔任女人的職務，甚至有時候嫁給其他男人，有些天生性能力較差的男子，就可以選擇這種角色，以避免受到女人的嘲諷，這些人常常成為女性職業方面的領袖，或是某些部落事務的組織者，他們在其社會中有一定的地位。如果這種天生性無能的人身處在我們的社會，他可能面對的是世人的冷嘲熱諷、一輩子躲在陰暗的角落，不敢以真正的自我去面對社會。因此潘乃德認為，一個人是否正常，完全是由文化所定義。

為了證明文化決定行為的正當性，潘乃德從她的研究中證明，有些在我們文化中是不正常的行為，卻是其他文化之社會結構的基石。根據研究報導，在美拉尼西亞（Melanesia）西北方的一個小島上，這個社會是建立在一些我們認為極端偏執的特點之上：在這個部落中，外族通婚的族群，彼此都認為對方是邪術的操縱者，所以人們都嫁娶敵對族群的人，所以他們的伴侶都是終身的敵人。在這個社會中，如果你告訴人家你的收成很好，會被認為是承認自己偷竊，因為你一定是利用邪術，將別人家稻田裡的生產，轉移到自己的田地上，因此豐收是最大的祕密。此外，由於人們經常懷疑別人會毒害他，所以接受他人禮物的禮貌應對是：「如果你現在對我下毒，我將會回報你這份禮物」，也因此女人在燒水的時候，也不敢片刻不留意。

根據潘乃德的研究，多布（Dobu）人比美拉尼西亞這個島上的人更進一步，他們彼此之間互相害怕、互不信任，即使親屬之間的經濟交換也不可能，同一個家族之間分享種子也被嚴格禁止。在收成前的幾個月，整個社會接近飢餓邊緣，但是如果有人忍耐不住飢餓，而吃掉自己的馬鈴薯

種子，他就會被驅逐出去，一輩子都不能再回來。在多布的社會中，沒有人和他人一起工作，在這個社會中所謂瘋狂的人，是指那些喜歡和別人一起工作、幫助他人的人。

從以上的描述，可以發現人類文明的差異，往往遠超出我們的想像。潘乃德認為，人類的行為具有非常大的潛在領域，沒有一個文明的風俗可以包含所有可能的人類行為，就像人類可能發出來的語音有很多，但是每一種語言只能選擇其中的一些構成，所以任何一個文化從衣著、住屋，到倫理、宗教的行為，也都只是選擇某些可能的行為特點，透過長期歷史的制約，而形成特殊的文化。因此每一個社會都是選擇一個方向之後，在這個基礎上逐漸發展，揚棄某些和這個基礎不合的行為樣態，所以某些我們認為不正常之行為特點，可能被另一個文化選擇為建構其社會的基石。

因此根據原始文化研究的結果，潘乃德認為，任何社會的道德，並不是從人性構成的必然因素中直接導得，不同社會有不同的道德，道德只是社會所支持之習慣的簡稱，從歷史的角度觀之，「道德上善的」和「習慣的」是同義詞，所以所謂「正常行為」，是指社會上習慣的或期待的行為，因此一個行為是否正常，和社會制度化的行為類型有密切關係。

潘乃德認為，一般人的性格具有很大的彈性，所以大多數人都可以接受文化的塑造，因此人類的社會組織、語言、地域特性、宗教，都不是遺傳的結果。此外，人的生理結構和行為模式，並沒有對應的因果關係，人類行為是因為生物機能而形成者並不多，而是由文化扮演重要角色。而文化則是一種選擇，沒有哪些行為是人性的必然產物，所以「反常」是個人態度得不到文化的支持。因此潘乃德認為，如果我們執著於絕對的道德標準，便不能順利的處理倫理的問題；同樣的，如果我們把一個地方的風俗，當成是人類生存的必然方式，就很難了解人類社會的真相，所以她認為，要解決社會嚴重反常行為的方法，就是培養高度的容忍精神。

潘乃德從原始文化研究所得到的證據，證明人類的行為規範是文化選擇的結果，而由於每一個社會為了調適其存在的環境，所以會產生不同的行為要求，因此道德是相對的。這個結論似乎具有相當的真實性，如果道

德的目的就是為了改善人類存在的處境，2 似乎社會的處境不同，道德標準就會互異。事實上從我們的日常生活中，也可以找到支持道德相對論的證據。譬如，我們平時家裡炒菜，只要你高興，你要放多少鹽就放多少鹽，但是在中國西南山區食鹽極端短缺的地方，對於如何使用鹽應該會有一些規範。又譬如，如果你住在臺北，由於水源充足，你一天要洗幾次澡，大概沒有人在乎，但是你如果住在中南部，在枯水期水源極缺的情況下，如果你每天一定要洗三次澡，可能會受到別人的譴責。因此，一個行為是否在道德上被允許，往往和個人所處的社會環境相關，所以道德相對論否定普遍有效的道德原則。

第二節　道德客觀主義

傳統道德相對論的主張，受到相當多的質疑和挑戰，本節將介紹波宜曼（Louis Pojman）對道德相對論的批評，以及他對道德客觀主義的證明。3

波宜曼將道德相對論的主張，透過論證形式表達如下：

①行為對錯的判斷因社會而不同，沒有一個普遍的道德標準被所有社會所採納。
②個人的行為是否正當，是相對於其所屬的社會。
∴③沒有絕對或客觀的標準可以適用於任何地方、所有時代的所有人。

波宜曼稱上述論證中的第一個前提為多樣性命題（diversity thesis），它是對事實的描述，也是文化相對論的基本主張；稱第二個命題為依賴性命題（dependency thesis），它所表達的是，道德不是在真空中，行為的對錯是由社會的目標、信仰、歷史、環境的脈絡決定。依賴性命題又可以分為強、弱兩種，由於非相對論者可以接受弱的依賴命題，即道德原則<u>應用</u>

到不同文化時，可以有某種程度的相對性，所以道德相對論必須主張強的
依賴性命題。根據強的依賴性命題，不只是道德原則的應用是相對的，而
且道德原則<u>本身</u>就是文化的產物，會因社會的不同而不同，所以道德本身
是約定俗成的，任何道德原則的有效性都是建立在社會的接受之上。因此
如果不同文化有不同的道德原則，而且如果道德原則是根植於其所屬的文
化，則不存在一個普遍的道德原則，對所有文化、時代具有效力，換句話
說，道德相對論就是一個真的主張。

　　波宜曼分別對兩種道德相對論提出批判，第一種是主觀主義（subjec-
tivism）。主觀主義是極端的道德相對論，它主張道德不是依賴社會，而是
依賴個人，換句話說，不只是社會和社會之間有不同的道德標準，個人和
個人之間也有不同的道德原則，沒有一個人的道德原則可以適用於其他
人，你認為對的行為，我可能認為是錯的，而且到底誰的主張正確，並沒
有標準答案，如果用現代社會的流行語，主觀主義的道德標準就是「只要
我喜歡，有什麼不可以」。對於這種極端相對論的論點，波宜曼提出幾點
批評：①主觀主義如果是正確的，則人際之間的批判就不可能存在，沒有
人能對他人的道德原則進行任何評價，也沒有人能比較個人之間道德成就
的高低，結果是：希特勒和甘地可能是一樣地道德，只要他們兩個人都自
認為遵守其自選的道德原則；②根據主觀主義的主張，道德論證是多餘
的，道德判斷成為美感經驗，道德衝突也不可能存在；③主觀主義所造成
的結果和「道德」這個概念相矛盾，因為一般人認為道德的目的是為了解
決人際衝突，以改善人類存在的困境。然而主觀主義在面對道德衝突時，
顯然是束手無策。

　　第二種道德相對論是習俗論（conventionalism），習俗論主張所有有效
的道德原則，都是經由文化接受所證成，潘乃德的相對論主張就是採習俗
論的觀點，而上述道德相對論的論證形式，也是習俗論的論證形式。習俗
論是比較具有說服力的相對論，很多人認為習俗論是正確的，所以我們應
該依據習俗的規範而行動，潘乃德的容忍精神似乎可以從習俗論推得，因
為如果(a)道德是相對於文化，而且(b)我們並沒有獨立的基礎批判其他文

化的道德，所以(c)我們應該容忍其他文化的道德差異。但是這個推論本身和相對論的精神並不一致，因為(c)顯然是一個普遍的道德命題，它要求<u>每一個人</u>不論其社會文化背景為何，都應該容忍其他文化的道德差異，這個要求本身違反相對論的精神。此外，如果有一個文化，它對其他文化採取不寬容的態度，根據道德相對論，這個文化就有理由對其他文化不寬容，因為這種不寬容行為，是被它的文化所支持。

習俗論除了無法推得容忍精神之外，還有一些缺點：

1. 習俗論如果正確，我們無法批評其他文化的行為規範，假設 A 社會施行奴隸制度，而且允許種族和性別上的歧視；而 B 社會反對奴隸制度，也不允許種族和性別歧視，而且基於捍衛人類尊嚴的立場，反對 A 社會的道德規範。依據習俗論的主張，我們不但不能評估這兩個社會的優劣，而且會認為 B 社會反對 A 社會的做法是不正當的。而習俗論這樣的結論似乎違反我們的道德直覺。

2. 根據習俗論的主張，一個人的行為只有合乎社會習俗才是對的，則任何道德改革者的行為永遠是錯的，但是改革者之所以從事道德改革，正是認為原來的道德規範是不正確的。如果一個改革者的行動最後得到社會普遍的支持，則他的行為似乎從道德上錯誤行為，變成道德上正當的行為。假設一個改革者所提倡的道德原則，最後雖然得到社會的支持，但是在這些原則沒有得到社會的肯定之前，他就去世了，則這位改革者是道德上的罪人，還是先知？習俗論似乎無法處理這個兩難。事實上習俗論也不可能處理道德改善的問題，因為一切道德的基礎都是習俗。除非習俗有良窳之別，否則無所謂道德改善的概念，但是如果習俗能分別好壞，則相對論的主張就無法立足。

3. 依賴性命題的困難：根據依賴性命題，個人行為的對錯依賴其所屬的社會或文化，但是什麼是「社會」、「文化」？這兩個名詞如何定義？什麼樣的特徵使得一群人能構成一個社會？同一個文化之中可否形成次文化？次文化中的人們是否可以擁有自己的道德標準？事實上習俗論在這個問題上，有可能會導致主觀主義的結果，因為除非習俗論能夠明確地界定

「文化」或「社會」的範圍和界限，否則道德原則的相對性可以從文化、次文化，一直推到個人，而形成主觀主義的理論。但是習俗論的相對論精神，似乎不能主張：一個大社會中不允許小社會之間的道德相對性。

　　為了進一步證明道德相對論是錯誤的，波宜曼企圖證明道德客觀主義（moral objectivism）。在證明道德客觀主義之前，波宜曼區分道德絕對論（moral absolutism）和道德客觀主義，前者主張有些道德原則是永遠都不應該違反的，康德的學說和行為效益主義似乎都是這類的主張。而道德客觀主義則不必主張有些道德原則永遠不能違反，客觀主義的道德原則類似洛斯的表面原則，這些表面原則之間可以互相凌駕。因此如果波宜曼能夠證明，至少有一個客觀的道德原則，它規範所有的理性人，就可以證明道德相對論的主張是錯誤的。

　　事實上波宜曼相信有許多的道德客觀原則，規範所有的理性人，他舉一個例子加以說明，如：以折磨人取樂是道德上錯誤的行為，他認為這個原則對所有的理性人都具有約束力，如果有人不接受這個原則，我們會認為他是無知、邪惡或非理性，所以即使有人不接受這個原則，也不會影響它對我們的約束力。假設在某個地方有一個部落，整個部落文化都接受以折磨人取樂的行為，假設德瑞莎修女或甘地，都無法說服他們停止這樣的消遣方式，我們會對「以折磨人取樂是道德上錯誤的行為」這個原則產生動搖嗎？波宜曼認為答案是否定的，我們最合理的反應是：為這個部落的行為找到一個合理的解釋。我們可能會認為，道德生活所必須的同情心，在這個部落並沒有得到健全的發展；我們也可能認為，這個部落和大部分人類相較，是處於較低的演化程度；或者我們會認為，這個社會是接近霍布士的自然狀態，可能將無法持續存活。但是我們絕對不會接受：道德是相對的，所以雖然「以折磨人取樂」的道德實踐對我們而言是錯的，但是對他們而言卻是對的。

　　波宜曼認為，每一個適當的道德，都必須包含一組客觀原則，可以稱之為道德的穩定核心，這個核心是建立在人性的共同需要和慾望之上，所以從這個核心衍生出來的次級道德原則，可以隨環境、信仰、傳統而不

同，但是基本原則卻是不變的。以下是波宜曼的客觀主義論證：

①人性在重要的面向是相當相似的，人有共同的需要和利益。

②道德原則是人類需要和利益的函數，而且是透過理性建立，以提升理性存在者最重要的利益和需要。

③有些道德原則比其他道德原則更能提升人類的利益、滿足人類的需要。

④以最適當的方法切合人類的重要需求、提升人類最重要利益的原則，可以稱為客觀有效的道德原則。

∴⑤既然有一個共通人性，則也有一組客觀有效的道德原則，可以適用於所有人性。

基於對共通人性的肯定，波宜曼認為道德是有意義的，而且不是任何原則都可以稱為有效的道德原則，因為道德是為了改善苦痛、解決衝突、提升人類的幸福，而這個目的就是道德客觀性的基礎。

第三節　哈曼（Gilbert Harman）的道德相對論

如前所述，道德相對論常被批評為一種不一致的道德理論，因為它一方面主張沒有普遍的道德原則，一方面又認為，任何譴責或干涉其他社會的價值或規範的行為是道德上錯誤的。前者強調行為對錯的相對性，而後者卻離開任何特定的社會情境，以非相對性的意涵使用「對」、「錯」等道德語詞，這種不能堅持其相對論的一貫精神，一直是傳統相對論者所面臨的最大困擾。哈曼在一九七五年發表了一篇為道德相對論辯護的文章（題目是「Moral Relativism Defended」），他確信他的道德相對論，可以避免前述不一致性的弊端。 *4*

哈曼強調其道德相對論是一個嚴肅的邏輯主張，他認為道德判斷是相

對的，正如同我們問一隻狗的大小，必須有一個比較的對象，一隻相對於吉娃娃是大的狗，如果相對於一般的狗卻不見得是大的，所以如果問：「說謊是道德上錯誤的行為嗎？」哈曼認為，這樣的問題是無意義的，因為道德判斷必須在某一個相關聯的協議（agreement）或了解（understanding）中，才有意義。也就是說，一個行為相對於某一個協議是錯的，但在另一個協議中卻可能是對的，協議不必是有意識的或明確的。但是哈曼強調，只有某些（而不是全部）道德判斷是相對於一個協議，所以其道德相對論的主張，只適用於某些道德判斷。

　　哈曼的道德相對論是針對所謂的「內在判斷」（inner judgment），他是透過內在判斷的概念，闡述其道德理論。為了說明什麼是內在判斷，哈曼分辨「應該」這個語詞的四種用法。當我們說：「火車應該到站了」，這裡的「應該」表示期許；如果我們說：「世界應該充滿愛心」，這時候的「應該」是一種價值評論的用法；而「應該」的第三種用法，哈曼稱為「理性的應該」，譬如當我們說：「小偷作案時應該戴手套」，這時候我們不是主張：小偷戴手套作案是道德上正當的行為，而是認為小偷這樣做才是理性的行為；至於我們判斷「A應該（或不應該）做D」、「A做D是錯誤的」（其中A代表行為者，D代表行為）時，這裡的「應該」是描述行為者和其行為之間的關係，哈曼認為這種用法的「應該」，才是道德上的「應該」，而這種判斷才是內在判斷。

　　根據哈曼的定義，所謂「內在判斷」有兩個重要意涵：①當我們提出「A應該做D」這個內在判斷時，意味著A確實有理由做D；②判斷的提出者和聽眾也都承認這些理由是行為者的內在動力，換句話說，判斷的提出者、行為者和聽眾都贊成這些理由，因為這些理由來自於論者和行為者共享的目標、慾望、企圖。所以當我們對A的行為做內在判斷時，表示A可以被相關的道德考量推動而付諸行動。

　　但是如果一個判斷只對行為者作評價，或只涉及行為本身，譬如說：「某人是野蠻的」、「某人是無人性的、邪惡的或敵人」或「某個行為是錯的」，則不是內在判斷，也不是哈曼所謂的道德判斷，因為這些判斷並沒

有顯示出行為者和行為之間的內在關係。當我們說：「張三的某個行為是錯誤的」或「某人是邪惡的」，前者只是評價這個行為，並沒有蘊涵張三有不去從事這個行為的動機或理由；而後者則是對行為者本身的評價，完全不考慮行為者是否接受判斷的理由。

為了闡述上述的觀點，哈曼舉例加以說明。譬如，一名火星人登陸地球，他任意傷害地球上的人，如果我們說：「他不應該傷害地球上的人」，這個判斷顯得有點奇怪（odd），因為這是一個內在判斷，而以內在判斷評價火星人的行為，蘊涵這名火星人有理由關懷地球上的人之生命和幸福，但是實際上我們不能期待火星人有理由不傷害地球上的人，因此這個內在判斷是不適宜的，我們只能說：「他是可怕的敵人」。同理我們也不能說：「食人族不應該吃俘虜的肉」，因為這也表示食人族有理由不吃俘虜的肉。又譬如在一個謀殺集團長大的小孩，從小就被灌輸一個觀念，就是：尊敬其家族成員而輕視社會上其他的人，一旦這個小孩長大以後，被指派去謀殺某個「圈外人」，如果我們說：「他不應該如此做」也會顯得有點奇怪，因為他根本不關心被謀殺者的生命。此外，我們也不適合說：「希特勒不應該殺猶太人」，因為希特勒根本就沒有理由不那樣做。

哈曼認為，內在判斷具有一個邏輯形式，道德上的「應該」是一個四位元的述詞，也就是說，任何一個內在判斷都涉及一個行為者 A，以及和 A 相關的某一個行為 D，再加上一些道德上的考量（considerations）C，最後必須存在一個共通於判斷者、行為者和聽眾的動機性態度（motivational attitude）M，M 就是遵守一個協議之意圖（intention），所以內在判斷可以寫成「應該（A, D, C, M）」。

對哈曼而言，最重要的元素就是動機性態度，這個態度表示行為者有理由從事 D 的行為，而這個態度的形成，是基於共享這個態度的人，了解彼此都願意遵守一個協議，而這個協議的產生，則是經由相互調適和默默交涉的過程所形成。[5] 也就是說，當我們進行一個內在判斷「A 應該做 D」時，蘊涵判斷者、A 以及聽眾，都共同承認 A 有理由做 D，而這個共識則根源於彼此妥協、交涉，所默默形成的協議。所以哈曼道德相對主義

的相對性格，就是建立在這種協議之上，他認為，任何道德判斷（內在判斷）只有相對於某一個特定協議才有意義。哈曼認為康德的動機理論是錯的，理性本身不可能是動機之源，這些共同的動機性態度是基於協議，也就是說，所謂某人有理由做某事，是指他擁有共同目標所產生的行為動機，而這些動機則是建立在遵守合約上。

從以上的討論，可見哈曼的相對論只局限在內在判斷，根據哈曼的主張，任何內在判斷必須以共同的協議和了解為基礎，因此由於不可能存在一個普及全人類、超越時空的協議，所以不存在一個普遍的道德原則適用於所有人類和社會。這樣的相對論主張，當然也可以避免傳統道德相對論所面臨的挑戰，因為哈曼並沒有主張「每一個人不論其文化背景為何，都應該容忍其他文化的道德差異」，對哈曼的相對論而言，一個人是否應該容忍其他文化的道德差異，完全決定於這個人所接受的協議之中，是否包含「容忍其他文化的道德差異」的內容，如果答案是肯定的，表示我們有理由要求這個行為者「應該容忍其他文化的道德差異」；如果答案是否定的，則我們對他說：「你應該容忍其他文化的道德差異」，就好像對外星人說：「你不應該傷害地球上的人」一樣的不適當，因為我們要求行為者從事的，是他沒有理由去做的，換句話說，他缺乏實踐此一行為相關的動機。

哈曼的道德相對論是一個比較複雜的主張，雖然根據上面的討論，這種相對論可以避免傳統相對論所面臨的難題，但是哈曼的主張也不是毫無缺陷，以下是針對哈曼的相對論提出幾點批判：*6*

1. 哈曼一方面主張內在判斷可以用「應該（A, D, C, M）」表達，一方面又認為內在判斷蘊涵判斷者、行為者和聽眾之間共同承認的協議，但是這個協議似乎無法在內在判斷的邏輯形式「應該（A, D, C, M）」中反映出來。事實上當我們判斷「A應該（或不應該）做D」時，其中如果蘊涵判斷者、行為者和聽眾之間默認的協議，這個蘊涵關係是由對話中產生，而非內在判斷的邏輯結構所致，因為哈曼自己曾經指出，「你是一個基督徒，所以你應該送上另一邊臉頰；而我不是，因此我加以還擊」這個判斷

雖然具有「應該（A, D, C, M）」的形式，但卻不是內在判斷，因為在這個判斷中，說話者和行為者之間並無共通的動機性態度 M。可見一個判斷是否為內在判斷，不能只看其邏輯形式，而必須從判斷者在對話中，是否邏輯上蘊涵相關的態度而定。 7

2. 哈曼認為，當某人 S 對 A 進行一個內在判斷「A 應該做 D」時，S 假設 A 企圖遵守 S 以及 S 之聽眾所遵守之協議而行動，但問題是：如果 S 要做「不應該」的道德判斷時，這樣的判斷要如何理解？「A 不應該做 D」是指「A 打算不遵守 S 以及 S 之聽眾所遵守之協議而行動」還是「A 的企圖不同於 S 以及 S 之聽眾的動機性態度 M」？哈曼會認為，後一種解釋並不是內在判斷，因為內在判斷的特性之一是：A 確實有理由做 D，而這個理由必須和行動者之目標、慾望和企圖相關聯。但是這樣的回答將導致嚴重的後果，那就是：只要 A 的慾望或企圖和 S 以及 S 之聽眾不一樣，S 和他的聽眾就不能做「A 做 D 是錯的」之類的內在判斷，因此「張三竊聽李四電話是錯的」這個判斷，依照哈曼的主張，就是一個奇怪的判斷，因為張三如果壓抑竊聽李四電話的行為，顯然不合乎張三的慾望或目的，所以任何自願性的行為 D，絕對不可能產生「A 做 D 是錯的」之道德判斷。但是這個結論和我們一般的道德直覺有所出入，我們一般會認為，不管張三的企圖心如何，張三的行為是錯的（單就竊聽電話而言）。 8

3. 如果「A 不應該做 D」理解為「A 打算不遵守 S 以及 S 之聽眾所遵守之協議而行動」，則我們很難在日常生活中做此類的內在判斷，因為當一個人的行為違反我們預期的規範時，我們如何知道對方到底是企圖違背我們的協議，還是他根本就像希特勒一樣，超出我們的道德規範之界限？（哈曼自己認為，「希特勒的行為是錯的」是一個奇怪的判斷，因為希特勒超出我們行為規範的範圍，也就是說，他和我們之間並沒有默認的協議存在。）我們如何知道任何「A 應該（或不應該）做 D」的判斷是否為內在判斷？為了避免對那些不屬於我們協議內的人做出奇怪的判斷，唯一的方法似乎是在每一次下判斷之前，我們都必須先詢問行為者及聽眾的企圖或慾望，但是這似乎是相當荒謬的事。

對於上述的批評，哈曼也許可以反駁說：所有生長在同一個文化、社會的人，就具有相同的協議，因為所謂道德判斷所依據的協議，不是實際上每一個人都參與談判、妥協的結果，而是一個社群經由歷史文化，內化於每一個成員心中的一種默契。但是這樣的答案並不能自圓其說，一方面因為每一個人同時屬於許多不同的社群，而每一個社群都有其獨特的規約，在沒有詢問行為者之動機前，判斷者不可能知道他是否具有共享的協議；另一方面由於哈曼主張希特勒超出我們道德規範的範圍，而卻沒有說明何以在一個文化情境中，會產生像希特勒這樣的「非我族類」，如果我們不能對希特勒做任何內在判斷，在沒有確定行為者之慾望、目標和企圖之前，我們又如何能確定他是否和希特勒一樣，也超出我們道德規範的範圍？

事實上我們不需要哈曼的道德相對論，也可以解釋為什麼「食人族不應該吃俘虜的肉」、「火星人不應該傷害地球上的人類」、「在職業殺人集團長大的小孩不應該殺人」之類的道德判斷會顯得奇怪。這些判斷之所以奇怪，是因為我們認為判斷中行為者的過錯，完全是因為在某一方面無知所致。我們不責備他們，不是因為他們的行為雖然不合乎我們的道德規範，但是卻合乎他們的道德規範，而是由於責備並不能立即改變他們的行為，也就是說，道德判斷的勸誡功能在這種情境下，無法完全發揮作用，因此在這種情境下從事道德判斷，才會顯得有些奇怪。

4.根據哈曼對內在判斷的定義，除非 A 確實有理由從事 D 行為，否則我們不能說：「A 應該做 D」，但是這種說法忽略了「理由」具有不同的意義，有學者指出，「理由」至少有兩種：一種是動機理由（motivating reason）；一種是證成理由（justifying reason）。**9** 前者是指行為的動機，它可以作為行動的理由；後者則強調某些與行為動機無關的理由，譬如我們可以對小偷說：「你不應該偷竊」，儘管小偷並沒有不偷竊的意圖，他還是有理由不去偷竊，雖然他不一定知道或意識到這個理由的存在。針對這樣的批評，哈曼的答復是：這種論點混淆了不同意義的「應該」，因為如果 A 沒有從事 D 的動機或 A 不知道他有理由從事 D 行為，儘管如果 A

有從事 D 的動機是一件好事，也不能導得「A 應該做 D」，最多只能推得「A 做 D 是一件應該的事」。「A 應該做 D」的「應該」是內在判斷，而「A 做 D 是一件應該的事」的「應該」則是評價「A 做 D」這個事件，所以不是一個內在判斷，因此哈曼認為，只有不同意義的「應該」，卻沒有不同種類的「理由」。*10*

但是哈曼的說法似乎不能令人滿意，如果促成行為者行動的理由必須是動機理由，則任何自動性的（voluntary）行為都不可能是道德上錯誤的，也就是說，任何人都不可能主動地從事錯的行為，因為只要行為者沒有企圖或動機去做 D，根據哈曼的論點，我們就不可以進行「他應該做 D」或「他是錯的，因為他沒有做 D」這類的道德判斷，但是這樣的結論顯然違反道德直覺。在日常生活中，當然有些自動性的行為是錯的，譬如：不論張三有沒有不去偷竊的動機，我們都可以判斷「張三偷竊是錯的」，所以道德上對錯的判斷不能只決定於動機性的理由。

綜上所述，哈曼的主張雖然可以避免傳統相對論的困難，卻也有其衍生的問題，尤其希特勒的例子，反而使得哈曼的理論本身，套用哈曼自己的術語，顯得有點「奇怪」。

註　釋

1. 參見 Ruth Benedict, "A Defense of Ethical Relativism," in Louis Pojman (ed.), *Ethical Theory* (Belmont, California: Wadsworth Publishing Company, 1989), pp.20-24.

2. G. J. Warnock 就是抱持這樣的看法，他認為道德的存在可以對人類困境的改善有所貢獻，但是有必要說明的是，這樣論點并不必然會導致道德相對論。參見 Warnock, *The Object of Morality* (London: Methuen & Co Ltd, 1971).

3. Louis Pojman, "A Critique of Ethical Relativism," in Louis Pojman (ed.), *Ethical Theory* (Belmont, California: Wadsworth Publishing Company, 1989), pp.24-32.

4. 本節的討論主要就是根據這篇文章，這篇文章發表於 *Philosophical*

Review, 1975, 84: 3-22.

5. 哈曼在他的 *The Nature of Morality* (New York: Oxford University Press, 1977)一書第九章,對這一點有更詳細的討論。

6. 這裡對哈曼相對論的檢討,係根據本人的作品:〈哈曼(Gilbert Harman)的道德相對論〉,《臺大哲學論評》,第十三期,民國七十九年,pp.363-374。

7. 這個論點參見 David Copp, "Harman on Internalism, Relativism, and Logical Form," *Ethics,* vol. 92, 1982, pp.230-232.

8.「竊聽電話」這個例子和在此處之論點,參見 Stephen L. Darwall, "Harman and Moral Relativism," *Personalist,* vol. 58, 1977, p.202.

9. 參見 William K. Frankena, "Obligation and Motivation in Recent Moral Philosophy," in A. I. Melden (ed), *Essay in Moral Philosophy* (Seattle: University of Washington Press, 1958), pp.40-81.以及 Robert L. Holmes, "Is Morality A System of Hypothetical Imperative?" *Analysis,* 1973-74, 34: 96-100.

10. Gilbert Harman, "Relativistic Ethics: Morality As Politics," *Midwest Studies in Philosophy,* 1978, 3: 113.

第十二章

為什麼要有道德？

　　我們每一個人一生下來，就發現自己已經身處於一個充滿規範和道德教條的社會。為什麼我們要接受這些規範的束縛？遵守道德原則是否能增進我們的人生幸福？道德生活是美好生活的必要條件還是充分條件？可以確定的是道德是有用的社會制度，但是有什麼樣的理由使我應該遵守道德？遵守道德規範和我的利益是否一致？也就是說，從理性利己觀點所決定的行為，是否會和道德所要求的行為一致？

　　以上的問題，常常在我們的日常生活中出現，我們一般會認為，理性的思考和個人的利益密切相關，一個理性人所從事的行為，最後都是對他本身有利。所以如果從理性的角度觀之，一個對行為者有利的行為，是否一定合乎道德的規定和要求？譬如，張三在路上撿到一包錢，根據道德的要求，他應該將錢送到警察局，可是如果從利己的角度，據為己有似乎對張三最有利，因此理性和道德似乎不會要求一致的行為。但是也有人會認為，張三如果將錢據為己有，別人如果知道張三是一個貪心的人，似乎又對張三不利；或者張三如果拾金不昧，因此而得到好名聲，最終的結果還是對張三有利，因此理性和道德會要求同樣的行為。

　　在一般的生活經驗中，我們通常會認為，理性利己的行為常常會牴觸道德的規定，譬如：買票插隊、坐公車不必讓座、隨地亂丟紙屑（當然是警察不在的時候）、老太婆跌倒不用去扶、半夜兩點鐘闖紅燈，這些行為似乎對行為者有利，但是卻違反一般的道德規定。但是也有人會認為，這種一般的看法只是基於立即或短期的利益，如果從長期的觀點考量，依據道德規範行事，才是對自己有利。這種理性和道德是否一致的爭論，可以追溯到柏拉圖的《理想國》，而最具代表性的討論是霍布士《巨靈論》（*Leviathan*）中的觀點，以下我們將分別介紹這兩本著作中對「為什麼要有道德？」的解答，以及當代對這個問題的看法及其衍生的問題。

第一節　葛勞康（Glaucon）的論證

　　柏拉圖在《理想國》討論的主題是：「什麼是正義？」在希臘哲學

中，所謂正義就是道德上對的行為，《理想國》所要探討的問題是：道德
和利益有無衝突？柏拉圖的基本觀點是，這兩者之間並沒衝突，事實上他
在《理想國》中就是想要證明：有道德的人最後會比較幸福。但是一位詭
辯學家（Thrasymachus）卻反對這樣的主張，他認為世俗的道德，只是強
者加諸群眾的行為規範，一般人由於長期依照規定行事，久而久之，以為
違反規定是不好的事，但是所謂正義不過是合乎強勢團體利益的代稱，因
為正義者的生活處境，一般都比不正義者為差。 *1*

　　上述詭辯學者的論點，基本上是假設人性是利己的，認為道德並不是
一個目的，它本身並沒有值得追求的價值，而只是個人追求自己利益的一
個工具，這個觀點經葛勞康的引申，成為處理道德和利益之關係的重要論
證。葛勞康的論證可以分為三個部分：

一、正義的起源 *2*

　　葛勞康指出，根據自然本性，所謂好的事情就是施加傷害，而壞的事
情則是承受傷害之苦，人性都是利己的，而且是狹義的利己的。所謂狹義
的利己心是指：每一個人都單獨追求直接、立即的利益，或避免痛苦，有
時候為了追求自己利益不惜傷害他人。所以在自然的情況下，對個人而
言，最可欲的狀況是傷害他人而不受到懲罰；而最不可欲的情形則是受到
傷害卻無法報復。但是由於人們同時經驗到傷害他人和承受他人傷害之
苦，而承受痛苦之害處遠比施加傷害的益處為大，由於人們不可能只想施
加傷害於人、卻不被別人傷害，所以為了避免彼此傷害所帶來的痛苦，於
是人們決定訂定法則或契約，禁止彼此傷害的行為，而有了這些法則之
後，道德的問題才會產生，所謂合乎正義（道德）就是遵守契約的行為，
而不道德就是違反規定。

　　這種說法隱含道德本身不是善的，遵守道德的要求並不是人們心甘情
願，而是退而求其次、不得已的做法。所以葛勞康的論證指出，既然人們
不可能達成最可欲的狀況（傷人而不被懲罰），只好彼此約束，以保障個

人安全，免於痛苦和折磨。可見遵守道德只是一種手段，是為了達成個人幸福安全的必要手段，所以道德行為的實踐並不是為道德而道德，行正義行為只是因為個人無法逃離不正義所帶來的懲罰。如果一個人明確知道不正義不會被懲罰，葛勞康認為，沒有人願意心甘情願的依據正義的要求而行動。

二、蓋吉氏的戒指（the ring of Gyges）[3]

上述論證的基本論點是：道德只是一個工具，它本身並不是值得追求的東西，遵守道德只是為了避免受到懲罰，如果不道德反而對自己有利，則任何人都會違反道德。為了進一步強化這個論點，葛勞康引用一個故事加以說明。這個故事的大意如下：

蓋吉氏是一個牧羊人，他幫利底亞（Lydia）國王牧羊（利底亞是小亞細亞的一個古國）。有一天當他正在餵羊群吃草的時候，忽然暴風雨和地震來襲，大地綻開一個裂縫，蓋吉氏對這個情景感到驚奇，於是走下這個裂縫，在裂縫內他看到許多奇異的東西，其中有一隻中空的銅馬，像是一道門，走過這個門，蓋吉氏發現其內有一具屍體，屍體的手指上戴著一個金戒指，他取了這個戒指之後就離去。牧羊人每個月都要向國王報告羊群的狀況，蓋吉氏戴著這個戒指去參加這個例行會議，當他和別人坐在一起開會的時候，碰巧把戒指的盤座向內扭轉，結果他變成隱形人，他的同伴都看不見他，他們在談論他的時候，就好像他不在一樣，於是他開始將戒指的盤座往外轉，他立刻又現身了。當他發現這件事之後，他就不斷實驗，想試試看這個戒指是否真的具有這樣的魔力，最後證實這枚戒指確實具有這種神奇力量。在這個發現之後，蓋吉氏利用這枚戒指引誘皇后，謀殺國王，最後更竊據王位。

在描述這樣的故事之後，葛勞康要大家思考一下以下的情況：如果有兩枚蓋吉氏的戒指，一枚戴在正義者的手上，另一枚戴在不正義者的手上，有了這個隱形戒指之後，一個平時遵守道德和不遵守道德的人，會不

會有不同的行為表現？葛勞康的看法是：不會，也就是說，不論一個人平日是否遵守道德要求，一旦他有了隱形戒指，他都會去做他<u>想要做</u>的事，而不會去做他<u>應該做</u>的行為。

　　葛勞康提出這個故事的主要用意，就是要說明沒有人是基於自由意志去從事道德的行為，一個人平時為什麼會安分守己、循規蹈矩？答案是：因為害怕受到懲罰。當人們計算一下違反道德所必須付出的代價之後，人們只好依照道德的規定行動。所以一個人一旦得到蓋吉氏的戒指之後，他就可以完全不用擔心違規會受到懲罰，也就是說他可以為所欲為，而<u>一定</u>不會有任何不利的結果，所以蓋吉氏戒指是一個重要的道德實驗，它保證不論一個人做了什麼樣的行為，永遠不會受到制裁。在這種保證的情況下，人們還會不會遵守道德？試想，如果你擁有這樣一個戒指，你參加大專聯考時，要不要作弊？去銀行領錢時，要不要順便拿一些金庫裡的錢？看到令你心動的人，你要不要一親芳澤？葛勞康認為，任何人在這樣的情境下，都會為所欲為，所以道德行為不是人真正想要從事的行為，它只是一個不得已的次佳選擇。

三、完全正義與完全不正義者 [4]

　　為了證明一個有道德的人不會比沒有道德的人幸福，葛勞康描述兩種人：完全正義者（perfectly just man）和完全不正義者（perfectly unjust man）。所謂完全不正義者，是指一個人看起來是正義的，具有正義的名聲，但是事實上他是非常邪惡的，他會從事重大的犯罪行為，不但完全不會被別人發現他的罪行，而且反而被別人認為他是廉潔正直的。如果他的惡行曝光，他會想盡辦法辯護，甚至不惜使用武力，總之他會無所不用其極使人相信他是正義的，所以他擁有榮耀、地位、財富。而所謂完全正義者，是指一個人的所作所為都合乎正義，但是別人卻認為他是一個不正義的人。葛勞康不讓完全正義者具有正義的名聲，原因是一個正義的人如果具有正義的名聲，可能會因為這個好的聲名，帶來榮耀、報酬，這樣我們

就難以分辨：到底他是愛好正義還是愛好正義之名所帶來的榮耀和報酬？他假設一個完全正義者，除了他的正義之外一無所有，不僅沒有好名聲，而且別人反而認為他多行不義，最後他受到折磨、監禁、眼睛被挖出來，而且在受盡羞辱之後，被釘在十字架處死。

　　如果我們比較以上兩種人的生活，到底哪一種人比較幸福？葛勞康認為，一般人會毫不猶豫地主張：完全不正義者比較幸福。這表示一般人之所以認為應該行道德的行為，都是因為道德會帶來好的結果，如果從事道德行為並不會得到好結果，沒有人會從事道德行為，也就是說，正義本身並不是可欲的，正義的結果才是人們所追求的，因此這個結論更一步支持前面的論點：道德只是一種手段。

第二節　霍布士的主張

　　霍布士對於道德存在的分析，基本上和葛勞康的論點相似，都是把道德當成理性利己的結果。霍布士的論證是採用科學的方法，他認為科學方法具有確定性，所以是研究人類社會生活應該採取的方式，因此他透過因果解釋，把人和社會當成物理現象的一部分。

　　霍布士的理論是極端個人主義（radical individualism），[5]他認為對於「個體」的理解，不但可以、也必須獨立於社會之外，因為人的基本特質先於社會，而不是社會的產物，換句話說，人天生就具有其自然的氣質和傾向，譬如人的語言是形成社會的條件，而不是社會的產品。所以霍布士認為個人在概念上先於所有的社會互動，人先是個體，然後才是社會動物。因此霍布士認為國家是人工造成的人（artificial man），因為國家或社會是由個人組成，所以要了解國家或社會必須先了解個人，這也是為何霍布士的論證是從形成社會之前的所謂自然狀態（state of nature）開始。他認為理論上將社會拆解、去除個人所有的自然關聯，使個人回到自然的處境，這樣的狀態不但不會摧毀人的個體本性，反而會將其彰顯出來。由於霍布士這種個人主義的觀點，使得人性論成為其理論建構的基礎，對霍布

士而言，了解基本的人性，才可能了解社會的性質和特點，所以社會的優劣，都是建立在人性論的基礎上。

從現實經驗中，霍布士觀察到兩種社會：內爭、失序的社會以及穩定、有序的社會，如果深究其因，他認為這兩種社會的形成都可以從人性上找到答案，人性的某些特質導致前者，另一些特質則導致後者。其論點是：戰爭狀態是不可欲的，良序社會才是可欲的；而戰爭狀態的形成，根源於人類對權力與榮耀的野心及慾望；有序社會的產生，則是基於人對安全的渴求與對死亡的害怕。根據傳統的解釋，霍布士的人性論是採心理利己主義的觀點，在 *Leviathan* 一書中，可以找到許多明顯的心理利己主義的論點，譬如：霍布士主張所有自願性的行為，其目標都是為了行為者本身的好處。*6* 但是也有學者認為霍布士並不是心理利己主義者，而必須將霍布士解釋為「支配性的利己主義」（predominant egoism），才能符合霍布士的整體論證。所謂支配性利己主義就是認為：利己是人的動機結構中最具主宰性的傾向，除非人能達到一定程度的幸福和安全保障。*7* 但是不論霍布士的個人是心理利己主義者，還是支配性的利己主義者，霍布士主張個人是理性利己的論點則是不爭的事實。根據學者的歸納，人有兩種基本的慾望對霍布士的理論構成決定性的影響：榮耀（glory）和自保（self-preservation），*8* 前者表示人喜歡取得權力，而後者則是強調人對死亡的恐懼。事實上「自保」這個慾望更被視為人類最根本的慾望，它在霍布士的理論中，扮演極重要的角色。

霍布士認為，自保和榮耀這兩個慾望，會導致人類在自然狀態中的競爭和衝突，所以人類在未形成社會之前，是一種人與人為敵的戰爭狀態。何以如此？根據霍布士的分析，人性有三個因素造成戰爭狀態：*9*

1.競爭

由於人的自然能力相當，在自然狀態中，人與人之間天生的不平等，不會有太大的意義，因為在這種狀態中，每一個人都可以為所欲為，天生智力高、體力強者，處在這種充滿敵意的競爭狀態，不會比其他人具有更

好的生存機會，說不定還是大家優先要剷除的對象。霍布士認為，即使是體力最弱的人，也有足夠的力量殺死最強者，所以沒有人有卓越的能力和體力去宰制他人。由於人的能力相當，對於實現自己目的的期待也相當，再加上人所希望追求的東西幾乎相同，而且物質有限，所以如果有兩個人都想要同樣的東西，而且不可能兩個人同時擁有，結果必然會造成衝突，彼此成為敵人。所以人需要權力來爭取資源，並鞏固及保障未來之幸福，其結果是：人必須無止盡的追求權力直到死亡。*10*

2.缺乏自信或不信任

由於在自然狀態中的人彼此互不信任，所以為了保護自己的生存，沒有比先發制人更合理的方法，因此人會使用武力、意志，盡其所能地控制所有人，直到沒有人有更大的力量能威脅到他為止。而且由於當人想到自己有力量征服別人，也會產生快感，所以人常常追求超過他的安全所需要的權力。

3.榮耀

榮耀是為了追求名譽，是權力的象徵，一個人的權力越大，會被他人認為越有價值，而且每一個人都希望被別人尊重。

霍布士描述的人與人競爭的自然狀態，有兩個涵意：①正義與否或對錯等觀念在自然狀態中無意義，即自然狀態中沒有所謂不正義，因為沒有普遍權力就沒有法律，而沒有法律就沒有正義。霍布士認為正義與不正義的性質，是人在社會中的關係，所以人處於孤獨的自然狀態中，就沒有這樣的性質。②沒有規矩（propriety）、沒有統治權（dominion）、沒有「你的」或「我的」之分，人擁有所有的自由，可以做任何事，只要能得到、保有，則任何東西都是自己的。*11*換句話說，在自然狀態人的行為完全不受到任何限制，所以無所謂責任、義務，所有的道德概念在這個狀態中均不存在。

這種戰爭狀態顯然是不可欲的，根據霍布士的描述，在自然狀態中每

一個人對任何事物，甚至於他人的身體，都擁有權利，其結果是沒有人能達到目的。他對自然狀態下的人類處境有一個極為生動的描述：根據他的論述，在自然狀態不但沒有企業、沒有文化、沒有知識、沒有藝術、沒有文學、沒有社會，最糟糕的是處於持續的恐懼和暴力死亡的危險，所以在這種狀態下人的生命是孤獨、貧窮、險惡、野蠻、而且短暫的。*12* 所以霍布士最關心的課題是：人如何逃離這種狀態，而霍布士認為，逃離的方法也是基於人性，即人害怕死亡的情感，以及尋找自然法則（laws of nature）的理性。根據霍布士的主張，人可以透過理性找到脫離自然狀態的自然法則，這些自然法則能告訴我們，如果我們要滿足自保的基本慾望，我們應該如何行動，所以自然法則就是人經由理性所發現的明智規則，藉以規範人的行為，以達到自保的目的。

霍布士的自然法則主要就是指引人如何追求和平，認為人能逃離自然狀態的方法就是彼此放棄可以為所欲為的自然權利。根據霍布士所提出的所謂第二個自然法則，在他人願意放棄自然權利的條件下，人應該放棄自己的自然權利，所謂放棄自然權利就是放棄自由。*13* 一旦一個人放棄自己的權利，他就有責任不去干涉權利接受者行使此一權利，因為在自然狀態中，每個人都擁有做任何事情的權利，接受你所讓渡的權利的人，並不是他原來沒有你所讓渡的這種權利，他所增加的只是：有權可以要求你不去妨礙他實現此一權利而已。

為什麼理性利己者有理由放棄權利？根據霍布士的論證，放棄權利的目的是為了換取自保和安全，他認為這是人類最基本的慾望。雖然霍布士認為脫離自然狀態的理性方式是讓渡自己的權利，但是如果這種權利的放棄是理性的，則一定是可以因此而得到好的回報，所以並不是所有的權利都可以放棄，任何理性人絕不會放棄某些權利，譬如：生存權、身體之傷害或生命受威脅的自我防衛權等，因為這些正是放棄其他權利所要換取的，也是霍布士認為人類最根本的權利。*14*

霍布士所謂讓渡權利就是訂立契約，每一個人透過契約的方式，將自己的權利讓渡出來，所以自然法則也告訴我們，人應該執行他所承諾過的

事，否則人們對任何事物的權利仍然存在，結果又回到戰爭狀態，因此只要擔心一方不實現承諾，契約就無效，所以霍布士認為，沒有武力做契約的後盾，契約是空的，根本無法保障個人的安全。[15] 因此為了防止契約不被履行，霍布士主張，需要一個強大的力量，以保證和監督契約的執行，而唯一的方法就是建立一個共同的權力，把每個人的權利轉移給一個人或一群人，藉著這樣的設計，才能使大家真正履行契約的承諾。霍布士所謂的共和國（commonwealth），就是將群眾的權利集中在一人或一群人身上的組合，而君主（sovereign）就是承受這個權利者，立約大眾就是必須服從君主權威的臣民（subject）。[16]

霍布士認為君主的存在是必要的，而且君主必須擁有無限的權力，才能有效監督契約的履行，所以君主可以自由訂定或廢除任何他（或他們）認為適合的法令。至於人民在共和國中所擁有的自由，就是君主沒有限制的活動。在這個架構之下，所謂道德，就是遵守契約和聽從君主的任何命令。霍布士認為，這是理性利己者逃離自然狀態、滿足自保的基本慾望的唯一途徑。[17]

所以在霍布士的理論中，道德要在共和國成立後才有意義，正義或不正義都是針對是否履行這個契約而言。因此從霍布士的主張中，道德是理性利己者為了逃離自然狀態的產物，所以道德是幫助人們自保的一個理性方式，這個想法正和葛勞康的論點相同，認為道德只是一個手段，如果不是因為自然狀態的為所欲為是不可欲的，人們根本不需要道德，理性人之所以願意讓渡權利、放棄自由，完全是為了藉此換取更重要的利益，即生存和安全，因此理性人願意訂立契約、遵守契約、接受權力強大之君主的制度設計，也是完全基於開明的利己心，因為這樣做合乎人類長期的利益。

霍布士和葛勞康的論證，在基本精神上是相似的，對於「為什麼要有道德」的問題，他們的解答都是：因為這樣對自己有利。但是這樣的答案和我們日常生活中的道德經驗似乎有所出入。不只如此，在理論上用這種方式處理道德也會產生困難，最明顯的質疑是：如果當一個人發現，在各

種可能結果都考慮過之後，違反道德對他最有利時，他是不是應該違反道德？事實上霍布士早已經意識到這類的問題，在他的著作中，他將問這種問題的人以「傻瓜」作為代稱，因為霍布士認為，違反契約根本就不可能有利，所以理性人永遠不會違反契約。*18* 但是這樣的答案顯然不能令人滿意，因為我們的問題是：如果違約對我有利時，我應不應該違約？這是一個假設性的問題，這個問題的基本精神在於，一個理性利己者為了利己的理由訂立契約，但是訂立契約之後，他理性利己的特質並沒有改變，所以一旦出現違約會利己的情境，似乎霍布士必須主張他應該違約，所以霍布士的答案並沒有真正回答上述的問題。事實上所有從理性利己角度解釋道德起源的主張，都很難逃避「傻瓜」所提出的問題的挑戰，有關這方面的討論，將在下一節中作進一步的探討。

第三節　高提也（David Gauthier）的理論 *19*

許多哲學家接受霍布士的論證方式，承認霍布士透過「自然狀態」觀念解釋道德起源的正確性，但是他們不同意霍布士的解決方法。他們認為，只要是一個理性、利己的人，都會為自己長期的利益而主動遵守契約，因此根本不需要另設具有無限權力的君主。對他們而言，霍布士的方案所付出的代價是太大了，沒有一個以利己心為出發點的理性思辨者，會認為霍布士的設計合乎他的長期最大利益。為了證明這一點，他們引進一個所謂「囚犯兩難」（prisoner's dilemma）的模型，藉以描述霍布士「自然狀態」的特徵。他們的目的是：解決「囚犯兩難」就是脫離霍布士自然狀態的窘境，如果他們可以證明：不必設立一個有權為所欲為的君主，就可以脫離自然狀態，不但可以說明為什麼要有道德，也可以解決理性和道德是否一致的爭論。

所謂「囚犯兩難」是指兩個嫌疑犯在判決前所面臨的處境。假設 A 和 B 兩名囚犯共同參與一項重大刑案，但是有些指控他們有罪的關鍵性證據卻付之闕如；又假設 A 和 B 被告知以下三種情形：①如果他們其中

之一在法庭上認罪，而另外一個不認罪，則前者可以被用來作為證明後者犯罪之目擊證人，因此他將只被判處一年徒刑，而不認罪者則將因罪證充足而被關十五年；②如果兩個人都不認罪，則由於部分犯罪證據不足，只因為其他明顯的小罪，每一個人各判三年徒刑；③如果兩個人都承認自己有罪，則兩個人都將被懲處十年刑期。在上述的處境下，一個理性利己的人將如何選擇？認罪或不認罪？這個模式可以用下圖表示：（圖中每對數字中第一個代表 A 的刑期，第二個則代表 B）

		A	
		認罪	不認罪
	認　罪	（10, 10）	（15, 1）
B			
	不認罪	（1, 15）	（3, 3）

　　高提也是當代引用「囚犯兩難」來處理葛勞康、霍布士的問題的重要代表人物之一。在回答「囚犯兩難」這個問題之前，高提也先定義什麼是理性活動，他將理性行為定義為效益的最大化（utility maximization）。他認為理性人總是追求個人利益的最大滿足，[20] 他企圖透過這種理性的定義，解決「囚犯兩難」模式，並且認為這個解答可以證明為什麼要有道德。

　　在上述「囚犯兩難」的條件下，如果 A 和 B 都是理性利己的人，在不知道對方將如何選擇的情境下，當然他們將同時選擇認罪，也就是說，結果兩個人都被判處十年徒刑。因為無論對方如何選擇，認罪是使自己利益最大化的最佳選擇。譬如 A 在思考他是否應該（此處的「應該」是理性意義而不是道德意義的「應該」）認罪時，他將會進行如下的推論：B只有兩個選擇，選擇認罪或是選擇不認罪，沒有第三種可能。如果 B 選擇認罪，而他不認罪就會被關十五年，認罪則只會坐十年牢，所以當 B 認罪時，他最好認罪；如果 B 選擇不認罪，在這種情形下，如果他也不

認罪，則他將被判三年徒刑，但是如果他認罪的話，其徒刑將減為一年，所以當 B 不認罪時，選擇認罪會使他的利益最大化。總之，不論 B 做什麼樣的決定，對 A 最有利的行為都是認罪。同樣的，B 也會進行相同的推理，而得到相同的結論，也就是說，不論 A 的選擇如何，對 B 而言，認罪永遠是他的最佳選擇。所以每一個理性利己的人，單獨追求自己利益的結果是各坐十年牢。

然而以上的結果並不是 A 和 B 所能達成的最佳情況，因為如果他們兩個人事先協調一下，同意彼此互相信任，在法庭上同時拒絕認罪，則這個結果可以比兩個人單獨追求個人利益最大化的結果為佳，顯然同時不認罪才是他們最適當的選擇。由於 A 和 B 都是理性利己者，A 不可能要求 B 在法庭上不認罪，然後自己選擇認罪，以達成對他最有利的結果；同樣的，B 也不可能期待 A 犧牲自己，讓他少坐幾年牢。也就是說，對兩個理性利己的人而言，個人的最佳情境（判一年刑）不可能實現，因為這種情境必須建立在對方的非理性考慮，但是這和假設不符。因此，A 和 B 只有透過合作、互信，才能達成次佳的結果，所以合作顯然是合乎彼此的利益，而高提也則認為，合作行為就是一種道德的表現，而道德也因為可以提升每一個人的利益而具有理性的基礎。

由於不合作的結果（即 A、B 各自追求自己利益的最大化）和理性利己者的起心動念相違背，所以高提也認為，把理性等同於個人利益最大化的目標是不妥當的，因為從「囚犯兩難」中可以證實，遵行理性利己主義原則顯然無法達成最適當的結果。因此高提也指出，一個真正理性的人在這種情境下，將不會直截了當地去追求一己利益的最大化，而會採取和他人合作、達成協議的方式，使自己的利益能真正達到最大化。所以高提也將理性觀念定義為所謂「壓制的最大化」（constrained maximization），以之和理性利己主義的直截的最大化（straightforward maximization）作一區分。前者強調合作策略以提升自己的利益，而後者則是行為者採取個別策略，以提升自己的利益。*21* 事實上在高提也心目中，壓制的最大化就是道德的基本精神，換句話說，他認為道德之所以存在，就是因為每一個為

追求利益最大化的個人，彼此妥協、訂定契約，並以契約的規定作為個人行為準則的一個結果。

從以上的討論，「囚犯兩難」模式確實可以代表霍布士「自然狀態」所要表達的意義和精神，因此解決「囚犯兩難」的問題，就可以解決為什麼要有道德的問題。根據高提也的主張，如果一個理性人選擇加入一個協議，則他必須遵守這個協議才是理性的行為，*22*所以只要理性利己者發現訂立契約對自己有利，遵守契約就是理性的行為。因此根據高提也的論證，理性人所具有的「理性」本身就足以保證彼此的合作、契約的履行，不需要設置像霍布士一樣的絕對君主。但是這個主張正是上一節中「傻瓜」所不能接受的。事實上，一個理性利己者為了追求他的長期利益，加入一個協議是很常見的，可是在他的心目中，仍然希望別人都能固守合約，而他自己則可以便宜行事，只要他的違約不會被發現，違約有時候對他是有利的，因此永遠遵守契約似乎不是最有利的行為模式。譬如，在囚犯兩難的例子中，當 A 和 B 同意在法庭上同時拒絕認罪之後，如果 A 明確知道 B 一定會遵守諾言，對他而言，最有利的行為就是違反諾言，也就是說，他可以利用 B 的遵守諾言，使自己只關一年的牢。所以一個具有徹底利己精神的人，不可能不知道偶爾違反道德要求對他是有利的。

當然 B 身為一個理性利己者，他也會期待 A 實踐諾言，而他可以藉此實現他的最佳利益，所以最後的結果是兩個人都回到「自然狀態」，也許這就是霍布士認為違約永遠不可能對行為者有利的原因，也是霍布士強調需要一位絕對君主以確保合約被履行的理由。因此理性地同意一個契約是一回事，是否要永遠遵守契約仍然是另一回事，因為如果理性活動是效益最大化，那麼在所有的情況都考慮過後，如果（在假設的情況下）A 知道 B 確實會守約，為什麼 A 不毀約以實現其最大的利益？如果人的起心動念都是利己，如果道德只是個人追求最大利益的一個手段，而且如果一個人擁有蓋吉氏的戒指，或者確信某些不道德的行為可以增加其私利，如完全的不正義者一樣，永遠沒有人會知道他的惡行時，為什麼他還要依據道德而行動？

　　一個理性利己者會同意「有時候」締結契約對他有利，但是他絕不會同意遵守契約永遠對他有利，因此高提也的論證似乎忽略了一個可能性：對一個人最有利的情形是：使自己「看起來」是值得信賴的，但是實際上視情況而定。*23* 尼爾森（Kai Nielsen）支持類似的論點，他認為一個理性的個人可以毫無謬誤地作如下的推論：

> 我確實承認社會制度存在的價值，這些制度可以使每一個人，包括我在內，被教育成支持那些促進社會整合的指導原則。但是我希望這樣的教育在我身上不要成功，因為在任何我可以精明地行動的情況中，我想要做的是那些我自己利益看得較重，以及那些在任何情況都考量過後，我有好理由相信它們會促進我個人利益的事。*24*

　　根據以上的討論，問題的癥結在於：「理性」到底會指引什麼樣的行為？即使根據高提也的定義，將「理性」等同於「壓制的最大化」，然而在「最大化」的考量之下，我們很難找到充分的理由支持「個人必須永遠實踐他的諾言才是理性的行為」這樣的結論。實際上高提也承認，如果某人明知道其他人不會遵守諾言，而自己卻仍然奉行道德的規定，則是一種不理性的作法。*25* 因此高提也的論證最多只能得到「有時候合乎道德是理性的行為」的結論，因為根據他自己的主張，一個人的行為是否應該合乎道德要求，取決於他人是否做同樣的行為，也就是說，一個人是否應該遵守道德是有條件的。由此我們可以推得，在某些情境下，不道德的行為反而是理性的行為，因此企圖從理性利己的角度，解釋「為什麼要有道德」似乎不容易成功。

　　此外，不只是有些理性的行為可能是不道德的，而且也有可能某些違反個人利益最大化的行為，卻被認為是理性的行為。譬如：張三的部隊在戰場上打了敗仗，正在全面撤退，當時的情況很明顯，如果他們要能成功地撤離，必須他們當中有一個人留下來，操縱一挺機槍死守在一個險要之

處，掩護其他人後退，但是這位留守者必然會犧牲自己的性命，可是如果沒有人願意做這樣的犧牲，則全部的人都無法逃離敵軍的追殺。因此任何理性的人都會同意，以抽籤的方法決定一個人留下來，這樣對整體是最為有利，張三也認為這樣做合乎他自己的利益，因為他抽中籤的機率只有三十分之一，但是不幸的是張三卻抽中了。*26* 如果張三決定信守承諾，留守要口以掩護同夥撤退，這樣的行為顯然是對張三不利，但卻是道德的行為，而且也不能說是不理性的行為。然而如果張三假裝願意留守，最後卻降敵以追求他個人利益的最大化，這種行為按照高提也的論點，是直截的而不是壓制的最大化，所以是不理性的行為。但是尼爾森卻認為，這種違約以爭取私利的行為，它所經過的理性思量，絕對不少於一個遵守諾言所採取的行為。所以尼爾森的例子可以反駁高提也的論點：尼爾森並不否認利益最大化的行為是理性的，但是他否認只有利益最大化的行為才是理性的。*27*

　　總而言之，高提也的論證最多只能回答「為什麼我們（此處的『我們』是一個集體的概念）應該從事道德的行為？」但是卻不能回答「為什麼我（作為一個個體）要有道德？」其實對於任何想從理性利己角度證明道德成立的主張，「為什麼我應該從事道德的行為？」這個問題，永遠是一個合法的質疑。

註　釋

1. 有關 Thrasymachus 對正義的觀點，參見 Plato, 1955, pp.77-78.

2. Ibid., pp.104-105.

3. Ibid., pp.105-106.

4. Ibid., pp.106-107.

5. 這個名詞出自 Jean Hampton, *Hobbes and the Social Contract Tradition* (Cambridge: Cambridge University Press, 1986), pp.6-11.

6. Thomas Hobbes, *Leviathan-Parts One and Two* (Indianapolis: Bobbs-Merrill,

1958), p.125.

7. 這個論點是 Gregory S. Kavka 所提出的，參見其 *Hobbesian Moral and Political Theory* (Princeton, New Jersey: Princeton University Press, 1986), pp.64-80.

8. Hampton, 1986, pp.14-17.

9. Hobbes, 1958, pp.104-106.

10. Ibid., p.86.

11. Ibid., p.108.

12. Ibid., p.107.

13. Ibid., p.110.

14. Ibid., p.112.

15. Ibid., p.115.

16. Ibid., pp.142-143.

17. 有關君主的權力和人民的自由的討論，參見 *Leviathan* Chapter eighteen.

18. 有關霍布士對這個問題的提出和解答，參見 *Leviathan*, pp.120-123.

19. 這節的討論主要依據本人的〈評估高提也（David Gauthier）對道德的證成之解決〉，《臺大文史哲學報》，第三十六期，pp.339-347。

20. David Gauthier, *Morals by Agreement* (Oxford: Clarendon Press, 1987), p.7.

21. Ibid., Chapter VI.

22. David Gauthier, "Reason and Maximization," *Canadian Journal of Philosophy*, vol. 4, 1975, p.425.

23. Derek Parfit, *Reasons and Persons* (Oxford: Clarendon Press, 1984), p.18.

24. Kai Nielsen, "Must the Immoralist Act Contrary to Reason? " in David Copp & David Zimmerman (ed.) *Morality, Reason, and. Truth* (Totowa, N. J.: Rowman & Allanheld Publishers, 1985), p.219.

25. Gauthier, 1987, p.182.

26. 這個例子是由尼爾森所提出來的，參見 Kai Nielsen, "Distrusting Reason," *Ethics,* vol. 87, 1976, p.53.

27. Ibid., p.54.

第5篇

社會正義

　　在規範倫理學中我們所討論的，都是針對個體行為者的行為正當性，我們關心的問題是：一個行為者的某一個行為是否為道德上所允許，也就是說，我們是將「對」、「錯」、「應該」、「不應該」等語詞，用來描述個體的行為。本篇中我們要探討的主題，不是以個別行為者的行為正當性為對象，而是要探討社會制度、公共政策以及法令等的道德正當性，換句話說，我們要為社會的基本制度、結構和決策方向，確立一個道德上合理的依據，這就是社會正義（social justice）的主題。事實上早在希臘時期，社會正義就是哲學家思考的重要課題，柏拉圖《理想國》的討論重點就是個人正義和社會正義。在柏拉圖的論述中，個人正義和社會正義是相關聯的，他認為社會正義是個人正義的延伸，所以雖然一般將社會正義歸為政治哲學的研究領域，但是由於它仍然是規範性的問題，因此它也是倫理學關注的話題，事實上廣義的倫理學可以包含以社會正義為主題的政治哲學，因為評估一個制度是否合乎社會正義，正和評估一個行為是否道德上正當，都涉及相同的倫理學概念。本篇將介紹兩個當代最重要的社會正義理論，一個是羅爾斯（John Rawls）的正義論，另一個是諾次克（Robert Nozick）的正義論。

第十三章

羅爾斯的正義論

約翰羅爾斯是當代最重要的哲學家之一，《自由四論》（*Four Essays on Liberty*）的作者柏林（Isaiah Berlin）在 1962 年曾經說過，二十世紀並沒有出現具有權威性的政治哲學著作，但是 1971 年羅爾斯的《正義論》（*A Theory of Justice*）出版之後，政治哲學的研究又重新活躍起來。《正義論》一書有系統地提出一套嶄新的社會正義主張，使得一直具主導地位的效益主義正義觀，受到嚴重的批判和挑戰，因此羅爾斯理論在當代所造成的論辯和影響，既深刻又普遍，它不只成為哲學家討論和批判的對象，也是政治、法律、社會、經濟等學術領域的熱門話題，事實上它主導了最近三十年來政治哲學的整個思潮，當前在倫理學和政治哲學界的重要期刊當中，大部分的論述都或多或少和羅爾斯的理論相關，二十世紀末期許多倫理學和政治哲學的議題，都是基於支持或反對羅爾斯正義理論而開展，可見羅爾斯正義論的重要性。

第一節　正義即公平（justice as fairness）

一、正義的角色和主題

羅爾斯的《正義論》是當代自由主義（liberalism）最重要的正義理論。自由主義政治設計的目的，就是希望在承認多元的前提下，包容各種不同的價值主張和生活方式，也就是在差異（diversity）中建立統合（unity），因此為了使不同的哲學、宗教和道德主張，能和諧理性、互助合作地生活在同一個社會，這個社會所有基本制度的設計，就必須依據一個不同主張者都能接受的指導原則，這個指導原則就是社會正義原則，所以羅爾斯在《正義論》第一章就開宗明義地指出，正義是社會制度的第一德行，正如真理是思想體系的第一德行一般。換句話說，一個物理學說無論多麼精彩，只要被證明不真，就失去其理論價值；同樣的，一個社會制度無論多麼具有效率，只要公認它違反正義，就必須加以修正或廢除。因此

除非是為了避免更大的不正義，不正義的制度才能被容忍，所以正義和真理都是不可妥協的。*1*

　　但是什麼是社會正義？羅爾斯假設在一個良序社會（well-ordered society）中，人們會認定一個相同的正義原則，也共同接受這個正義原則的規範，而社會的基本制度也是以這個原則作為指導，因此在這樣的社會中，人們彼此是形成一個自足的體系。但是由於既存的社會很少是良序社會，所以人們之間對於何謂正義常有爭議，也就是說每一個人都了解社會需要一套正義原則，作為分配權利和義務的適當標準，但是對於哪一個原則才是適當的正義原則，則有不同的看法。換句話說，羅爾斯認為每一個人都有正義感（sense of justice），但是這個正義感呈現在制度層面該如何設計的問題上，卻是因人而異。對於這點，羅爾斯提出兩個名詞加以區分：正義概念（concept of justice）和正義觀念（conception of justice），*2* 前者指的就是每一個人心中的正義感，是所有不同的正義觀念所共同扮演的角色，換句話說，正義觀念就是正義概念的具體呈現。譬如，我們每一個人都有正義概念，但是政府在扣徵所得稅時，應該採取什麼樣的稅制才是正義的政策？對於這個問題的解答，會因不同的人而有不同的主張，但是無論哪一種解答，都是為了社會正義的具體實現，而這些描述個人心中正義概念的不同解答，就是個人特殊的正義觀念。

　　儘管對於正義的概念是什麼，我們會有不同的看法，所以才會產生不同的正義觀念，但是正義概念卻存在一些不容爭議的核心內容，如果一個社會的制度在進行權利和義務分配時，對於人作任意的區別（arbitrary distinction），譬如，如果有某一個社會，它的制度規定：左撇子殺人可以免於刑責、電影明星可以免繳所得稅、字寫漂亮的可以不用當兵、黑皮膚的人不能就讀大學等，不論我們的正義觀念多麼不同，都會認為這些制度是不正義的，因為它們都是因為人的一些不相關的特點，進行任意的權利和義務的分配，因此任意區別違反正義概念。但是對於何謂任意區分，則會因個人的正義原則的不同而會產生差異，譬如：選舉時的婦女保障名額，這種因性別的不同所作的制度設計，是不是將人作任意的區分？對於這樣

的制度是否正義，恐怕會見仁見智。所以儘管每一個人都有正義感，但是具體實現這個正義感的原則卻會因人而異。可是無論如何，這些不同的正義觀念所要扮演的角色，都是要對社會各種權利和義務作適當的分配。所以羅爾斯的目的就是要找到一個最合理、適當的正義觀念，使所有具有不同價值觀念的人都能接受。

羅爾斯在《正義論》第一章中明白指出，他所謂的社會正義，主題是社會的基本結構（basic structure of society），也就是說，他所要探討的是社會的主要制度，對於基本權利和義務以及分配社會合作的利益時，所應該採取的方式。而主要的社會制度包括：政治制度、重要的經濟和社會設計。所謂制度指的是：定義個人職務和地位之權利、義務、權力、免責權之公共的規則體系，如儀式、審判、議會、市場經濟、財產制度等，此處稱正義與不正義指的是已實現的制度，而不是指抽象的制度。所謂公共的規則體系則是指：每一個參與其間的人都知道這些規則是經由協議所產生的結果，一個人參與一個制度知道什麼規則會要求所有的成員，而且成員彼此之間也知道大家都遵守相同的規則，此種制度規則的公開性可以保證參與者知道其行為的限制，以及彼此之間的應有期待。有些制度一般而言，並不適用正義的概念，譬如儀式，所以羅爾斯在《正義論》中一再強調，他只關心社會的基本結構和主要制度。3

由於社會主要制度所形成的社會體系，定義個人的權利和義務，所以影響個人的生命前景至鉅，因為人一生下來就在不同的地位上，而這個基本結構所決定的政治體系和經濟、社會環境，則是決定人不同的生命期待。如果一個基本的社會制度，對某些人一生下來就比較不利，如：女人不能參政，這對個人的生命前途和規劃會產生深刻的影響。社會正義原則就是要運用到社會基本結構，以避免這種不平等的產生。

由於羅爾斯社會正義的主題是社會的基本結構，所以他所關注的並不是一般性的正義，他也強調，適合社會基本結構的正義原則，不一定適用於私人機構或其他社會團體，也和許多非正式的生活規約無關。

二、純粹程序正義和契約論

如前所述羅爾斯的正義理論的根本精神是自由主義的，所以他承認哲學、道德、宗教主張等價值觀多元的多元性，是自由社會不可避免的事實，因此其正義理論的目的就是要確立一個適當的正義原則，使各種不同價值主張的人都能合理的接受，所以他聲稱他的理論建構是一種純粹程序正義（pure procedural justice）。何謂純粹程序正義？羅爾斯認為要了解這個概念，最好和完全程序正義（perfect procedural justice）和不完全程序正義（imperfect procedural justice）做一個比較。 *4*

所謂完全程序正義有兩個特點：①對於公平的分配，存在一個獨立的標準，而且這個標準的定義獨立且先於程序；②有可能發明一個運作程序，此一程序可以保證達成所要的結果。譬如以分配蛋糕為例，假設有八個人要分享這個蛋糕，又假設每一個人都希望分到越多越好，並且假設這八個人的狀況相同，並沒有任何一個人對這塊蛋糕有特殊貢獻，所以也沒有人具有任何優先或特殊分配的權利。在這種情形下，我們可以確定公平分配的標準是：八等份，而我們也可以找到一個程序可以實現這個公平分配：讓切蛋糕的人拿最後一塊。這就是完全程序正義，在我們日常生活中，合乎完全程序正義的分配情境並不多。

不完全程序正義的特點是：雖然對於正確的結果有獨立的標準，但是卻缺乏可行的程序能保證實現這個結果。譬如以罪犯審判為例，對於「正義的審判」其標準是明確的，即有罪者判有罪、無罪者判無罪，但是在目前的司法審判制度中，我們無法找到一套正當程序，經由這套程序就必然可以實現司法正義。事實上所有法律條文的制訂都是一種不完全程序正義，因此雖然法律的制訂是為了確保正義，但是無論其規定多麼周延，永遠都可以找到漏洞，所以社會上有些人就是利用這種不完全程序正義的缺失，鑽法律漏洞、圖私人利益，造成許多「沒有違法」卻違反一般人的正義直覺的情形。

　　至於純粹程序正義則是對正當的結果缺乏獨立的標準，卻可以確立一個正確或公平的程序，只要正當地依照這個程序，不論結果如何，就是公平。換句話說，純粹程序正義就是以公平的程序定義結果的公平性，所以純粹程序正義的最重要特點是：這個程序必須在實際上被執行。譬如：有一群士兵因戰敗而撤退，當他們逃到一個重要據點時，大家都知道，如果有一個人在此斷後，其餘的人才有逃生的機會，否則最後大家都會被追殺。在這種情形下，誰該犧牲生命以拯救大家呢？假設每一個人都想活命，這時候似乎誰也沒有強有力的理由要求別人留守，因此如果以抽籤的方法決定誰來負責斷後，只要沒有人作弊，抽籤這個方式對所有人都是公平的，因為在抽籤之前，每一個人都有均等的機會留守或逃生，一旦抽完籤後，要求抽中留守的人負責掩護其他人逃生，則是一種公平的要求。

　　如前所述，由於社會基本結構會影響每一個人的生命前景，所以基本制度的設計不能是多數決，而必須得到社會全體一致的同意，所以正義原則必須是大家都能共同接受的。但是每一個人的正義觀念並不相同，因此羅爾斯的正義理論是透過純粹程序正義的概念，希望經由一個公平的程序決定適當的正義原則。也由於其理論的重心是要建立一個公平的程序，正義原則的內容就是這個公平程序運作的結果，所以羅爾斯自稱其理論為「正義即公平」（justice as fairness）。嚴格地說，「正義」和「公平」並不是兩個完全相同的語詞，「以牙還牙，以眼還眼」是公平，但並不一定是正義，在這裡所謂「正義即公平」並不是指正義就是公平，而是強調：正義原則的內容是由一個公平的程序所決定，而所謂公平程序，則是這個程序並沒有對任何一個人特別有利或特別不利。

　　從以上的描述，可見羅爾斯正義理論的核心就在於：建構一個決定正義原則的公平程序。為了達成這個目的，羅爾斯採取契約論的模式決定其正義原則。羅爾斯主要的想法是：正義原則是社會成員共同選擇的結果，也就是說，合理的正義原則是自由、理性人為了提升自己的利益，在平等的最初立場上所願意接受的原則，這個最初立場定義社會成員彼此合作的基本條件，而在這個立場之下所達成的正義原則，將規範所有其他的協

議。換句話說，正義原則是社會成員之所以形成一個社會的根本條件，在這個社會之內所有任何界定成員之間權利和義務關係的其他規定，都必須以正義原則為指導，所以正義原則可以定義合法社會結社的種類，以及政府建構的形式。

以契約的方式決定正義原則有幾個重要的涵義：①表示指導社會基本結構的正義原則是由全體成員共同決定；②一個持久有效的契約必須立約各方在平等的立場所同意者，契約論的模式保證最起碼的形式平等；③表示正義原則是自由、理性人所選擇的結果；④顯示正義原則的公開性，也就是說，大家都知道這個原則是眾人協議的結果，所以每個人都知道其他人所遵守的正義原則為何。羅爾斯尤其重視正義原則的公開性，因為作為一個社會基本結構的指導原則，正義原則不但必須得到社會成員一致的同意，而且大家必須都知道彼此都接受相同的正義原則。

和其他的契約論一樣，羅爾斯的契約論模式由兩個部分組成：①對契約情境之最初立場的解釋，以及在此立場中所呈現的選擇；②一組被同意的原則。一般傳統契約論不同的是，「正義即公平」並不是一個完全的契約論，因為契約論的概念可以延伸至整個倫理學的體系，也就是說，傳統契約論者透過契約模式所要證明的不只是社會正義，而且包括所有的倫理規範。事實上在上一章中我們討論到柏拉圖和霍布士的學說，他們都是透過契約論的方式，解答「為什麼要有道德？」這個問題，尤其是霍布士，他對道德起源的看法，完全是從契約論的模式出發。羅爾斯雖然也採用契約論的方式推論正義原則，但是他只考慮社會正義及其相關的問題，至於其他倫理原則可否採用相同模式推論，則不是羅爾斯正義理論所關心的問題。

事實上對於立約者的處境的描述才是「正義即公平」的核心，羅爾斯的結論和傳統契約論者顯然不同，其關鍵就在於他對立約者立場的描述不同於其他契約論者，羅爾斯的立約者是在一個特殊的情境下選擇正義原則，這個情境他稱之為原初立場（the original position）。羅爾斯的想法是：如果原初立場的描述是一個公平的處境，則自由、平等、理性人在原

初立場所會選擇的原則，這些原則就是最合理的正義原則。至於原初立場具有什麼特徵，將在下一節再作詳細討論。

第二節　原初立場

羅爾斯賦予原初立場一些特點，這些特點主要的目的就是要使立約者在決定正義原則時，彼此的處境是公平的。

一、無知之幕 (veil of ignorance) [5]

無知之幕是羅爾斯之原初立場中最重要的特點。由於原初立場的概念是設立一個公平程序，目的是以純粹程序正義的概念作為理論的基礎，使得在此公平程序中所同意的任何原則都是正義的，為了實現原初立場的公平性，羅爾斯認為立約者必須是在無知之幕之後，進行正義原則的選擇。無知之幕的用意是要取消某些特殊偶然性所可能造成的影響，因為這些偶然性可以使人藉以剝削社會和圖利自己，也就是說，假設立約者是處於無知之幕之後，就是要使他們無法知道不同的可能選擇對自己的影響，所以他們不得不在一般考量的基礎上評估不同的正義原則。因此，無知之幕的設計保證沒有人在選擇正義原則時，因其自然的機緣或社會情境的偶然因素，而使自己處於特別有利或不利的選擇情境。無知之幕的目的就是使所有立約者都具有相同的處境，沒有人能針對自己的特殊條件，選擇對自己有利的正義原則，使得正義原則是在公平的原初處境中協議或談判的結果。

所謂無知之幕，就是假設立約者在原初立場中不知道某些特殊事實：不知道自己的社會地位、階級或社會身分；也不知道自己的自然資質、稟賦、能力和體力；也無人知道自己的價值觀、特殊的理性生命計畫；甚至於不知道自己是否喜歡冒險、悲觀或樂觀等心理特點。除此之外，立約者也不知道自己的社會特殊處境，也就是說，他們不知道自己社會的政治和

經濟情勢，不知道自己社會的文明水準和文化成就；也不知道自己是屬於哪一個世代。

立約者唯一知道的特殊事實是：他們知道他們的社會是處於正義的情境。雖然立約者不知道特殊知識，但是他們知道有關人類社會的一般性知識，他們知道政治事務和經濟理論原則；他們知道社會組織的基礎和人類心理學法則，實際上羅爾斯假設立約者知道所有影響正義原則選擇之一般知識。譬如：根據道德心理學原則，如果一個正義觀念無法使人們產生依其而行之慾望，則這個事實對此一正義觀念的適當性是一負面的考慮，因為這樣的正義觀念將很難保障社會合作的穩定。所以立約者在選擇正義原則時，會將一個正義觀念能否產生自我支持視為一個重要的特點，也就是說，如果一個正義原則被體現在社會的基本結構之後，有助於人們得到相對應之正義感，在已知的道德學習原則之下，人們會發展出依此原則而行之慾望，這樣的正義觀念才是穩定而且可欲的。所以這一類的一般知識是原初立場所允許的。

羅爾斯認知到原初立場這樣的設計可能會引起一些質疑，他提出兩個可能的挑戰並提出他自己的解釋。第一個挑戰是，有人會認為原初立場幾乎排除所有的特殊消息，使人很難掌握其意義為何。對於這點，羅爾斯指出，原初立場只是一個假設的情境，事實上它代表從事正義判斷時所應有的適當限制，所以只要依據適當的限制推理，任何人都可以隨時進入這個立場或模擬此一假設處境的思辨。主張一個正義觀念會在原初立場中被選擇，等於是說滿足某些條件和限制的理性思辨所達成的一個結論。所以原初立場並不是活在某一時間之所有人聚在一起的立場，也不是所有實際和可能存在的人的集合，而是一個直覺的自然指引，所以是任何時候都可以採取的觀點，此一觀點也不會因人而異。

第二個挑戰是，有人會認為無知之幕的條件是不理性的，他們主張正義原則當然應該在所有知識皆可以得到的情形下選擇。羅爾斯的回答是，由於立約者並不知彼此之差異，而且每一個人都具有相同的理性和處境，所以每一個人都會被相同的論證所說服，所以我們可以視原初立場的選擇

是任何一個人的選擇，如果一個人在適當的反省之後喜歡某一正義觀念，所有人都會如此，因此可以達成一個一致的協議。結果是立約者並無通常所謂的談判的基礎，沒有人知道自己的社會地位和自然資質，因此沒有人可以修正原則以符合自己的利益。羅爾斯認為，原初立場對特殊消息的限制特別重要，因為沒有這些限制，我們將無法建構任何明確的正義理論，無知之幕使得立約者有可能一致的選擇一個特殊的正義觀念，否則原初立場的談判問題將極為複雜。採用無知之幕的理由並非只是為了簡單，如果原初立場中允許特殊知識，結果就會被任意之偶然性的偏見所影響。羅爾斯認為，如果原初立場所達成的協議是正義的，立約者必須是在平等、公平的處境，為了建構這樣的處境，現實世界所存在的任意性，就必須以調整最初立約情境的方式加以修正。此外，如果我們要求即使在資訊充分的情況下，仍然要一致的選擇相同的原則，則在這樣情境下所得到的正義觀念，大概只能決定某些極明顯的事情，實質上並沒有多大用處。

　　除了羅爾斯所提的兩個疑點之外，有人可能會認為無知之幕的假設根本不切實際，因為我們根本不可能真正處在無知的狀態。對於這樣的疑慮，最簡單的回答是：如果無知之幕的設計對正義原則的選擇是合理的，那麼儘管在實際生活中我們無法真正進入無知之幕的狀況，進行有關正義問題的判斷，無知之幕仍然不失為決定正義與否的一個理想情境，所以是我們在實際生活中從事正義判斷時，應該儘量趨近的目標。換句話說，如果無知之幕之後的抉擇最能呈現正義感，則我們在決定一個制度或政策是否合乎正義時，應該儘可能讓自己處於接近無知之幕的狀態。

　　但是有人可能會進一步質疑：如果我們實際不可能在無知之幕的狀態下進行正義的判斷，無知之幕的假設似乎就不具合理性。關於這一點，我們可以舉一個例子來說明。假設張三和李四為了某件事情而產生爭執，兩個人同意找一個公正的仲裁者：誰才夠格做一個公正仲裁者呢？在這種情形下，相信大家都會同意，這個仲裁者必須是一個和此事件利益無任何相關的第三者，所以我們不能找張三的朋友或李四的親戚來從事仲裁，因為他們有可能會有所偏袒。不止如此，最好這個仲裁者在進行仲裁時，不要

和張三或李四有任何直接的接觸，因為張三的相貌可能比較帥、李四的口齒可能比較伶俐，這些都可能影響仲裁者進行公正的仲裁；甚至於雙方在表達意見時，也不能將自己的主張用手寫的方式寫出來，因為張三的字體可能比較工整，會使仲裁者在無意間產生較大的好感。總之，仲裁者可能具有之所有心理特質都應該顧及，以免這些特殊而且和公正裁決不相關的因素，影響仲裁者進行公正的判斷。

如果上述例子中對仲裁者之特性、處境所做的種種限制，是執行公正仲裁時的合理考慮，則無知之幕的設計也是從事正義原則選擇時，對立約者的一個合理限制。因為如果我們應該在公平的情境下決定正義原則，則排除可能影響立約者從事選擇的所有偶然因素，不只是必要的，也是合理的。

因此無知之幕只是代表從事正義判斷時最理想的情況，如果我們選擇正義原則時，並不是在無知之幕之後進行，由於每一個人都知道自己的特殊條件，一定會選擇一個對自己有利的原則。譬如：如果現在政府打算增加個人所得稅率，以平衡國家的財政赤字，增稅是不是合乎社會正義？如果張三是一個小雜貨商或者是一名公務人員，平日自食其力，生活簡樸，省吃儉用，現在正打算透過貸款買房子，並為了下一代的教育費用存了一點錢。如果政府在這時候增稅，張三的這些計畫都將落空，所以他認為增稅是不公平的政策，沒有人有權奪走他本來應得之物。但是對李四而言，增稅是正義的，因為李四是一個工人或遺產的繼承者，他對財產分配的偶然和不均感同身受，對所得、工作機會的不均等也有所體會，他發現許多窮人的無力感是來自於權利分配的不平等，所以他認為增稅是一種所得重新分配的最佳手段，所以是正義的政策。6 從這個例子中，我們不難看出，每一個人由於自己的處境和經驗，對於何謂正義可能會產生不同的見解。譬如對於一個擁有土地的人，當政府要徵收他的土地時，他一定認為政府應該按實價徵收，才合乎社會正義；但是如果政府在徵收土地稅，不按以往以公告價格的方式，而改行依據實價徵稅，他一定也會認為政府這種改變是不正義的。

從以上的例子，我們不難發現，對於何謂社會正義的問題，如果讓每一個人在現有的知識情況下，提出自己的主張，由於這個正義觀念將會決定整個社會基本制度的設計，會直接影響到每一個人將來的基本權利和義務的主張，每一個人一定會朝自己最有利的方式定義正義原則，其結果不是沒有辦法達成共識，就是有人會因為擁有較大的權力而脅迫他人妥協，接受有利於他的版本，不論是哪一種情況，都會使社會無法形成一個穩定的合作關係。因為共識無法達成，表示社會基本結構的設計缺乏指導原則，社會成員對理想的公共政策和制度的見解莫衷一是，社會的和諧和發展一定會受阻；如果是由武力脅迫的方式所達成的共識，這種共識並不穩定，所以在這種正義觀念下所建構的社會，成員之間也不是一個合作的關係。

基於以上的考慮，羅爾斯以無知之幕的方式決定正義原則，是一個極具創意的構想。也許只有透過這樣的設計，才能使我們的正義感不受任何扭曲地呈現。

二、立約者的特質[7]

羅爾斯除了強調原初立場的立約者是在無知之幕之後進行選擇之外，並賦予立約者的基本特性是：他們是理性的而且互不關心（mutual disinterest），並且公開知道彼此都有正義感的能力。

羅爾斯在《正義論》中所強調立約者的理性，其定義和社會理論相同，唯一不同的是他強調理性立約者彼此之間互不關心，所謂理性而且互不關心，並不是主張立約者是利己主義者，而是主張立約者對他人的利益沒有興趣。換句話說，羅爾斯是假設理性個體不會受嫉妒之苦，不會因為只是為了讓別人也少得一些，而自己願意接受損失。一個具有嫉妒心的人不希望別人比自己好，所以如果能讓別人吃虧，即使自己也因此吃點虧也無所謂，羅爾斯認為這不是理性人所應有的心態，所以原初立場的立約者沒有嫉妒心，只要權利和義務的分配所產生的差異不超過某一極限，而且

這個差異他不認為是基於不正義，立約者不會因為他人得到較多的利益而沮喪。羅爾斯認為，由於嫉妒總是對社會整體不利，假設不嫉妒並不是忽視這類情感對人類的影響，而是假設人對自我價值有所肯定，因此在這樣的假設下所選擇的正義原則，付諸實踐之後的社會制度，會使這些破壞性情感不致於太強。因此互不關心的理性之假設成為：在原初立場的立約者選擇和接受那些儘可能提升自己目的的原則，而不受情愛或怨恨的影響。

至於強調立約者公開知道彼此具有正義感的能力，其目的是為了保證大家會嚴格服從所選擇的正義原則。這個條件可以保證原初立場所訂之協約的正直性（integrity），這是指立約者彼此能互相信賴，不論最後所同意的原則為何，大家都會了解且依據這些原則而行動，也就是說，正義感的能力保證立約者的努力不是無效的，因為他們所選擇的原則會被彼此尊敬而且遵行。

假設立約者具有正義感的能力，只是一個純形式的意義，它所強調的是：在所有相關因素都考慮之後，包括道德心理學的一般事實，立約者會遵從其最後選擇之原則，所以這個假設並沒有因此賦予任何具體的正義觀念的內容，立約者知道人們有能力依不同的正義觀念而行動，所以立約者在選擇正義觀念時，就必須考量人類心理學的一般事實和道德學習原則。如果一個正義觀念不可能產生自我支持，表示這樣的觀念缺少穩定性，則這個訊息是在選擇正義原則時不可忽視的事實，也就是說，如果立約者不選擇他們不會遵守或很難遵守的原則，則是理性的表現。

在討論正義原則的選擇之前，羅爾斯澄清一些應該避免的誤解：*8*

1. 原初立場的立約者是理論上定義的個體，雖然我們在日常生活中模擬原初立場時會發現，我們的思考和判斷很難不受自己特殊偏好的影響，但這不會影響原初立場的理性人所做的決定。人如何能扮演好立約者的角色以規範實際的推論，以及人在實際生活中是如何推論，是兩個不同的問題。因此原初立場中的推論是指人在進行有關正義問題的判斷時「應該」採取的思考方式，而日常生活中的推論則是人「實際」在進行的思考方向。

2. 假設原初立場的立約者互不關心，並不是一種利己主義的主張，因為立約者在原初立場中互不關心，並不導得日常生活中的人採用立約者所決定的正義原則也互不關心，原初立場立約者的動機如何，不能和日常生活中接受立約者選擇之原則且具有對應之正義感的人的動機混淆，如果一個人的正義感要求他依原初立場選擇之原則行動，他的慾望和目的必然不是利己的。通常認為透過契約的方式要得到正義原則，必須假設立約者具有某種程度的仁慈心或關心彼此的利益。羅爾斯認為互不關心和無知之幕的結合，可以達成假設立約者是仁慈之相同目的，因為這二條件的組合會迫使立約者考慮他人之利益。羅爾斯更進一步認為，互不關心加上無知之幕比仁慈加上知識優點多：後者不但較為複雜，而且無法推出任何確定之理論；前者較簡單且清楚，並且同時能保證所要達成之結果。這也是羅爾斯認為其理論優於效益主義之處，因為效益主義必須假設理想的觀察者具有仁慈心，才能進行效益最大化的推論。

3. 由於正義原則是由立約者自己決定，所以他們不會提出沒有意義或任意的原則，譬如他們不會提出類似這樣的原則：「正好六呎高的人或在晴天出生者擁有一些別人所沒有的特權」；「個人基本權利的多寡是由膚色或頭髮的質地所決定」，因為沒有人能確定這樣的原則是否對自己有利，所以不可能毫無理由地接受這些原則對行為的限制。身高、膚色、髮質等性質有可能在特殊的情境下是道德上相關的，但是它們不可能成為決定正義第一原則的相關因素。從原初立場的立約者是在相似的公平處境的觀點上看，種族歧視不但是不正義，而且是非理性的，但是這樣的結論並不是基於定義，完全是對原初立場條件描述的結果。

三、社會基本善 (primary social goods) [9]

羅爾斯自認其理論是屬於義務論的一種，所以他所論述的正義原則並不是透過「善」的概念加以定義，為了和目的論作一區別，他強調他的理論建構是「對」優先於「善」。羅爾斯基於自由主義的信念，認為個人的

價值觀是雜多而分歧，由於正義原則是社會基本結構的指導原則，所以正義原則作為社會所有成員要共同遵守的公共原則，其建構過程不應該預設特殊的價值觀念，也就是說，正義原則的推論不能預設任何特殊的善觀念。但是如果沒有任何有關善的概念，原初立場的立約者如何比較和選擇不同的正義觀念？除了利己主義的正義觀念可以透過形式限制加以排除之外，正義兩原則從什麼樣的標準上可以判定其優於效益主義的正義原則？由於原初立場的立約者必須透過比較的方式，在四組可能的正義觀念上選擇其一，因此要判這四組中何組是最適當的正義原則，必須有一個立約者可以作為比較的標準，而這個標準不可避免地必然會涉及好壞的評價。

為了提供立約者比較正義觀念優劣的依據，羅爾斯提出所謂「社會基本善」的概念。所謂基本善即理性人追求任何事物所需要之物，*10* 不論個人的理性生命計畫為何，有許多東西對任何人而言總是多比少好，如：權利、自由、機會、權力、所得、財富和自尊等。

羅爾斯認為，即使每一個人的理性計畫會有不同的目標，但是要達成其計畫都需要某些基本的善。由於個人能力、環境、需求的不同，為了配合這些情境和條件的差異，每一個人的理性計畫自然不同，但無論個人的目標系統如何，基本善都是實現個人目標必要的工具。不同的智力和財力會有不同的理性期待，因此立約者在原初立場的期望值，可以定義為他們可以得到之社會基本善的指數。雖然在原初立場的立約者不知道自己的價值觀，但是他們知道他們喜歡較多之基本善，此一消息足夠他們知道如何在原初情境中，應該選擇何種正義觀念才能提升他們的利益。

有人可能會認為，不應該將個人的期望定義為他可以得到之基本善的指數，而應該定義為個人利用這些善執行計畫所期待的滿足，因為畢竟是這些計畫實現後人才得到幸福，所以期望之估算不應基於其所使用之工具。但是羅爾斯則採取不同觀點，他不考慮人們如何使用這些善以便衡量其滿足量，也不評估基本善對不同價值觀之貢獻。事實上在羅爾斯的構想中，任何一個人的生命計畫或目標，都必須依賴這些基本善的取得而實現，不同的生命目標對於這些善的價值會有不同的評估。譬如：有人對金

錢比較重視，有人則認為自尊更為重要，所以不同的生命計畫是對這些基本善的評估作不同的組合，但是無論如何，在其他情形不變的狀況下，任何一種基本善的增加，總是代表個人利益的增加。所以羅爾斯只要假設社會成員是理性人，他們會針對其處境調整其價值觀，只要其價值觀和正義原則相容，沒有必要比較不同價值觀之價值，每一個人都有平等自由權追求其喜歡之生命計畫，只要其不違反正義之要求。

羅爾斯認為，用基本善解釋人們的期望，是建構一個公開認知的客觀量表最可行的方法，也就是說，這種方式可以建立一個理性人都可以接受的共同量表，透過基本善的概念，立約者在選擇正義原則時就有一個客觀比較的依據。但是問題是在原初立場中引進基本善這個概念，會不會和羅爾斯所謂「對」的優先性原則相牴觸？這樣做是不是在無知之幕排除個人價值觀之後，卻以另一種方式引進某種特殊的價值觀？對於這兩個問題，羅爾斯的答案都是否定的。羅爾斯認為基本善只是形成特殊價值觀的基本要素，它本身並不足以形成一個完整的價值觀，所以在原初立場中引進基本善，並不是引進任何一個特殊的價值主張，所以並沒有違反「對」的優先性原則。羅爾斯稱社會基本善的概念為「薄弱的善理論」（the thin theory of the good），因為它沒有涉及這些基本善之間的結構和組合；和薄弱的善理論相對的是所謂「完備的善理論」（the full theory of the good），它指的是，在正義原則的規範下，人們可以自由發展並建立適合個人整體生命目標之價值觀。所以任何一個特殊的價值觀都是將基本善作系統性的整理和組合，形成一個完整的生命目標和架構，但是這些價值觀，根據羅爾斯的理論，只有在不違反正義原則時，才能被允許，也就是說，任何可以追求的個人價值觀，必須受到正義原則的限制，因此所謂「對」的優先性，是指正義原則先於完備的善理論而言，所以雖然基本善概念出現在正義原則的推論前提中，卻不違反「對」的優先性原則。

第三節　正義原則

一、正義兩原則

根據羅爾斯的推論，原初立場的立約者會選擇兩個正義原則，作為社會基本結構的指導原則，這兩個原則分別是：*11*

1. 每一個人所擁有的最大的基本自由權利，都和他人相等。

2. 社會和經濟上不平等的制度設計，必須同時滿足以下兩個條件：

　　①對每一個人都有利；②地位和職務對所有人平等開放。

這兩個原則是將社會的基本結構分為兩個不同部分，每一個原則適用一個領域。第一原則所處理的是公民的基本自由，包括政治自由（選舉和被選舉權）、言論和結社自由、宗教和思想自由、人身自由、私有財產權、依法不被任意逮捕的自由等，對於這些自由，每一個人都平等，所以羅爾斯的正義第一原則可以稱為平等自由權原則。第二原則則適用於所得和財富的分配，以及各種機構在設計不同權利和義務之分配的依據，根據這個原則，所得和財富的分配不一定要每一個人都一樣，但是不論是何種不平等分配，其結果必須對每一個人都有利，同時各種主管階層和職務必須是每一個人都有均等的機會去爭取。

正義第一原則的意義比較清楚，它所表達的是：一個正義的社會，必須賦予每一個公民相同的基本自由，不能因為身分、地位、財富、所得、智力、膚色、種族、性別的差別，而有所不同。事實上這個原則所突顯的精神是：一個正義的制度，必須把每一個人都當成是一個平等、尊嚴的存在者。

正義第二原則的意義比較複雜，有必要進一步說明。原初立場的立約者基於一般的常識，知道社會和經濟制度不必要求齊頭式的平等，所以財富和所得的分配、社會地位和職務的不平等是可以被允許的。由於社會是

一個合作體系，如果一個部門中，每一個人都要當部長或主任，沒有人要擔任科員或工友，這個部門根本無法運作。就像一般民營機構一樣，總經理的權威、地位、待遇當然比較好，但是如果一個公司裡面所有人都是總經理，這家公司一定無法生存。所以在社會和經濟制度方面，由於社會分工的需要，由不同的職務、地位、權威、待遇所形成的階層和所得的不平等，不但是正常而且是自由社會不可避免的事。但是如果這種不平等的狀況沒有任何限制，不平等的差距可能會加大，最後的結果可能會危及社會合作、威脅社會的穩定。所以儘管社會和經濟上的不平等是正常的，但是卻不是所有的不平等都是可欲的，因此正義第二原則就是針對社會和經濟上的不平等加以限制。

根據正義第二原則，社會和經濟上的不平等設計，必須對每一個人有利，而且職位必須對所有人開放。基於社會合作互利的精神，第一個限制似乎是合理而且也會被大家所接受。至於第二個限制的主要精神則是強調機會的均等，譬如：一個部門的主管，當然擁有較大的權威，但是如果他不能充分而且正當地使用這個權威，基於效率的考慮，最好的方式應該將這個職務讓給能力較佳者。此外，任何一個人只要有能力，都可以公開、公平地競爭這個職務。如果一個人不論能力和表現多麼傑出，而制度的設計卻限制他永遠不能升遷，根據正義第二原則的第二個條件，這樣的制度就是不正義的制度。

由於羅爾斯的正義原則並不是一個單一的原則，所以儘管正義二原則各有所司，但是在應用上仍然會發生互相衝突的狀況。為了避免產生類似直覺主義的難題，原初立場的立約者在選定這兩個原則時，同時給予它們一個排列順序，即第一原則優先於第二原則。這個次序的意義是：如果一個制度為了得到較大的社會或經濟利益，而違反平等自由權原則，則這是一個不正義的制度，換句話說，任何自由權利的犧牲，不能以社會或經濟上的利益作為補償，羅爾斯稱之為自由的優先性。此外，第二原則的兩個部分也有優先順序，即第二部分（以下稱為機會均等原則）優先於第一部分（以下稱為差異原則）。

更精確地說，自由的優先性具有兩個涵義：①是指正義第一原則優先於第二原則，這層意義如上所述；②自由的限制只能為了促進自由。 *12* 關於這一點，羅爾斯主要的論點是：由於基本自由包括許多面向的自由權利，不論宗教、言論或政治自由等各類的自由，對任何人而言，總是擁有越大的自由度越好，但是為了達到每一個人都擁有相等的自由，自由本身必須加以限制，所以所謂最大限度的基本自由是以整體作為評估。所以通常我們說較大的自由較可欲，指的不是某一種特殊的自由，而是指基本自由整體。

譬如言論自由，為了達到大家言論自由的目的，需要制訂規則限制辯論或討論，否則言論自由將失去其價值。所以在開會的時候，除了特殊情形外，沒有得到主席同意，任何人都沒有資格發言，但是這種對發言權力取得的規定，是一種次序規則，和限制言論內容並不相同。我們之所以認為會議規範和言論自由並不牴觸，就是因為正義第一原則所規定的基本自由可以為了自由的緣故而加以限制，換句話說，也只有為了保障相同或另一種不同的基本自由，以調整自由體系至最佳狀況時，才可以對自由加以限制。

儘管在一個正義的社會中，每一個人都擁有平等的自由權，但是由於貧窮或無知，導致有些人沒有能力有效利用其權利和機會，羅爾斯認為這些會影響自由的價值（the worth of liberty），因此自由和自由的價值必須加以區別。自由是以平等公民的完整自由體系為代表，而自由對個人或團體所能產生的價值，則和該個人或團體提升其目的能力成正比，平等自由權是大家都一樣的，但自由的價值則會因人而異。有時候政府可以採取某些措施，補償較差階級較少的自由價值，使其有能力實現其目的，但是羅爾斯強調，補償較少自由的價值不能和主張不平等自由混淆。 *13*

至於機會均等原則優先於差異原則的理由，可以用一個例子加以說明，譬如一個機關中的一個小職員，雖然樣樣表現傑出，能力足以勝任部門的主管，但是如果差異原則優先於機會均等原則，則這個職員可能做一輩子職員，這個制度都是正義的，只要他每個月按工作表現都得到獎金，

或者只要這樣做能使大家都獲利即可。然而如果一個制度的設計讓一個能力傑出者當一輩子小職員，這個制度顯然是不正義，所以羅爾斯認為機會均等原則優先於差異原則。

二、正義二原則的推論 [14]

原初立場的立約者為何會選擇正義兩原則？羅爾斯利用最大化最小值規則（maximin rule）作為推論正義原則的依據。最大化最小值規則是理性人在不確定狀況下進行選擇時，所採用的一個原則，羅爾斯認為正義二原則的選擇和最大化最小值規則具有一類比關係，所以為了論證立約者的選擇，必須先解釋何謂最大化最小值規則。羅爾斯運用以下的得失表（gain-and-loss table）來說明這個規則：

決　定	情　境		
	c_1	c_2	c_3
d_1	-7	8	12
d_2	-8	7	14
d_3	5	6	8

以上的圖表表示一個人在進行一項決策，選擇者面臨許多個可能的情境，而哪一種情境會實際出現並不知道，而且這些情境的存在不受選擇者所作決定的影響。圖表中的數字代表選擇者的獲利，因此由圖中可見，選擇者獲利(g)的多寡取決於個人所作的決定(d)和情境(c)，所以 g=f (d,c)。為了簡化起見，我們假設選擇者可以作三種可能的決定和面臨三種可能的情境，而每一種組合的獲利情形如上表所示。

在這樣的狀況中，最大化最小值規則會要求選擇者採取第三種決定，

因為在選擇 d_3 最差的結果是出現 c_1 的情境,只有 5 單位的獲利,但是在相同的情境下,選擇其他兩種決定卻要損失 7 或 8 個單位的利益。所以採用最大化最小值規則進行選擇,是考慮所有可能的決定中的最差情況,然後比較這些最差情況,以最差情況中最好的結果作為選擇的對象。以上表為例,第一種決定的最差的獲利狀況是負 7,而第二種決定的最差獲利狀況是負 8,而第三種決定的最差獲利狀況則是正 5,所以最大化最小值規則會要求選擇第三種決定。因此最大化最小值規則的最大特點在於:它只考慮所有可能選擇中的最差結果,雖然如果選擇 d_2,當第三種情境出現時,選擇者會得到更大的利益,但是最大化最小值規則並不在乎最大獲利多少,它只在乎最差獲利狀況的最大化。

　　然而並不是理性人在從事選擇時都應該採用最大化最小值規則,羅爾斯指出,最大化最小值規則是一個不尋常的規則,使用它必須滿足三個主要特點:①有理由不考慮情境出現之或然率,所以這個規則所要處理的,一定是不可能知道或極不確定每一種情境產生的可能性有多大,因為通常在不確定狀況下進行選擇,最自然的方式是:針對每一種決定,將每一個情境的或然率乘以可能的獲利,再加總,然後比較哪一種決定的總數最大,最大的就是最佳的選擇。因此只有當情境發生的或然率極不確定或不可能知道時,不計算其或然率才是合理的;②選擇者必須抱著如下的價值觀:他不在乎採取最大化最小值規則之後,和可能的較多獲利的差距是多少,他認為為了進一步獲利而冒險是不值得的,尤其這個冒險有可能使他失去更多對他而言很重要的東西;③被拒絕的選擇對象有令人無法接受的結果,也就是說,這種狀況涉及重大冒險。

　　當以上三項特點都同時出現時,是使用最大化最小值規則最典型的範例,所以這個規則並不是普遍適用,也不是自明,而是在特殊情境下的簡便法則,其應用有賴獲利的結構和個人價值觀之間的關係。

　　羅爾斯認為其原初立場的定義,正好是最大化最小值規則可以適用的情境,也就是說,原初立場顯現上述三項特色:①無知之幕排除有關或然率的知識,立約各方無任何基礎決定其社會的可能性質及其社會地位,他

們不只不可能計算可能情境產生的或然率，更不可能計算每一個可能選擇所會產生的結果；②如果我們能夠證明，正義二原則是一個可行的社會正義理論，而且可以合乎效率的合理要求，則這一個正義觀念已經保證一個令人滿意的最小值，尤其自由的優先性意味著原初立場立約者的一個特殊價值觀，即他們不願意為獲取更大利益而犧牲平等自由，而正義二原則這個正義觀念保障平等自由的最小值；③如果能證明其他正義觀所導致的制度會有令人無法忍受的結果，則第三項特點就可以成立。事實上在原初立場中的另一個可能的選擇是效益主義。如前所述，如果立約者選擇效益主義的正義觀，則效益原則在某些條件下為了獲得較大的社會利益，奴隸制度有可能成為一個正義的制度，也就是說，效益主義的正義原則可以合理的證成對人類自由嚴重侵犯的制度。由此可見，原初立場中確實滿足採用最大化最小值規則的第三項特點。

綜上所述，由於原初立場適於採用最大化最小值規則進行選擇，而且正義二原則提供了令人滿意的最小值，使得不論無知之幕揭開之後，立約者發現自己的社會處境、價值觀為何，至少在基本自由方面能享有平等的自由權，而社會和經濟方面也能受到機會均等和差異原則的保障，所以羅爾斯認為立約者在原初立場中，會選擇正義二原則作為合理的正義觀念。

事實上在不確定狀況下採取最大化最小值規則，其目的是為了得到最起碼的保障，這個策略顯然是一個相當保守的策略，因此有人可能會質疑這樣的策略是理性人都會採用的選擇原則，因為並不是所有的冒險行為都是非理性的，譬如：所有的商業行為都具有一定風險，但是我們不能因此認為選擇從商是非理性的行為。又譬如理財，有人將錢存在銀行領利息，有人認為這樣過於保守，他寧願將錢拿去從事投資性的運用，如買股票或投資房地產。但是由於銀行的利息保證了獲利的最小值，投資雖然可能獲取暴利，但是也會承擔相當大的風險，所以如果依照最大化最小值規則要求，則應該採取較保守的策略，即將錢存銀行。然而我們很難因此論證，願意承擔風險以獲取更高利益的行為是非理性的，所以羅爾斯原初立場的設計，雖然使立約者無法知道自己是否喜歡冒險，但是似乎也不能證明在

或然率不明的狀況下，不冒險才是最佳策略。

　　對於這一點羅爾斯的想法是，正義原則攸關社會基本結構的設計，所以原初立場的選擇是一件極為重要的決定。此外，原初立場的選擇等於是確立我們最合理的正義感，立約者一旦選擇之後，所選擇的正義原則就是未來一切正義問題的最終依據，而且由於這個選擇是呈現我們的正義感，因此所選擇的原則是永遠不能更改的，也就是說，個人不能在無知之幕去除之後，評估正義原則的實現對自己不見得特別有利，而要求對正義原則進行修正。所以羅爾斯認為，基於原初立場的特色和目的，為了進一步獲利而冒險就是不理性的行為。

三、自由優先性原則的證明 [15]

　　羅爾斯指出，如果原初立場的立約者在達到某一個財富水準之後，不願意以較少的自由和經濟上的利益交換，則可以證明正義二原則的第一原則先於第二原則。羅爾斯認為，只有當社會條件不允許平等自由權的有效運作，人們才會承認對這個權利的限制，換句話說，只有當不平等的自由是提升文明品質所必需，其目的是使將來所有人都能享有平等自由權時，人們才能接受不平等的自由權。所以接受二原則的次序排列，是在有利條件下追求一般正義觀念的一個長期趨勢，羅爾斯相信，當歷史發展到某一個時間點上之後，正義二原則就會成為具主宰性的正義觀念。

　　為何原初立場的立約者在社會財富達到一定的水準之後，會接受自由的優先性？羅爾斯的論點是：當文明的條件得到改善之後，相對於自由利益的增加，經濟和社會利益進一步提升所產生的好處，其邊際意義會遞減，所以當實踐平等自由權的條件越充分實現時，自由的利益會越增強。從原初立場的觀點來看，這種情形達到某一個點之後，為了得到較大物質享受而接受較少自由的作法，就成為是不理性的行為。為何如此？羅爾斯的論點是，當社會一般的幸福水準提升之後，有待社會進一步發展才能滿足的需要，都是一些比較不緊迫的需要，此外，社會水準提升的同時，平

等自由權運作的障礙也減少，人們也會增加對精神和文化利益追求的堅持，換句話說，如何保障個人可以自由選擇不同的社群生活，也會變得更加重要。但是這並不表示，當人們接受自由優先性時，所有的物質需要都得到滿足，而是說這些物質慾望變得比較不重要，所以原初立場的立約者可以判定：為了滿足這些慾望而接受較少自由是不理性的。

　　針對這一點，我們可以從我國在民主發展過程中的轉變加以證明。雖然我們自稱實行民主憲政已有四十多年的歷史，但是直到現在，我們對個人基本自由的重視才成為社會普遍的共識。三十年前，由於我們的平均國民所得仍然很低，在大多數人民心中最重要的需求就是物質條件的滿足。三十年前，如果能有機會吃一頓大餐，對大多數人而言都是一個極大的享受；可是三十年後的今天，「吃飯應酬」成為大家最怕的事。因此我國發展的實例，可以印證羅爾斯的論點，即隨著生活水準的提升，物質條件改善的邊際效用會遞減，人們對自由、平等和精神文化生活的追求和重視，則會與日俱增。

　　當然有人可能會提出相反的看法，因為我國社會也由於人民經濟水準的普遍提升，反而助長社會的功利心態，儘管人們對自由權利的重視甚於以往，但是社會競逐名利、大玩金錢遊戲的風氣更是於今尤烈，因此羅爾斯主張物質利益會隨社會一般財富的增加，而產生邊際效益遞減的說法並不正確。羅爾斯也注意到這種可能性，他指出，如果假設每一個人都想得到較多的分配，其結果可能造成追求物質豐足的慾望會不斷地增強，社會可能變得越來越在乎提升生產力和改善經濟效率，也由於對這些目標的專注而忽視自由的優先性。但是羅爾斯認為，在一個良序社會中，人們對於自己的社會地位較不在乎，他們也不會嫉妒和羨慕別人的財富，他們所追求的是他們自己的理性生命計畫認為最佳者，所以他們並沒有強烈的心理動力，促使他們為得到經濟福祉而減少自由。因此羅爾斯認為，良序社會中的人對地位和財富的慾望相當弱，所以不會影響自由的優先性。當然羅爾斯承認，有人可能會將自我的價值建立在地位和財富之上，但是他認為，在一個合乎其正義原則規範下的社會中，不應該有過多的人具有這樣

的傾向。

　　因此，如果羅爾斯的解釋是正確的，則我國社會因經濟發展、生活水準提升，卻反而產生功利心態瀰漫，並不能因此就否證羅爾斯的自由優先性的論證，因為這種現象的產生，有可能是由於我們社會的基本結構並不合乎社會正義原則，因此社會成員無法產生相同的正義感，而社會也因此無法建構一個穩定的合作關係，所以成員之間為了個人的利益，形成敵對的競爭，某一個人的獲利就是其他人的損失。果真如此，則我國因經濟發展、國民所得水準提高，社會民心卻反而越加貪婪自私，其原因不是物質利益永遠優先於自由權利，而是社會趨向越不正義的預兆。

　　綜合以上的推論，羅爾斯的結論是，越接近良序的社會，自由的優先性越能得到肯定。

第四節　　對羅爾斯理論的批判 [16]

　　羅爾斯正義理論在當代遭遇到許多的質疑和挑戰，其中最主要是針對其自由主義、個人主義（individualism）的預設。歸納來說，羅爾斯的正義理論至少面臨兩大挑戰：一個是社群論（communitarianism）的批判，另一個則是所謂多元文化論（multiculturalism）的質疑。社群論在當代的主要代表人物是：麥肯泰爾、沈代爾（Michael Sandel）和泰勒（Charles Taylor）。社群論者認為自由主義無法形成真正的社群，而社群是人類生活的一個非常重要的價值，所以自由主義的理論有其內在的缺失。由於羅爾斯的正義理論是以自由主義為基礎，而多元文化論者認為，自由主義的基本前提是個人主義，所以在自由主義的政治設計中完全忽視群體的概念，舉凡性別、種族、民族、階級等族群，在自由主義的理論中都屬於次要地位，也就是說，自由主義認為個體（individuality）在本體論上優先於任何的集體（collectivity），所有的集體都是個人在自由權利受到保障之後所形成的結社，因此是屬於私領域（private sphere）而不是公領域（public sphere），所以族群問題不屬於政治領域所要處理的問題，其結果是造成少

數族群受到宰制和壓迫。許多學者認為,不將族群因素放入政治領域考慮的正義理論是不足的,而且這樣的正義理論也不能真正包容多元。

一、社群論的批判

許多社群論者分別從不同的角度批判羅爾斯的正義論和其自由主義觀點,以下分幾點來說明:

1.自我觀念和認同

社群論認為羅爾斯的正義論強調自由權利的優先性,是基於自由主義一種特殊的人的觀念。由於自由主義假設社會是由獨立的個人所組成,而且每一個人有不同的價值理想,依據羅爾斯的主張,這個多元事實不是一個短暫的歷史偶然,而是當代民主文化的一個永恆樣貌。[17] 所以要使這些具有不同價值觀和生活方式的個人,共同生活在一個必須相互合作的社會之中,必須制訂一些大家都能遵守的公共規範。而能被不同道德、哲學和宗教主張者願意共同接受而且遵行的公共規範,必須是所有的社會成員都處於公平的立場,經過自由選擇的結果。所以羅爾斯的社會正義理論,就是在這樣的觀點下,透過契約論的架構、純粹程序正義的設計,認為最合理的正義原則是自由、平等、理性存在者,在公平的處境下所作的選擇。

社群論者認為自由主義這種自我觀念(the conception of self)是錯誤的,因為個體是社會的產物,每一個個人的自我認同(identity)是由其所屬的社群所塑造,換句話說,個人是完全在其社群之內生活,社群的價值和文化內涵構成了個人的自我認同,不是個人的選擇決定了社會文化的內容,而是個人所處的社會文化決定個人的價值和理想。因此沈代爾認為,羅爾斯在原初立場描述的自我概念,是一個缺乏目的和價值的自主選擇者(autonomous choosers),因為立約者在從事正義原則的選擇時,完全處於無知之幕之後,不知道個人任何的特點。在羅爾斯的論述中,任何具體個

人所擁有的價值觀，必須在正義選擇之後才能形成，因為正義原則是這些價值觀可否被允許的判定標準，所以選擇正義原則的「我」和其所選擇之目的和價值都是分離的，而這些價值和目的完全不能決定這個「我」的自我認同，[18]這種「我的慾望和目的」和「我」保持一段距離的觀念，沈代爾稱之為「完全抽象的主體」（radically disembodied subject）。[19]這樣的人的觀念，自我的認同和選擇的能力最為相關，而和認知、批判性自我反省能力無關，[20]但是沈代爾認為，我們一般所謂的自我認同是透過批判、反省發現（discover）自我，在自我反省的過程中，人們發現某些目的和對事物的執著（attachments）是「我之為我」不可或缺的，甚至於同一社群（community）中成員共有之情感、共享之目的和價值，也構成自我認知之建構性（constitutive）要素，[21]因此沈代爾認為，正確的自我觀念不是一個能自發性選擇的我，而是一個能透過反省認知自我內在構成本質的我，[22]所以他主張人的認同在某一個程度上是由他所屬的社群所定義，是社群決定了「我是誰」，而不是我自由選擇了「我是誰」。[23]也就是說，人的自我認同是由其社會文化所賦予，所以不是經由人所選擇，而是經由人所發現的一種歸屬（attachment）。[24]如果人只能以自己所屬社群的成員身分，才可能發現自我認同，則羅爾斯的自我觀念顯然是錯誤的。

　　沈代爾指出，羅爾斯正義理論中原初立場的設計，就是完全基於這個錯誤的自我觀念。自由主義的自我觀念，使得自我永遠可以和其文化隔離，不會對其社會產生任何高度的忠誠和承諾，也不可能和他人形成深刻的情感和歸屬，因此由這種自由主義個人所形成的結社也無法發展真正的社群。

2.自主性和社會支離

　　社群論者指出，根據自由主義的正義觀念，個人可以在正義的範圍內自由地選擇自己的生活方式，然而由於這種選擇並沒有共同的價值和目標作指引，所以缺乏凝聚力和連續性，因此自由主義社會運作的結果會造成社會的支離。[25]由於自由主義特別重視個人的自主性，所以如果社群的

目標和個人自由相牴觸，自由主義會認為個人自由具有優先性，因此社群論者認為自由主義社會的個人只能因利益相合，而形成各種自願性的結社（associations），但這樣的社團在自由主義的社會中是不穩定的，因為成員可以隨時選擇進出。所以華徹（Michael Walzer）認為最好將自由主義理解為一個關係的理論（a theory of relationship），這個理論以自動結社為其核心，而且這個自動性可以解釋為斷絕和退出的權力，也就是說，可以主動加入的團體就是代表永遠可能選擇退出，所以任何的認同和關係如果是主動的，表示可以很容易再找到其他的認同和關係，也表示這些認同和關係的不穩定性。*26* 所以自由主義的自主性對社團的穩定和持續似乎構成一個永恆的威脅，換句話說，自由主義社會肯定自主性的優先性，等於是強化和鼓勵社團的分解力，社群在自由主義社會必然得不到充分的發展。

自由主義這樣的自主性概念顯然是有問題的，泰勒就指出，人只有在社會中才能發展其能力，也就是說，生活在某一個社會或文化當中，是發展理性、成為道德主體，以及成為一個完全負責的自主性存在者的必要條件，離開人類社會，這些能力都無法發展。*27* 所以根據泰勒的主張，一個自律自主的道德主體，只能在某一個文化型態中才能達成其自我認同，因此自由主義的自律自主性運作，必須以社會文化為其先決條件。

在社群論的理想社會中，社群成員認定社會整體具有一個共同的善，是彼此共同的事業，因此成員之間具有一種相互的承諾（mutual commitment），而這個相互承諾本身就有其價值，所以個人願意為社會整體或社會其他成員的福祉，從事必要的犧牲，泰勒稱這種共同善的意識為愛國心。所謂愛國心，是介於友誼和親情以及對他人利他性的奉獻之間，友誼和親情是對特定個人的情感，而對他人利他性的奉獻是指願意為任何人的利益行動，而愛國心的對象是自己的同胞，這些人和自己之間不必具有友誼或親情關係，而是藉著共同參與一個政治社群所產生的特殊關係，這種關係雖不像家庭那麼親密，卻和家庭類似，因為成員彼此因分享共同的歷史而結合。*28*

泰勒稱這種社群成員的關係為一種對話式的（dialogic），對話式關係

不同於獨白式的（monological）狀態，而泰勒認為親密關係的產生，主要就是透過對話式的交談，而獨白式的狀態，則無法形成這種關係。所以社群成員所產生的臍帶關係是對話而不是獨白式的，彼此所追求的是「對我們」有價值之物，而不只是「對我和對你」有價值，泰勒稱前者為「共同善」（common good）；而後者為「匯合的善」（convergent good），因此社群成員是在這種集體的意義上分享社群之共同目的。[29] 這樣的主張顯然和自由主義強調自主性的概念有很大的出入，對社群論而言，理想的社會是社會成員之間視為命運共同體，彼此禍福相關、休戚與共；而自由主義則強調個人擁有絕對的自主權，只要不違反社會正義的規範，每一個人都可以從事任何行為或追求任何生活方式。自由主義的政治設計就是要保證個體的自由和維繫社會的多元，因此自由主義讚賞個性、貶抑群性；鼓勵多元、輕視共同的目的和價值；頌揚自我選擇、挑戰既有的傳統和習俗，這一切都和社群論所重視的價值完全背離。所以沈代爾認為自由主義社會不是由利己主義者而是由偶爾仁慈、彼此陌生的公民所組成，[30] 所以自由社會不但不可能形成一個成員之間有緊密關係的社群，而且會造成社會的支離。

二、多元文化論的挑戰

多元文化論雖然有很多不同的派別，但是他們對自由主義共同的批評是：自由主義並沒有重視差異（difference）。諷刺的是自由主義就是在差異中誕生，事實上羅爾斯採取純粹程序正義的方式推論其正義原則，就是完全基於價值多元的假設之上，因為他基於自由主義的精神，認為價值觀的歧異是不可化約的，他一再地明白表示，除非採取強制手段，否則多元是一個不可改變的事實。他在《政治自由主義》（*Political Liberalism*）一書中區分簡單多元（simple pluralism）和合理多元（reasonable pluralism），而且將合理多元當成其論證的起點，他稱為「the fact of reasonable pluralism」（合理多元的事實）[31]，可見差異在自由主義的理論假設中具有核心的地

位。但是自由主義對差異的處理方式，卻不能令多元文化論者接受。

近十年來從多元和差異的角度，對自由主義理論進行徹底檢討的，以泰勒的肯認政治（politics of recognition）和楊格（Iris M. Young）的差異政治（politics of difference）最具代表性。由於泰勒基本上肯定楊格的論點，而且其主張前面已介紹過，所以在此只提出楊格的看法，但是無論如何他們都是批評自由主義忽視族群差異，缺乏對少數文化的肯認。

雖然自由主義的理論強調人的平等性，認為自由社會中的成員不論階級、種族、膚色、性別、社會地位有何差異，作為一個公民，每一個人所擁有的權利和義務都相同。如果以羅爾斯的說法，自由主義的正義理論就是要排除自然和社會的偶然因素所造成的不平等，所以在建構正義原則時，羅爾斯的人觀（conception of the person）是超越個人的特殊性，強調人的自由、平等、理性之道德人的共同特質，重視社會成員之間的共通性，而忽視個別的差異性和特殊性。雖然自由主義追求人的普遍平等性，反對傳統政治基於個人或族群基本特性，加以貶抑或排斥，形成不平等的壓迫和剝削，但是隨著社會運動的勃興，許多受壓迫階級的社會運動者發現，自由主義的實踐並沒有達成實質的平等，反而造成新的壓迫和宰制，越來越多的聲音要求自由社會正視差異（difference），多元文化論的主張就是在這些運動中成熟發展，而成為當前最受關注的焦點。

根據楊格的分析，自由主義的主張並沒有使所有族群都具有平等的地位，當自由主義頌揚公民德行是普遍人性的表達時，它同時有意識地將某些人排除在公民之列，因為這些人無法採取普遍的觀點，或者因為將這些人包括進來會使大眾分裂。32 但是楊格認為這種普遍、公正的理想根本是幻想，因為人不可能採取一個不具立場的（unsituated）道德觀點，而任何具有立場的觀點就不可能是普遍的，她指出，人們在進行實質道德問題的反省，必然會預設某些特殊的社會和歷史情境。即使所謂公正或普遍觀點，是指要求每一個人在從事道德推論時，能站在他人的觀點，為所有人設身處地，但是這種方式也預設了推論者的特殊經驗和歷史。楊格認為雖然人和人的差異不是絕對的，但是有些不同的社會經驗和關係定義了個人

的特質，不同的社會族群有不同的需要、文化、歷史、經驗，以及對社會關係的不同想法，這些差異會影響人們對意義的解釋，也會影響政策推論的形式，這些差異並不只是利益的衝突，所以不是其他人可以完全理解的，因此楊格的結論是：普遍公正的理想根本不可能實現。 *33*

楊格論稱，自由主義是一種同化論的理想（the ideal of assimila-tion），這個理想的目標是建立一個同質性公民的社會，為了使社會上每一個人都享有平等的社會地位，同化論要求以相同的標準、原則和規定對待每一個人。然而在自由主義社會中，雖然法律在形式上規定族群和個人的平等權利，但是都市化和現代化的發展，不但沒有導致同質化的社會，反而強化族群的內聚力和族群團體之間的分化。楊格指出，在今天美國社會的一個普遍共識是：不應該因為某些人所具有的某些特性，而將之排除在政治和經濟活動之外。但是即使法律規定族群平等，實際上許多族群仍然被視為異常或「非我族類」（the Other）， *34* 也就是說，形式平等的成果並不能消除社會差異，族群的差異仍然存在，而且有些族群仍然享有特權，楊格認為，在這樣的情況下如果還堅持平等，將會忽視差異而形成壓抑。她從三方面加以論述：

1. 由於社會上仍然存在優勢族群，忽視差異的結果會對某些族群不利，因為這些族群的經驗、文化和社會能力都不同於優勢族群。同化論的作法是要將以往被排斥的族群帶進主流社會，但是優勢族群卻預訂了同化的規則和標準，要求每一個人都合乎這些規則和標準的評量。優勢族群並沒有認知到這些標準是文化和經驗上的特別標準，以為它們是人性的共同理想，所以是中性而且普遍的。

2. 普遍人性的理想允許優勢族群忽略其族群特殊性，追求同化的結果是造成文化帝國主義（cultural imperialism），使得優勢族群所表達的經驗和規範，成為一種不具立場、中立於族群的觀點。但是事實上並不存在這種觀點，宰制族群就是依據這個所謂普遍人性的規範，將被壓抑族群視為具特殊性之非我族類。

3. 族群若偏離上述的中立標準會遭到壓制，結果會使劣勢族群成員產

生內化的自我貶抑。如果美國社會白人男性觀點是一個普遍標準，則波多黎各人和華裔會對自己的音調和父母感到羞愧，這種同化論的理想，使非主流族群產生自我嫌棄，也會因自我壓抑而形成雙重意識（double consciousness）。同化的目標是要求所有人都「適合」主流族群的行為、價值和目標，所以如果自由主義的平等參與蘊涵同化，被壓抑族群會處於一個兩難之中：參與就是接受和採用一種不同於自己的認同，而試著去參與則是提醒自己和他人：我的認同是什麼。*35*

　　楊格的基本論點是：自由主義的平等反而成為壓抑弱勢族群的藉口，宰制族群將自己的意識型態當成中性、普遍，而劣勢族群的差異被認為是一種本質上的不同，是貶抑、劣等和異常的標誌，由於這些族群不具有「正常者」之共同本性，所以這種差異的存在會危及公共精神，因此採取排斥、隔離或壓制，以防止差異性對社會整合的腐蝕，似乎可以得到合理化的基礎。

　　多元文化論者和自由主義最大的差別在於：自由主義基於共通人性，重視公民的平等權利和義務，個人的差異和特殊性只在非公共領域中發展；而多元文化論者則強調族群的認同和差異，也應該是政治領域中的題材，族群差異不能化約為個人的差異，自由主義的個人主義式政治建構無法包容和承認這類的差異，所以造成排斥和壓抑。

　　自由主義將所有的差異、衝突和多元都歸入私領域的背後動力，是其個人主義的本質。在自由主義的政治分析中，只有個人和國家兩個基本元素，至於族群和任何形式的結社都是個人自由選擇的結果，所以是屬於非公共領域的問題。這種個人主義式的觀點，也是自由主義遭受多元文化論之挑戰的癥結所在。多元文化論的基本精神是強調介於國家和個人之間，還有一個極為重要的單位，即各種不同的族群，包括種族、民族、性別、年齡、宗教、文化等構成的特殊團體，這些團體對某些特殊個人之認同和生命意義的影響極為重要，因此政治原則如果忽視這個差異，將會使某些族群受到壓抑、宰制和邊緣化。所以楊格的差異政治，主要的目的就是要將這類的差異納入公共領域，也就是說，除了個人作為一個公民具有平等

的權利之外，每一個人可能同時又是一個族群的成員，差異政治就是要將這種族群成員身分，也作為訂定政治原則的重要考慮。

　　根據楊格的論述，差異政治的優點可以歸納如下：①在同化論的理想中，族群差異被定義為互斥、對立、非我族類，差異政治則肯定族群差異的積極性，使族群肯定自己的文化，而不會因為自己的「不同」而自我貶抑。②肯定被壓抑族群之文化和屬性的價值和特殊性，可以使宰制文化相對化，譬如：使人們認知白人和黑人一樣特殊、男人和女人一樣特殊、同性戀也和異性戀一樣特殊，因此差異並不是對某一種屬性的描述，而是一種相互比較的函數。③這種對差異的關係性的理解，使差異不再是族群彼此絕對的隔離，兩個差異族群可能會在某些方面共享相同的經驗，差異不再是排他、對立和宰制，因此可以提升族群的團結。④肯定族群差異，可以對現行制度和規範所依據的觀點提出批判，指出完整的社會生活不必同化於宰制的規範。*36*

註　釋

1. Rawls, 1971, pp.3-4.
2. Ibid., p.5.
3. Ibid., pp.54-56.
4. 有關這三種程序正義的定義和區別，參見 Ibid., pp.85-86.
5. Ibid., p.12 & pp.136-142.
6. 這個例子參考 Alasdair MacIntyre, 1981, pp.227-229.
7. Ibid., p.13 & pp.127-130.
8. Ibid., pp.147-150.
9. Ibid., p.62 & pp.90-95.
10. 事實上羅爾斯在 1980 年以後的作品，已經對其正義理論有所修正，所以他對基本善的看法也和此處的定義不同。在 1980 年以前，基本善指的是追求任何理性生命計畫所必需之物，因此什麼是基本的善是依賴心理學之前提，換句話說，基本的善是建立在心理學的事實、人的慾望和目的

的普遍結構。而在 1980 年羅爾斯發表的「Kantian Constructivism in Moral Theory」(*Journal of Philosophy*, 1980, 77: 515-572)之後，基本善成為能使人實現及運作道德能力和追求個人最終目的所需要之社會條件。有關羅爾斯後期的觀點，參見其 *Political Liberalism* (New York: Columbia University Press, 1993)。

11. 羅爾斯對正義兩原則有不同的陳述方式，最完整的陳述在《正義論》p.302，而在此所依據的是依據《正義論》p.60 的陳述。

12. Ibid., p.244.

13. Ibid., pp.204-205.

14. Ibid., pp.150-161.

15. Ibid., pp.541-548.

16. 本節的論點根據本人的〈羅爾斯正義理論中人的觀念之探討〉，《第三屆美國文學與思想研討會論文選集：哲學篇》，臺北：中央研究院歐美研究所，民國八十二年，pp.149- 172；〈自由主義可否建立一個政治社群？〉，陳秀容、江宜樺主編，《政治社群》，臺北：中央研究院中山人文社會科學研究所，民國八十四年，pp.249-270；〈公民身分：認同和差異〉，蕭高彥、蘇文流主編，《多元主義》，臺北：中央研究院中山人文社會科學研究所，民國八十七年，pp.379-409；以及〈族群差異與社會正義〉，《臺大哲學論評》，第二十一期，民國八十七年，pp.249-270。

17. John Rawls, "The Idea of an Overlapping Consensus," *Oxford Journal of Legal Studies*, 1987, 7: 4.

18. Michael J. Sandel, *Liberalism and the Limits of Justice* (Cambridge: Cambridge University Press, 1982), pp.55-65.

19. Sandel, 1982, pp.19-21, 54-55.

20. Ibid., pp.55-59, 154-161.

21. Ibid., pp.147-154, 172-183.

22. Ibid., pp.152-153.

23. Ibid., p.150.

24. Ibid.

25. Michael Walzer, "The Communitarian Critique of Liberalism," *Political Theory*, 1990, 18: 9.

26. Ibid., p.21.

27. Charles Taylor, *Philosophy and the Human Sciences: Philosophical Papers 2* (Cambridge: Cambridge University Press, 1985), pp.190-191.

28. Charles Taylor, "Cross-Purposes: The Liberal-Communitarian Debate," in Nancy L. Rosenblum(ed.), *Liberalism and the Moral Life* (Cambridge, Massachusetts: Harvard University Press, 1989), p.166 & p.173.

29. Ibid., pp.167-168.

30. Sandel, 1982, p.183.

31. 有關羅爾斯對多元事實的強調，一再出現在其 1980 年後所發表的文章中，他早期的說法是闡述「多元的事實」（the fact of pluralism）作為其論證的起點，而在《政治自由主義》一書中才採用「合理多元的事實」一詞。所謂合理多元是指民主社會存在許多不相容但卻合理之宗教、道德、哲學學說，羅爾斯認為人類理性在民主政體之自由制度內運作，必然會產生合理卻不相容的全面性學說（comprehensive doctrines），這個事實就是其政治自由主義的基本假設。而所謂簡單多元則是指在經驗上實際存在許多相對立的價值學說和主張這個簡單的事實。有關於簡單多元和合理多元的區別，參見其 *Political Liberalism* (New York: Columbia University Press, 1993).

32. Iris Marion Young, 「Polity and Group Difference: A Critique of the Ideal of Universal Citizenship,」 in Ronald Beiner(ed.), *Theorizing Citizenship* (Albany: State University of New York Press, 1995), pp.178-179.楊格對自由主義要求公民採取普遍、公正立場的批評，主要參見其 *Justice and the Politics of Difference* (Princeton, New Jersey: Princeton University Press, 1990), Chapter 4.

33. Young, 1990, pp.104-105 & 1995, p.183.

34. Ibid., 1990, pp.163-164.

35. Ibid., pp.164-165.

36. Ibid., pp.166-171.

第十四章

諾次克的正義論

在羅爾斯發表《正義論》之後，第一個有系統的回應就是諾次克提出的正義理論。諾次克在一九七四年出版了《無政府、國家和烏托邦》（*Anarchy, State and Utopia*）一書，提出一個與羅爾斯不同的正義理論。

第一節　正義即資格（justice as entitlement）

諾次克的正義理論非常重視個人權利（individual right），他在其著作的序言就明白表示：「個體具有權利，而且他人或團體不可以對他們做某些事，否則會違反他們的權利。」[1] 諾次克的正義論主要是奠基在其政府論的主張之上：在諾次克心目中，唯一合理而且合法的政府是最小政府（minimal state）。由於諾次克接受洛克（John Locke）的看法，認為在自然狀態中我們每一個人都擁有一些天生、不可讓渡的權利，這些權利使個人可以不受任何其他個人或團體的干涉，所以政府的功能應該只局限於：抵抗暴力、偷竊、欺騙、契約之執行，以確保個人應有的權利，而任何超越這種功能的強有力政府，都將會牴觸個人的權利，所以也不具有合理性的基礎。在人類的這些權利當中，有一個極為基本的權利就是「追求私有財產的權利」，基於這個權利產生諾次克的「正義即資格」理論。

基於對個體權利的重視，諾次克認為只有最小政府才具有道德的正當性。諾次克的最小政府概念有兩個蘊涵：①政府不可以透過它的強制力，要求任何一個公民去幫助他人；②政府也不能基於「保護公民」、「為了公民的利益或好處」的理由，禁止公民從事某些活動。所以諾次克又稱最小政府為「夜間守衛政府」（night-watchman state），即政府的正當功能，就應該像夜間警衛一樣，只能進行巡邏和安全維護或檢查的工作，以保護雇主的財產和安全，所以政府的目的只是保護其公民之權利、財產和執行契約，超過這個限度，就是侵犯個人權利。[2] 因此有很多事情是政府不能做的，例如：政府不能告訴你如何對待自己的身體，政府也不能要求你捐助慈善機構，更不能要求你要讀什麼書。所以如果從社會正義的角度，政府當然也就不能利用強制力，進行所得重分配的工作。就像一棟大樓裡的

夜間警衛或管理員，他不能因為巡視住家的時候，看到張三家有兩台電視機，而李四家一台也沒有，於是從張三家搬走一台電視，把它擺在李四的客廳，這名警衛的行為雖然是基於善意，可是已經明顯違反其應有的職責。根據諾次克的主張，政府的功能不能過度擴大，否則就像這名警衛一樣，會侵犯到個人應有的權利。

一般所謂社會正義理論，是指社會的貨財應如何分配的問題，即所謂分配正義（distributive justice）的問題。諾次克認為，「分配正義」並不是一個中性名詞，當大多數人聽到「分配」這個語詞時，會假設有某種機制，以某些原則或標準，在主宰分配這個活動，但是進入這個分配的過程中，由於會產生錯誤，所以對於是否需要進行重分配（redistribution）常有爭議。但是事實上並沒有一個人或團體有資格控制所有的資源、決定該如何分配，每一個人都經由交換或饋贈，從別人那裡得到一些東西，在自由社會中，不同的人控制不同的資源，所以透過個人的行動和自願性的交換，人們會產生新的所有物。因此諾次克認為，就像和誰結婚並不是分配的結果，任何一個人最終所持有的東西都是個人決定所造成的，所以諾次克不採用「分配」這樣的語詞，而是以中性的名詞「持有物」（holdings）來闡述其正義理論。*3*

諾次克的「正義即資格」理論簡單地說就是：人們對他們合法取得的財產擁有權利，而且只要沒有侵犯他人的權利，人們可以隨心所欲地處置這些財產。*4*如果進一步分析，諾次克的正義理論包括三個主題：①持有物的原始取得：這包括不被持有之物如何經由某一個過程被持有；②持有物的轉移：這包括一個人可以經由什麼樣的程序將持有物轉移給他人，以及一個人如何從他人那裡得到持有物，也包括自願交換、饋贈、詐欺等；③對不正義持有之糾正：這是有關過去不當持有所做的補救。從這三個主題中，諾次克歸納出三個原則，而這三個原則就構成他的正義理論。

1.取得之正義原則（the principle of justice in acquisition）

這是關於原始取得持有物的原則，如果該物原來並不是任何人所有，而且當一個人持有該物後，尚有足夠剩餘留給其他每一個人，則持有該物就是正義的持有。

2.交換之正義原則（the principle of justice in transfer）

合法的交換所獲得之持有物就是合法的持有，也就是說，如果原來的持有者是合法持有或因最原始取得而持有某物，則新的持有者經由合法交換的結果，就是對該物取得合法持有的資格。

3.糾正不正義持有之原則

因欺詐、恐嚇、剝削所獲得之持有物，需要給予受害者補償。

綜合以上三個原則，諾次克的資格理論可以簡單歸納為如下的描述：如果每一個人對其分配的持有物擁有資格，則這種分配就是正義的分配。諾次克認為，一個制度是否正義，決定在其是否尊重、保護每一個人的權利，只要以合法的手段從另一正義分配中所產生的分配，結果也是正義的，也就是說，任何分配之改變，只要依據上述的正義原則，不論其結果如何就是正義的分配。換句話說，只要合乎上述取得和交換兩個正義原則之規定，所有的分配情況都是合乎正義的分配。所以諾次克對於一個分配是否正義，完全決定在持有物的取得是否合法，如果一個持有物是經由合法取得，則持有者對該物就具有資格，因此取得資格的持有物，就是合法的持有，也就是正義的分配。5

諾次克認為，其正義的資格理論和其他正義理論不同之處在於，他的理論具有兩個特點：①其理論是歷史性的，即一個分配是否正義，是依賴這個分配如何產生、其產生的歷史過程為何；6②其理論是非模式化的（unpatterned）。所謂模式化的正義分配原則，就是認為應該以某一個自然面向或此自然面向之總量、或次序，作為資源分配之依據。最有名的模式化正義分配原則，如：「依功勞分配」、「依貢獻分配」、「依需求分配」等，所謂非模式化的正義分配原則，就是不以個人在這個自然面向之等

級，作為資源分配的標準。模式化的分配就是以模式化原則作為分配的依據。[7]諾次克認為，所有要達成模式化分配的理論，都需要比最小政府更強大的政府，也就是說，模式化分配必須依賴不合法的政府形式，所以會侵害個人的權利。

第二節　諾次克對非歷史性、模式化理論的批判

諾次克認為，他的正義理論正可以突顯其他正義理論的缺點。針對他的理論所具有的歷史的、非模式化的特性，他分別對不具歷史性和模式化的正義理論提出批判，藉以說明其理論的優點。

一、對非歷史性理論的批判

諾次克稱非歷史性的正義理論為「現在時間切片的正義原則」（current time-slice principles of justice）。這個原則主張一個分配是否正義，是從分配正義的某些結構性原則，判斷事物如何被分配。譬如，效益主義者在判斷兩種分配時，是以最大量的效益做判斷，效益的量比較大的那一個，就是正義的分配；如果兩種分配的效益量一樣大，再用某些固定的平等標準，選擇分配較平等的那一個。根據現在時間切片原則，在判斷分配是否正義時，只要在乎誰最後得到什麼，換句話說，這種非歷史性原則不在乎個人取得所有物的過程，而只在乎最後呈現的分配量，因此只要有相同的結構，不管誰多誰少，都是相同的正義（所謂結構相同是指：只要有相同的外在形式即可，我有十、你有五，和我有五、你有十，就是相同），而不必再考慮其他的訊息。[8]

諾次克指出，完全以現在時間切片原則作為分配的考量標準，是大多數人所不能接受的，他們認為，我們不只要注意呈現的結果，而且要評估這個分配的情境是否正義，也就是說，這個分配的結果是如何產生。譬如：某人因為謀殺或成為戰犯被關在牢裡，我們不能在評估正義分配時，

只注意在目前這個時刻張三被關、李四被關,還要問是否某人做某事使他們值得被如此懲罰、值得接受較差的待遇。大多數人都會同意,有關於懲罰和制裁是否正義的問題,我們需要更進一步相關的消息。

即使決定分配的結構性原則不只考慮「現在」,而是考慮「切片式的」時間系列,譬如由於某人過去分配的比較少,現在就給他多一點,表示對他過去的一種補償。但是諾次克認為,這樣的修正也沒有辦法避免上述的困難(即分配之正義要考慮的還有資格、值不值得的問題)。諾次克總稱這種不具歷史性之正義分配理論為「目的結果原則」(end-result principles),和這類原則相對的是他的正義歷史原則。他的原則主張人們過去之環境或行為,可以創造對事物不同的資格或不同的應得報償,所以結構相同並不代表同樣正義,因為有同樣外在形式,不代表其對人的應得報償給予尊重。**9**

二、對模式化理論的批判

模式化的正義理論可以是歷史的,也可以是非歷史的,後者例如以智商或膚色作為分配標準,完全不考慮過去的行為是否創造不同的資格,以作為評估分配的依據;前者例如以道德貢獻(moral merit)作為標準或以「對社會有用」為依據。一個分配可以是依據一個模式化原則,或結合數個模式化原則組成,這類的分配方式,諾次克都稱為模式化分配。當然也有非歷史的、非模式化的分配原則,諾次克將它歸類在「目的結果原則」之中,這類原則和模式化原則最大的差別在於:前者通常不決定個體分配的量,譬如效益主義的最大化原則,滿足這個原則可以由各種不同的分配達成(但是平均效益主義原則是模式化、非歷史的)。

諾次克指出,幾乎所有曾經被提出過的分配正義原則都是模式化的,譬如:根據每一個人的道德貢獻,或需要,或邊際生產,或其努力程度等,作為分配的標準,這些都是模式化分配原則。諾次克稱他的資格理論是歷史性的,而且非模式化的,他認為透過任何一個自然面向或某些自然

面向組合而成的分配原則,都不會產生和他的資格理論相同的結果。相對於任何模式化的分配,經由資格原則運作所達成的分配結果是任意的、沒有固定目標的。模式化理論的共同形式都是「根據每一個人的＿＿分配」,不同的只是在空格中填入不同的模式而已,這種理論基本上認為生產和分配是兩回事,而諾次克則認為,他的資格理論不是將生產和分配當成兩個不同的問題,而是一個問題。譬如,如果有一個人製造或發明某些事物,他就對這個事物擁有資格,我們不能說,他製造了東西是一回事,而誰該得到這樣東西則是另一回事。那些想要填滿「根據每一個人的＿＿分配」的空格的人,似乎將事物當成無中生有、憑空而來,而忽視事物是因人而產生。 *10*

諾次克的分配理論既不以一個規則決定個體的分配量,也不以一個模式來決定分配,只是指出一個程序,使個人得以藉此程序合法地取得某些特定資源,其特點在於:聯結個體及其經由特殊程序所取得之特殊持有物,而不在乎這個個體最後所分配到的量,所以諾次克將他資格理論的基本精神簡化為一句口號:「依每一個人的選擇,決定他的持有物的分配。」（From each as they choose, to each as they are chosen.） *11*

諾次克以美國前職業籃球明星張伯倫（Wilt Chamberlain）為例,批評模式化的正義分配理論。假設你最贊成某一個模式化理論,而由這個理論所支持的正義分配被實現了,假設這個正義的分配是 D_1,又假設美國職籃非常需要張伯倫,因為他有很大的票房吸引力,同時也假設球員的合約是一年簽一次。張伯倫和一支職業球隊所簽的合約內容是:每一次在主場打球的時候,每一張門票中有二十五分錢是歸張伯倫。球季開始之後,球迷很高興的欣賞球賽,他們每一次買票的時候,都將二十五分錢投入寫有張伯倫名字的箱子,由於球迷樂於欣賞張伯倫的球技,所以他們認為這樣做是值得的。假設在一個球季中,有一百萬人次去主場看張伯倫賽球,則張伯倫總共可以得到二十五萬美元的收入,這個收入遠比平均所得、甚至比任何人的收入都高,張伯倫有沒有資格得到這筆錢呢?而這個新的分配 D_2 是不是不正義呢?

　　沒有人會懷疑在 D_1 的分配之下，每一個人都有資格處置他的持有物，因為根據前面的假設，D_1 的分配是可以被接受的。若是如此，則每一個人選擇把他們的二十五分錢轉移給張伯倫，而造成 D_2 的分配，D_2 不也是正義的分配嗎？如果在 D_1 的分配下，人們有資格處置他的資源，難道這不包括給張伯倫的二十五分錢？在某些人選擇移轉某些東西給張伯倫之後，其他人仍然擁有其 D_1 的分配，因此諾次克認為，似乎沒有任何人能基於正義的理由抱怨球迷這麼做。假設張伯倫是在一個社會主義社會，他打算加班賺取外快，有人可能會懷疑在一個基本需要已經滿足的社會，為什麼有人要加班？或許因為他們除了需要之外，還在乎別的事物，諾次克認為，沒有社會會不允許人們這樣做，而這樣做所造成的不平等結果，有什麼理由可以禁止？在張伯倫的例子中，諾次克所要表達的論點是：沒有一個模式化正義原則可以持續實現，除非它不斷地干涉人們的生活，因為為了要維持原來的模式，必須持續禁止人們從事自願性的資源移轉，或者必須持續的（或定期的）將某人的資源沒收，這些資源是其他人以某種理由選擇轉移給他的。*12*

　　諾次克對模式化的分配理論提出以下幾點綜合評論：

　　1. 模式化分配顯然只允許人們選擇自我消耗，不允許人們將資源耗費在他人身上，因為後者會使他人得到較多的資源、破壞原有的分配模式。模式化分配不給予人們選擇處理自己資源的權利，也不給予人們追求某一目的，其結果可以提升他人之職位的權利。在這樣的觀念下，家庭就是模式化理論的一項干擾因素，因為家庭的交換會破壞原來的分配。

　　2. 模式化分配只注意人們獲得東西之標準，但忽視給予，完全忽視人有權利給予，諾次克稱模式化分配理論為「受惠者的理論」。即使在交換過程中，有人給予、有人承受，但是模式化理論只注意接受者角色及其權利，因此傾向於注意人們是否有權承繼，而非有權贈與。

　　3. 根據某一個模式分配，必然需要重分配的行動，因為任何一個自由達成的持有狀況，要能合乎原有分配模式的機率非常小，而如果人們自由交換和贈予的行為持續發生時，根本不可能不破壞既有的分配模式。對資

格理論而言，重分配是一件非常嚴重的事情，因為它可能會違害個人的權利。譬如，以「對勞力所得課稅等於是強迫勞力」這樣的主張為例，有人認為課幾小時的稅，等於強迫人為其他目的工作幾小時。但是也有人認為這個說法很荒謬，雖然他們反對強迫勞役，反對強迫那些選擇不工作的嬉皮，必須為了貧困者的利益而工作，也反對強迫人們多工作幾小時以服務那些窮困者，可是他們不認為對勞力課稅就是強迫勞力，因為人們可以有很多選擇，譬如人們可以選擇不工作以逃避額外的稅。諾次克認為，上述兩種主張都不正確，他指出，有些人寧願不要休閒，選擇額外的工作時間，以便賺取超過基本需求以外的收入，藉以換取額外之物或服務；有些人不選擇額外工作，因為他喜歡休閒勝於額外之物。基於這是事實，如果以徵稅的方法剝奪某人休閒、以服務窮困者是不合法的，則以徵稅的方法剝奪某人獲得額外之物也是不合法。為什麼人們的非物質慾望可以不受干擾而滿足，而建立在物質之上的快樂卻要受到限制？

4. 模式化分配在制度化以後，給予每一個人對社會生產可以強行要求的權利，不論生產者的意願是如何，或彼此之間是否具有特殊關係，每一個人都可以對生產者的行為和他們的產品做這個權利要求，這個結果等於是使人成為他人的財產。諾次克認為，這個結果違反道德禁令，任何主張有道德禁令存在的人，一定要強調某些目標不能用任何方式達成（不允許欲達目的，不擇手段）。例如：如果一個國家要求強制性的幫助窮困者，表示沒有人能拒絕不對他人貢獻，但是一個人可不可以為了不願如此，而選擇離開這個國家？ *13*

第三節 洛克的取得理論

如果張三到汽車代理商那裡買了一部二手車，雖然張三按照一切的規定辦理過戶、付款，但是由於這部車是李四偷來，轉賣給汽車代理商的，根據諾次克的正義理論，張三所買到的這部車子，雖然在交換的過程是合法的，但是由於其原始取得是不正義的，所以張三的持有也是不正義的持

有，因為諾次克的三個正義原則具有「保存正義」（justice-preserving）的特性，如果原始取得是不正義的，任何以後的交換也都是不正義的。因此諾次克的正義理論最重要的關鍵就是「何謂正義的原始取得？」關於這個問題的解決，諾次克引進洛克的取得理論。

洛克認為，財產權來自於人的勞力及不被持有之物的結合，但其界限如何？太空人踏上火星之一塊土地，是否就擁有整個火星或只有一小塊地？一塊未被擁有的土地，如果被人圍起來，他是否施加勞力於其上，就擁有圍籬及其內之土地？何以混合勞力和某物使人得到某物，而非失去其所擁有之物？（例如：把一罐番茄汁倒在海面上，我是失去一罐番茄汁，而沒有得到任何東西）所以或許洛克的意思是：一個人透過勞力而增加或改進某物之價值，則他就有資格擁有此物。但是何以某人所擁有的資格不是只有其勞力產生之附加價值，而是包括整個事物？似乎主張改進一事物就對其擁有所有權是不可置信的，尤其那些可改進之非持有物的存量有限時，因為如果這些有限的事物被某人擁有，則會改變他人的處境，他人在先前可以自由取用此物，現在則不再有此自由。但是並不是所有情境的改變，都會使他人的處境惡化，例如：我占有某一個島上的一粒砂子，因為有足夠的砂子留給別人，所以我的占有並不會影響他人生存的品質，因此重要的是：是否占有某一持有物之後，會使他人的處境惡化。

諾次克將洛克對持有物取得所加的但書（proviso）：「留下足夠、一樣好的給別人」，解釋為：保證不使他人處境惡化。所以如果原始取得要滿足這個但書，必須原始占有的行為不會使他人變得更差，換句話說任何透過原始取得所產生的財產權必須滿足這個但書。但是這個但書是否成立？有人認為以前成立，現在則否；而有人則認為，如果這個但書現在不成立，以前也不可能成立過。譬如，如果對某物的占有，z 是第一個不能「留下足夠、一樣好的給別人」的人，則最後一個占有的人 y，顯然使 z 失去先前擁有占有該物的自由，所以 y 的占有使 z 的處境變差，所以依據洛克但書的規定，y 不可以占有該物；同理 y 之前的 x，顯然 x 的占有也使 y 的處境變差，如此下去，結果是沒有人不使他人的處境變壞。

　　但是諾次克認為，上述的論證推論過快，某人可能會因為他人的占有而處境變差，其中的「處境變差」有兩個涵義：①使自己失去以某種特殊占有以改善情境的機會；②使自己不能再自由地使用先前可以使用之物。如果對「因為某一個人占有使某人處境變壞」做比較嚴格的要求，前兩種情況的產生都在禁止之列；但是如果要求較弱一些，則只會排除第二種意義的「處境變差」。因此如果對「處境變差」採取弱的要求，上述的推論就不能很快從 z 推到 a，因為雖然 z 不再能占有，但是還有其他東西可以使用，所以 y 的占有並沒有違反弱的洛克但書。*14*

　　諾次克認為，任何一個適當的正義取得理論，必須包含洛克弱的但書。因此根據這個弱的但書，一個人的原始取得，只要不違反第一個意義的「使他人處境變差」，則他的取得就是正義的。所以「使他人處境變差」不包括使他人機會減少，也不包括生產相同產品和他人競爭。有時候某人占有某物，如果能透過補償而不使他人處境變差，也不違反這個但書。*15*

　　為了解釋何謂弱的洛克但書，諾次克舉了一些例子來說明。諾次克指出，包含洛克弱的但書的正義理論，也要包括一個比較複雜的交換正義原則：如果我全部占有某一物是違反但書，則我雖然只占有一部分，卻從他人處買來所有其他部分的行為，也是違反但書。譬如，洛克但書如果禁止某人占有所有的飲用水，也會禁止這個人透過購買而全部占有。但是諾次克認為，這個但書很少發生作用，因為如果某人得到越多大家都需要的稀有物資，其他剩下的會變得非常昂貴，他也就越難得到全部，但是我們仍然可以想像類似的情形發生的可能性，因此洛克但書仍然有其功能。

　　如果洛克但書是決定持有物原始取得是否正義的標準，則任何人對持有物的資格也都必須滿足但書，所以一個人的持有物如果違反但書，他就不再對其持有物擁有權利，不能再說這是「他的財產」。例如：張三不能占有沙漠中唯一的一個水源，而且任意索價；即使其他的水源都枯竭，只有張三的水源有水時，張三也不能漫天要價，雖然這個不幸情境的產生，並不是由張三造成的，但是洛克但書卻在這個情境下發揮其效力，限制張三的財產權。*16* 因為在這種情形下，雖然張三原來持有水源時並不是獨

占，可是當其他水源都乾涸時，張三的水源變成為供水的唯一來源，根據弱的洛克但書，儘管張三合法擁有他的水源，但是如果張三因為其水源具獨占性而索取較高的費用，顯然是使其他人的處境變壞，所以違反洛克但書，因此其財產權也要受到適當的限制。

但是並不是所有獨占性的擁有，都會使他人的處境變壞。即使是某人擁有他人生存的某一樣必要之物的全部，並不導得他的擁有使他人的處境惡化到生存線以下，例如：某一位醫藥研究者發明治療某病的藥物，他可以拒絕讓別人出售他的藥物，這樣並沒有違反但書，因為他為製造這個藥物所取得的化學品，並不是稀有物，事實上他的占有並不排斥別人也可以發明該藥物的機會。可見洛克但書並不是一個「目的結果原則」，因為它在乎的是：某一個占有行為是以何種特殊方式影響他人，而不在乎這個行為所造成情境的結構。前述占有沙漠中唯一水源的例子，是張三獨占某種維繫生存的公共物，而醫藥研究者的例子，則是研究者透過很容易得到之物，生產治療某病所有的藥物。介於這兩種之間的是：某人以某種方式占有所有之物品，卻不剝奪他人也擁有它。例如：某人在一隱密處（深山）發現一樣藥物，他的擁有並沒有使他人的處境更壞，因為如果他不發現，別人也不會發現。但是時間久後，此物被發現之可能性增加，基於這個事實，為了不使他人居於較差的基礎線，因此對其占有的權利有一定的限制，譬如不能作為遺產贈與。這也可以由專利的概念來說明，任何專利有一定的時限，就是基於同樣的考慮。*17*

總之，諾次克認為，只要原始取得合乎弱的洛克但書，加上合法交換的原則，這樣所造成的各種分配結果，都是正義的分配。所以諾次克贊成自由市場制度的運作，因為這樣並不會違反洛克但書，因此只要在一個最小政府的架構下，這個但書並不會扮演很重要的角色，因為政府的運作將不會超過夜間警察的角色。諾次克指出，如果不是政府以前從事許多不合法的行動，人們也不會想到但書會被違反的可能性。*18* 綜上所述，諾次克以洛克弱的但書作為其原始取得正義原則的標準，而由於在自由社會中，持有物取得會真正違反但書的可能性非常小，所以只要透過市場機能

運作、不違反交換的正義原則，最後所產生的分配結果，不論貧富多麼懸殊，都合乎諾次克的社會正義，所以政府不能基於其他的考慮而從事進一步的重分配行動，任何這樣的介入，都是違反個人權利，所以是不合法的。

從以上的論述，可見諾次克的正義理論比羅爾斯更重視個人自由和權利，其最小政府的概念正是反對政府進行任何的所得重分配。對諾次克而言，只要社會的分配是經由個人自由交換所造成的結果，而且個人的原始取得合乎洛克弱的但書，則不論實際的分配狀況是多麼不平均，都是合乎社會正義的。因此在諾次克的正義標準之下，當代福利國家的作為都違反社會正義。由於諾次克的正義理論基本上是以個人自由的保障為核心，一般稱諾次克的正義理論為「極端的自由主義正義理論」（a libertarian theory of justice），以有別於羅爾斯的「自由主義的正義理論」（a liberal theory of justice）。

第四節　諾次克理論的一些困難

諾次克正義論最重要的精神就是強調個人對自己以及財產的權利，個人的選擇可以不受任何權威的限制或監督，只要經濟上許可，你可以占有所有你可以買到的東西，你也可以自由販賣你所擁有者（包括你自己），也就是說，任何自願性的交換都是合乎諾次克的正義原則。諾次克並沒有鼓勵或支持任何的生活方式，但是在諾次克的最小政府中，個人似乎可以為所欲為，只要你的行為不侵犯他人的權利，或者你對事物的占有不會使他人的處境變壞。事實上這樣的正義理論會面臨以下的問題和質疑：

1. 諾次克的正義理論似乎過於簡單，它只建立在「權利」這個單一概念之上。諾次克主張人對自己的私有權利、對世界正當占有的權利都是絕對的，但是對於人們為什麼擁有這樣的權利，諾次克並沒有強有力的證明。此外，在我們一般的道德直覺中，除了權利之外，還有一些考慮也和正義問題相關，譬如：需求、貢獻、效能等，但是諾次克的理論完全排斥

這些考慮，所以學者指出，諾次克的正義概念是過度誇大道德概念的一個面向，而完全不考慮其他價值和正義的相關性。所以諾次克把所有有關的正義考量，完全化約成所有權的問題，這樣所建立的原則和決策程序雖然明確、簡潔，但是似乎過於簡化。因此諾次克的正義原則最多只是關注到我們所想要的部分價值而已，但是我們不能忽視其他價值，所以諾次克的理論是不足的。*19*

2. 諾次克的正義原則允許人們無限制地占有這個世界，結果會產生自我矛盾，因為當一個人占有越多事物時，就會減少其他人可以從事的行為，這等於是侵蝕了其他人的自由和自我所有權，所以對所有權毫無限制會導致不一貫的結果。*20* 譬如：本來一塊沒有人擁有的山坡地，我們可以自由地前往觀賞落日餘暉，然而一旦它成為某人的所有物之後，我們就不再擁有到此觀看夕陽的自由。當然諾次克可以回答說：為了保障自由權利，只要個人的占有行為不會使他人的處境變壞，即使這樣的占有會使他人的自由受到限制，也是合乎正義的。但是問題是：何謂使他人的處境變壞？諾次克以弱的洛克但書來解釋「使他人處境變壞」，也就是說，機會的減少並不是使他人處境變差。但是諾次克並沒有證明為什麼這樣的解釋是合理的，雖然我們還可以到別的地方看夕陽，可是我們可能必須付出比較多的代價才能享受相同的美景，這樣難道不是減少了他人的自由？根據諾次克這種所有權可以毫無限制的主張，最後一定會變成有錢的人享有較多的自由，而沒錢的人就只有形式的自由，而無實質的自由。

3. 在諾次克的正義社會中，窮人和富人都是自由市場運作的結果，即使一個貧富極為不均的社會，只要這樣的分配合乎他的正義原則，也是一個正義的社會。在這個社會中，窮人只能依賴他人偶爾的慈善救濟（任何人都可自由使用他的財富，所以富人並沒有幫助窮人的道德義務，「偶爾的善心」是富人另一種表現自由權利的方式）。根據諾次克的主張，政府不能透過抽稅的方式，以富人的所得補助窮人，否則就是一種強迫勞力。學者認為，處在這樣的經濟體系運作下，每一個人都有理由害怕自己會變窮，因為在一個社會救濟被認為是不正義的社會，任何人都無法確定自己

在體力和精神上，是否持續擁有工作的能力以維持生計。即使是那些承繼大筆遺產或儲蓄的人，也會擔憂萬一股市崩盤或銀行、保險公司倒閉，他將一無所有。*21*

　　4. 由於人天生資質的差異，依據諾次克的正義原則運作的社會，在實際上極可能成為一個貧富懸殊的不平等社會，也由於在這個社會中，政府沒有法律和道德上的義務去建立互助體系，所以將會有相當多人處於貧窮線下，而且由於窮人無法受到良好教育以改善環境，因此必然會造成惡性循環。這時候所產生的問題可能不只是窮人嫉妒有錢人的問題，而是窮人會問：是不是因為這樣的制度，才造成我無法脫離貧困的處境？在這種情境下，對公共秩序最大的挑戰，可能來自眾多無家可歸者、被經濟體系踢出去的饑民，這些顯然超出最小政府所被賦予的合法權力的範圍。*22*因此諾次克的理論似乎過度浪漫，完全沒有考慮到社會秩序的維持，當一個社會的不平等狀況達到一定的程度之後，必然會危及社會的穩定，諾次克的合法政府似乎無法應付這樣的狀況。其實這就是羅爾斯所謂「社會是自由平等公民的一個公平合作體系」的意義，社會的穩定必須使絕大多數的公民願意遵守公共規範，而只有公共規範的設計使得大多數公民都會得到好處時，公民才有持續合作（就是遵守公共規範）的意願，這樣的社會才可能自我產生內在的穩定性，因此羅爾斯的差異原則就是要保證每一個社會成員最起碼的生存條件，以維持社會的穩定。因此雖然諾次克比羅爾斯更重視個人自由，但是由於他的理論反對社會福利的機制，允許極不平等分配的產生，必然會產生社會的不穩定，其結果是：在這種不穩定的社會之中，個人的自由反而減少。

　　5. 從另一個角度觀之，諾次克的理論根本違反一般的道德直覺，誠如學者所批評的，諾次克正義理論可以導得的結果是：如果政府對每一個有能力的公民一年抽五塊錢的稅，以支助殘障和孤兒，這樣做是違反這些公民的權利；而禁止政府抽這種稅，即使這等於是坐視那些殘障和孤兒餓死，也是政府在道德上應該做的政策。*23*

　　6. 諾次克的糾正不正義原則，似乎是一個不重要的原則，但是如果深

入分析將會發現，這個原則在應用時會產生很大的困難。譬如：張三如果騙了李四的五千元去買股票，結果因此賺了五百萬，根據糾正不正義原則，張三是應該歸還五千元，還是五百萬給李四？此外，如果財產權是不可侵犯的，對於不正義取得之財產當然要追根究柢，果真如此，美國人是不是應該把土地全部歸還給印地安原住民？24臺灣的漢人是不是也要將土地還給臺灣的原住民？事實上如果嚴格執行諾次克的糾正不正義原則，所有現在被認為合法的持有物，幾乎都會變成不合法，所以如果諾次克的正義理論是正確的，則建立一個正義的社會永遠只是一個烏托邦，根本不可能在人世間實現。

註　釋

1. Robert Nozick, *Anarchy, State and Utopia* (New York: Basic Books, Inc., 1974), p.ix.
2. Ibid.
3. Ibid., pp.149-150.
4. 這個摘要根據 Ed. L. Miller, *Questions That Matter* (New York: McGraw-Hill Book Company, 1987), 2nd edition, p.545.
5. Nozick, 1974, pp.150-153.
6. Ibid., pp.153-155.
7. Ibid., pp.155-157.
8. Ibid., pp.153-154.
9. Ibid., pp.154-155.
10. Ibid., pp.159-160.
11. Ibid., p.160.
12. Ibid., pp.160-164.
13. Ibid., pp.167-174.
14. Ibid., pp.175-176.
15. Ibid., pp.178-179.
16. Ibid., pp.179-180.

17. Ibid., pp.181-182.

18. Ibid., p.182.

19. 這個論點是 Bernard Williams 對諾次克的批評，被 Jonathan Wolff 引用，參見 Wolff, *Robert Nozick* (Cambridge: Polity Press, 1991), pp.139-141.

20. Ibid., p.141.

21. Brian Barry, *Justice as Impartiality* (Oxford: Clarendon Press, 1995), p.203.

22. Ibid., p.205.

23. 這個論點是 Ed. L. Miller 引述 Samuel Sheffler 的主張，參見 Miller, 1987, pp.549-550.

24. Wolff, 1991, p.115.

參考書目

Anscombe, G. E. M. "Modern Moral Philosophy," *Philosophy,* 1958, 33: 1-19.

Austin, J. *How to Do Things with Words*. Cambridge, Massachusetts: Harvard University Press, 1977.

Ayer, A. J. "Emotivism," in Louis Pojman (ed.), *Ethical Theory* (Belmont, California: Wadsworth Publishing Company, 1989), pp.364-369.

Baier, Kurt. *From the Moral Point of View*. Ithaca, New York: Cornell University Press, 1958.

Barry, Brian. *Justice as Impartiality*. Oxford: Clarendon Press, 1995.

Benedict, Ruth. "A Defense of Ethical Relativism," in Louis Pojman (ed.), *Ethical Theory* (Belmont, California: Wadsworth Publishing Company, 1989), pp.20-24.

Blum, Lawrence. *Friendship, Altruism, and Morality*. London: Routledge & Kegan Paul, 1980.

Bond, E. J. *Ethics and Human Well-being*. Cambridge, Massachusetts: Blackwell Publishers Inc., 1996.

Cooper, David. *Value Pluralism and Ethical Choice*. New York: St. Martins Press, 1993.

Copp, David. "Harman on Internalism, Relativism, and Logical Form," *Ethics,* 1982, 92: 227-242.

Curzer, Howard J. *Ethical Theory and Moral Problems*. Belmont, California: Wadsworth Publishing Company, 1999.

Darwall, Stephen L. "Harman and Moral Relativism," *Personalist,* 1977, 58: 197-207.

Darwall, Stephen L. *Philosophical Ethics*. Boulder, Colorado: Westview Press,

1998.

Donagan, Alan. *The Theory of Morality*. Chicago: Chicago University Press, 1977.

Feinberg, Joel. "Psychological Egoism," in Joel Feinberg (ed.), *Reason and Responsibility: Readings in Some Basic Problems of Philosophy* (Belmont, California: Wadsworth Publishing Company, 1989), 7th edition.

Feldman, Fred. *Introductory Ethics*. Englewood Cliffs, New Jersey: Prentice-Hall, 1978.

Foot, Philippa. "Morality as a System of Hypothetical Imperatives," *Philosophical Review*, 1972, 8: 305-316.

Frankena, William K. "Obligation and Motivation in Recent Moral Philosophy," in A. I. Melden (ed), *Essay in Moral Philosophy* (Seattle: University of Washington Press, 1958), pp.40-81.

Frankena, William K. *Ethics.* Englewood Cliffs, N. J.: Prentice-Hall, Inc., 1963.

Frankena, William K. "A Critique of Virtue-Based Ethical System," in Louis Pojman (ed.), *Ethical Theory* (Belmont, California: Wadsworth Publishing Company, 1989), pp.305-310.

Gauthier, David. "Reason and Maximization," *Canadian Journal of Philosophy*, 1975, 4: 411-433.

Gauthier, David. *Morals by Agreement*. Oxford: Clarendon Press, 1987.

Hampton, Jean. *Hobbes and the Social Contract Tradition*. Cambridge: Cambridge University Press, 1986.

Hare, R. M. *The Language of Morals*. Oxford: Oxford University Press, 1952.

Hare, R. M. *Freedom and Reason*. Oxford: Oxford University Press, 1963.

Hare, R. M. *Moral Thinking*. Oxford: Claredon Press, 1981.

Harman, Gilbert. "Moral Relativism Defended," *Philosophical Review*, 1975, 84: 3-22.

Harman, Gilbert. *The Nature of Morality*. New York: Oxford University Press,

1977.

Harman, Gilbert. "Relativistic Ethics: Morality As Politics," *Midwest Studies in Philosophy*, 1978, 3: 109-121.

Heyd, David. *Supererogation.* Cambridge: Cambridge University Press, 1982.

Hobbes, Thomas. *Leviathan-Parts One and Two*. Indianapolis: Bobbs-Merrill, 1958.

Holmes, Robert L. "Is Morality A System of Hypothetical Imperative?" *Analysis,* 1973-74, 34: 96-100.

Hume, David. *An Enquiry Concerning the Principles of Morals*. Tom Beauchamp (ed.), Oxford: Oxford University Press, 1998.

Kagan, Shelly *Normative Ethics*. Boulder, Colorado: Westview Press, 1998.

Kant, Immanuel. *Groundwork of the Metaphysic of Morals*. H. J. Paton (trans.), New York: Harper & Row, 1964.

Kant, Immanuel. *The Metaphysics of Morals*, Mary Gregor (trans. & ed.), Cambridge: Cambridge University Press, 1996.

Kalin, Jesse. "In Defense of Egoism," in Louis Pojman (ed.), *Ethical Theory* (Belmont, California: Wadsworth Publishing Company 1989), pp.78-90.

Kavka, Gregory S. *Hobbesian Moral and Political Theory*. Princeton, New Jersey: Princeton University Press, 1986.

Kerner, G. C. *The Revolution in Ethical Theory*. New York: Oxford University Press, 1966.

Lyons, David. *Forms and Limits of Utilitarianism*. Oxford: Oxford University Press, 1965.

MacIntyre, Alasdair. *After Virtue*. Notre Dame, Indiana: University of Notre Dame Press, 1981.

Medlin, Brian. "Ultimate Principles and Ethical Egoism," *Australasian Journal of Philosophy* (1957), 35: 111-118, reprinted in Louis Pojman (ed.), *Ethical Theory* (Belmont, California: Wadsworth Publishing Company, 1989), pp.73-

77.

Mill, John Stuart. *Utilitarianism.* Oskar Piest (ed.), New York: Bobbs-Merrill, 1957.

Miller, Ed. L. *Questions That Matter.* 2nd ed. New York: McGraw-Hill Book Company, 1987.

Monroe, Kristen R. *The Heart of Altruism.* Princeton, New Jersey: Princeton University Press, 1996.

Moore, G. E. *Principia Ethica.* Cambridge: Cambridge University Press, 1962.

Nagel, Thomas. *The Possibility of Altruism.* Princeton: Princeton University Press, 1978.

Nielsen, Kai. "Distrusting Reason," *Ethics,* 1976, 87: 49-60.

Nielsen, Kai. "Must the Immoralist Act Contrary to Reason? " in David Copp & David Zimmerman (ed.) *Morality, Reason, and. Truth* (Totowa, N. J.: Rowman & Allanheld Publishers, 1985), pp.212-227.

Norman, Richard. *The Moral Philosophers.* 2nd ed. Oxford: Oxford University Press, 1998.

Nozick, Robert. *Anarchy, State and Utopia.* New York: Basic Books, Inc., 1974.

Parfit, Derek. *Reasons and Persons.* Oxford: Clarendon Press, 1984.

Perry, R. B. *Realms of Value.* Harvard University Press, 1954.

Plato, *The Republic.* Penguin Books, 1955.

Pojman, Louis P. *Ethics: Discovering Right and Wrong.* Belmont, California: Wadsworth Publishing Company, 1995.

Pojman, Louis P. "A Critique of Ethical Relativism," in Louis Pojman (ed.), *Ethical Theory* (Belmont, California: Wadsworth Publishing Company, 1989), pp.24-32.

Rand, Ayn. *The Virtue of Selfishness.* Signet Book, 1961.

Rawls, John. *A Theory of Justice.* Cambridge, Massachusetts: Harvard University Press, 1971.

Rawls, John. "Kantian Constructivism in Moral Theory," *Journal of Philosophy*, 1980, 77: 515-572.

Rawls, John. "The Idea of an Overlapping Consensus," *Oxford Journal of Legal Studies*, 1987, 7: 1-25.

Rawls, John. *Political Liberalism*. New York: Columbia University Press, 1993.

Ross, W. D. *The Right and the Good*. Oxford: Oxford University Press, 1930.

Sandel, Michael J. *Liberalism and the Limits of Justice*. Cambridge: Cambridge University Press, 1982.

Santayana, George. *The Sense of Beauty*. New York: Dovers Publications, 1955.

Singer, Peter. "Egoism, Altruism, and Sociobiology," in Louis P. Pojman (ed.), *Ethical Theory* (Belmont, California: Wadsworth Publishing Company, 1989), pp.98-104.

Statman, Daniel (ed.), *Virtue Ethics*. Washington D. C.: Georgetown University Press, 1997.

Stevenson, C. L. *Ethics and Language*. New Haven: Yale University Press, 1972, first published in 1944.

Stocker, Michael. "The Schizophrenia of Modern Ethical Theories," in Roger Crisp & Michael Slote (ed.), *Virtue Ethics* (Oxford: Oxford University Press, 1998), pp.66-78.

Sullivan, Roger J. *An Introduction to Kant's Ethics*. Cambridge: Cambridge University Press, 1994.

Taylor, Charles. *Philosophy and the Human Sciences: Philosophical Papers 2*. Cambridge: Cambridge University Press, 1985.

Taylor, Charles. "Cross-Purposes: The Liberal-Communitarian Debate," in Nancy L. Rosenblum(ed.), *Liberalism and the Moral Life* (Cambridge, Massachusetts: Harvard University Press, 1989), pp.159-182.

Trianosky, Gregory Velazcoy. "What Is Virtue Ethics All About?" in Daniel Statman (ed.), *Virtue Ethics* (Washington D. C.: Georgetown University

Press, 1997), pp.42-55.

Urmson, J. O. "Saints and Heroes," in A. I. Melden (ed.), *Essays in Moral Philosophy* (Seattle: University of Washington Press, 1958), pp.198-216.

Michael Walzer, "The Communitarian Critique of Liberalism," *Political Theory*, 1990, 18: 6-23.

Warnock, G. J. *The Object of Morality*. London: Methuen & Co Ltd, 1971.

Williams, Bernard. *Morality: An Introduction to Ethics*. New York: Harper & Row, 1972.

Williams, Bernard. "A Critique of Utilitarianism," in J. J. C. Smart and Bernard Williams, *Utilitarianism For and Against* (Cambridge: Cambridge University Press, 1973), pp.77-150.

Williams, Bernard. "Persons, Character, and Morality, " in Bernard Williams, *Moral Luck* (Cambridge: Cambridge University Press, 1981), pp.1-19.

Williams, Bernard. *Ethics and the Limits of Philosophy*. Cambridge, Massachusetts: Harvard University Press, 1985.

Wolff, Jonathan. *Robert Nozick*. Cambridge: Polity Press, 1991.

Young, Iris Marion. "Polity and Group Difference: A Critique of the Ideal of Universal Citizenship," in Ronald Beiner(ed.), *Theorizing Citizenship* (Albany: State University of New York Press, 1995), pp.175-207.

Young, Iris Marion. *Justice and the Politics of Difference*. Princeton, New Jersey: Princeton University Press, 1990.

林火旺，〈評估高提也（David Gauthier）對道德的證成之解決〉，《臺大文史哲學報》，第三十六期，民國七十七年， pp.339-347 。

林火旺，〈哈曼（Gilbert Harman）的道德相對論〉，《臺大哲學論評》，第十三期，民國七十九年， pp.363-374 。

林火旺，〈羅爾斯正義理論中人的觀念之探討〉，《第三屆美國文學與思想研討會論文選集：哲學篇》，臺北：中央研究院歐美研究所，民國八十二年， pp.149-172 。

林火旺，〈自由主義可否建立一個政治社群？〉，陳秀容、江宜樺主編，
　　《政治社群》，臺北：中央研究院中山人文社會科學研究所，民國八十
　　四年，pp.249-270。

林火旺，〈公民身分：認同和差異〉，蕭高彥、蘇文流主編，《多元主
　　義》，臺北：中央研究院中山人文社會科學研究所，民國八十七年，
　　pp.379-409。

林火旺，〈族群差異與社會正義〉，《臺大哲學論評》，第二十一期，民國
　　八十七年，pp.249-270。

國家圖書館出版品預行編目資料

倫理學／林火旺著.

--二版.—臺北市：五南，2004〔民93〕

面；　公分　參考書目：面

ISBN 978-957-11-3509-0（平裝）

1.倫理學

190　　　　　　　　　　93000107

1BC3

倫理學

作　　者 — 林火旺(116.2)

發 行 人 — 楊榮川

總 經 理 — 楊士清

總 編 輯 — 楊秀麗

主　　編 — 蔡宗沂

責任編輯 — 唐坤慧

出 版 者 — 五南圖書出版股份有限公司

地　　址：106台北市大安區和平東路二段339號4樓

電　　話：(02)2705-5066　傳　真：(02)2706-6100

網　　址：https://www.wunan.com.tw

電子郵件：wunan@wunan.com.tw

劃撥帳號：01068953

戶　　名：五南圖書出版股份有限公司

法律顧問　林勝安律師事務所　林勝安律師

出版日期　1999年10月初版一刷
　　　　　2003年 3 月初版五刷
　　　　　2004年 2 月二版一刷
　　　　　2022年 3 月二版十二刷

定　　價　新臺幣405元

經典永恆・名著常在

五十週年的獻禮——經典名著文庫

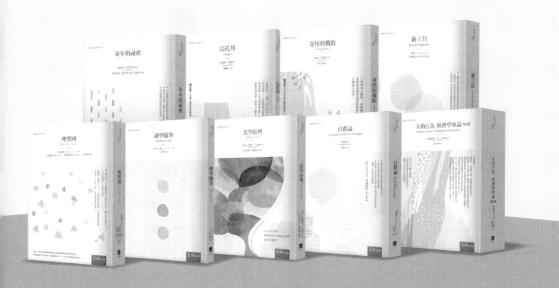

五南，五十年了，半個世紀，人生旅程的一大半，走過來了。

思索著，邁向百年的未來歷程，能為知識界、文化學術界作些什麼？

在速食文化的生態下，有什麼值得讓人雋永品味的？

歷代經典・當今名著，經過時間的洗禮，千錘百鍊，流傳至今，光芒耀人；

不僅使我們能領悟前人的智慧，同時也增深加廣我們思考的深度與視野。

我們決心投入巨資，有計畫的系統梳選，成立「經典名著文庫」，

希望收入古今中外思想性的、充滿睿智與獨見的經典、名著。

這是一項理想性的、永續性的巨大出版工程。

不在意讀者的眾寡，只考慮它的學術價值，力求完整展現先哲思想的軌跡；

為知識界開啟一片智慧之窗，營造一座百花綻放的世界文明公園，

任君遨遊、取菁吸蜜、嘉惠學子！